Inhalt

Jessica Schwarzer

Erfolgreich investieren mit den besten Börsenstrategien

Clever kombiniert,
einfach umgesetzt,
für Anfänger und
Fortgeschrittene

Bibliografische Information der Deutschen Nationalbibliothek
Die Deutsche Nationalbibliothek verzeichnet diese Publikation in der Deutschen Nationalbibliografie. Detaillierte bibliografische Daten sind im Internet über http://dnb.d-nb.de abrufbar.

Für Fragen und Anregungen
info@m-vg.de

Wichtiger Hinweis
Ausschließlich zum Zweck der besseren Lesbarkeit wurde auf eine genderspezifische Schreibweise sowie eine Mehrfachbezeichnung verzichtet. Alle personenbezogenen Bezeichnungen sind somit geschlechtsneutral zu verstehen.

Originalausgabe
1. Auflage 2024

Türkenstraße 89
80799 München
Tel.: 089 651285-0

Redaktion: Judith Engst
Korrektorat: Christine Rechberger
Umschlaggestaltung: Pamela Machleidt, München
Umschlagabbildung: © Olaf Rayermann
Abbildungen im Innenteil: bearbeitet von Tobias Prießner
Satz: inpunkt[w]o, Wilnsdorf (www.inpunktwo.de)
Druck: CPI books GmbH, Leck
Printed in the EU

ISBN Print 978-3-95972-772-3
ISBN E-Book (PDF) 978-3-98609-505-5
ISBN E-Book (EPUB, Mobi) 978-3-98609-506-2

Weitere Informationen zum Verlag finden Sie unter

www.finanzbuchverlag.de

Beachten Sie auch unsere weiteren Verlage unter www.m-vg.de

VORWORT PROF. DR. JULIUS REITER

Bildung ist der beste Anlegerschutz

Wer sich allein auf die gesetzliche Altersvorsorge verlässt, muss im Alter mit einer Rentenlücke und schmerzhaften Einbußen beim Lebensstandard rechnen. Der Druck, das verdiente Geld rentabel anzulegen, ist deshalb groß – doch das Wissen darüber mitunter klein. Das muss sich ändern.

Für viele Menschen sind Kapitalmärkte, Börsen, Aktien, ETFs oder Fonds leidige Themen. Es fehlt ihnen an Fachkenntnis und Überblick – kein Wunder: In der Schule wird bisher kaum finanzielle Bildung vermittelt. Eine Kölner Gymnasiastin hat das Dilemma in den sozialen Medien auf den Punkt gebracht. »Ich bin fast 18 und hab keine Ahnung von Steuern, Miete oder Versicherungen. Aber ich kann 'ne Gedichtanalyse schreiben. In 4 Sprachen.«

Zum fehlenden Wissen gesellt sich bei vielen die nachvollziehbare Angst, etwas Falsches zu tun und Geld zu verlieren, statt es zu mehren. Also ab zum professionellen Berater? Dafür spricht vieles, handelt es sich doch um eine Spezialmaterie. Schließlich kommt auch niemand auf die Idee, dass sich Menschen im ernsten Krankheitsfall selbst zu untersuchen und zu behandeln haben. Das ist Aufgabe von Ärzten.

Der Haken an der Sache: Auf »Finanzberater«, die unsicheren Anlegern mit Rat und Tat zur Seite stehen, Kapitalanlagen vermitteln oder sogar das gesamte Vermögen verwalten sollen, ist nicht immer Verlass. Anders als bei Ärzten ist das Berufsbild des Finanzberaters unscharf und nur teilweise reguliert, die Berufszulassungsvoraussetzungen sind trotz Reformen noch immer vergleichsweise gering. Auch die Ausbildung kann sehr unterschiedlich ausfallen, wohingegen ein Arzt zumindest immer ein Medizinstudium hinter sich hat.

Renditekiller und Korruptionsprämien: warum Provisionen gefährlich sind

Hinzu kommt ein erheblicher Interessenkonflikt. Denn Finanzberater erhalten in Deutschland in der Regel eine Provision für jede vermittelte Kapitalanlage oder Versicherung. Da diese Provision unterschiedlich hoch ausfällt, besteht ein starker Anreiz, das für den Berater beziehungsweise Vermittler lukrativste Produkt zu empfehlen – und nicht dasjenige, das für den Anleger das geeignetste wäre.

Ein Anleger kann sich also nicht sicher sein, ob sein Gegenüber tatsächlich das Beste für ihn will. Insoweit stehen das Kundeninteresse an einem nachhaltigen Vermögenszuwachs und das Abschluss- und Provisionsinteresse des Beraters in einem Spannungsverhältnis. Der Vorstandschef der Quirin Privatbank, Karl Matthäus Schmidt, bezeichnet Provisionen zu Recht als Korruptionsprämien für Finanzberater, die sich zudem meist als Renditekiller entpuppen.

Um noch mal zum Vergleich mit den Ärzten zurückzukommen: Würden Sie medizinischen Rat vorbehaltlos annehmen, wenn Ihr Arzt von einem Pharmakonzern bezahlt würde?

In meiner Kanzlei habe ich über die Jahre Hunderte, wahrscheinlich Tausende Opfer von Falschberatung und Anlagebetrug vertreten. In den meisten Fällen spielte und spielt das

Provisionsstreben von Finanzberatern eine zentrale Rolle. Für Anleger ist der Interessenkonflikt aber in der Regel ebenso schwer zu erkennen wie der Beratungsfehler – zumal sich finanzielle Nachteile oft erst nach vielen Jahren einstellen. Die Haftungslage ist dann komplex, und es fällt nicht selten schwer, Schadensersatzansprüche durchzusetzen.

Schicksalsschlag Falschberatung: wenn Menschen ihr Erspartes verlieren

Zugegeben: In den vergangenen Jahren hat sich die Qualität der Finanzberatung nach meiner Wahrnehmung verbessert, nicht zuletzt durch eine weitere Regulierung der Finanzbranche. Gleichzeitig können Anleger über das Internet mit Hilfe sogenannter Robo Advisor Geld an den Kapitalmärkten investieren – bequem, breit gestreut und meist zu niedrigen Gebühren. Detailliertes Finanzwissen ist bei diesen Modellen nicht notwendig.

Allerdings bestehen auch in diesem Bereich signifikante Risiken. Es bleibt deshalb dabei, dass es gefährlich ist, bei der Geldanlage und der Verwaltung des eigenen Vermögens blind auf andere zu vertrauen. Noch viel mehr als der Patient beim Arztbesuch sollten Anleger nachvollziehen können, was Finanzdienstleister empfehlen und tun.

Während meiner jahrzehntelangen Tätigkeit als Fachanwalt für Bank- und Kapitalmarktrecht habe ich hautnah miterlebt, wie Menschen darunter leiden, wenn sie ihr mühsam Erspartes verlieren – sei es mit dubiosen Termingeschäften, Schrottimmobilien, Lehman-Zertifikaten, Filmfonds oder Schiffsbeteiligungen. Ich bin fest überzeugt: Wir brauchen in Deutschland dringend eine bessere finanzielle Bildung. Das ist das beste Mittel, um Anleger vor provisionshungrigen Vermittlern und dubiosen Finanzjongleuren zu schützen.

Bessere Finanzbildung: eine gesamtgesellschaftliche Aufgabe

Dieser Schutz ist nicht nur für die Betroffenen persönlich wichtig, sondern auch von enormer gesellschaftlicher Relevanz. Denn angesichts der demografischen Entwicklung droht ein rasanter Anstieg der Altersarmut mit schwerwiegenden Nebenwirkungen – allen voran zunehmende Frustration, die den Populisten vom rechten und linken Rand in die Karten spielt und schlimmstenfalls unsere liberale Demokratie gefährdet.

Es ist deshalb wichtiger denn je, Menschen zu ertüchtigen, gute wirtschaftliche und finanzielle Entscheidungen zu fällen. Und das ist keineswegs eine Pflicht, die allein Lehrer und Professoren trifft – es ist eine gesamtgesellschaftliche Aufgabe. Von Eltern über Journalisten bis hin zu Arbeitgebern (Stichwort: betriebliche Altersvorsorge) sind wir alle gefordert.

Mit dem vorliegenden Buch geht Jessica Schwarzer voran: Sie leistet einen wertvollen Beitrag zur finanziellen Bildung und liefert Lesern eine fundierte Basis, um selbstbestimmt und strategisch die richtigen Entscheidungen am Kapitalmarkt zu treffen. Die Autorin berichtet selbstkritisch und ehrlich von eigenen Fehlinvestments und -einschätzungen und lässt die Leser auch darüber hinaus an ihrem weitreichenden Erfahrungsschatz teilhaben.

Praktische Anwendungsfälle wie zum Beispiel konkrete, durchkalkulierte Musterdepots runden das Werk ab – Chapeau. Ich wünsche Ihnen eine erkenntnisreiche Lektüre.

KAPITEL 1

Mit der passenden Strategie zum Anlageerfolg

Viele Depots sind ein wildes Sammelsurium von mehr oder weniger guten Ideen, von Strategie keine Spur. Vor allem in stürmischen Zeiten bewährt es sich, eine klare Strategie zu haben. Und auch in guten Phasen sollten Sie Ihren langfristigen Plan nie aus den Augen verlieren.

Erfolgreich an der Börse investieren

Gefühlt ging es an den Aktienmärkten zehn Jahre lang nur bergauf. Zwar gab es kleinere und auch größere Rücksetzer, aber der Trend zeigte ganz klar nach oben. Viele noch recht unerfahrene Anlegerinnen und Anleger kannten nur die Hausse – so nennen Börsianer die guten Phasen an den Märkten. Die Kursgewinne sprudelten nur so. Herrlich! Die Baisse kannten die Börsenneulinge – wenn überhaupt – nur aus Büchern oder den Erzählungen älterer Anleger. Und natürlich aus den Warnungen der niemals verstummenden Crash-Propheten, die den Untergang immer und zu jeder Zeit erwarten, ja fast schon herbeisehnen.

Doch dann kam die Corona-Pandemie. Die Angst vor den wirtschaftlichen Folgen der Pandemie ließ die Kurse im Frühjahr 2020 weltweit abstürzen. Fast 20 Billionen Euro haben die knapp 60.000 börsennotierten Unternehmen der Welt in nur sechs Wochen verloren. Eine gigantische Summe. Fast ein Viertel verloren die Kurse weltweit. Deutschland traf es mit knapp 30 Prozent sogar noch ein bisschen heftiger. Alle Aktien im Dax verloren zweistellig, am besten kam noch der Nivea-Konzern Beiersdorf mit einem Minus von »nur« 15 Prozent durch den Crash. Andere Unternehmen halbierten ihren Kurs sogar. An der New Yorker Wall Street sah es nicht besser aus. Im Gegenteil: 34 Prozent Kursverlust bescherte die Corona-Pandemie dem breiten amerikanischen Aktienmarkt. Der S&P 500 verlor in den gut vier Wochen zwischen dem 19. Februar und seinem Tiefpunkt am 23. März 2020 gut ein Drittel an Wert. Das tut weh.

Es war der schnellste und heftigste Absturz aller Zeiten. Ich kann mich noch sehr gut daran erinnern, wie sich das anfühlte. Börse im freien Fall, scheinbar ohne Netz und doppelten Boden. Selbst hartgesottenen Anlegern und Anlegerinnen, zu denen ich mich zählen würde, wurde da mulmig. Das hatten wir noch nie erlebt. Die Staaten rund um den Globus beschließen in den Lockdown zu gehen, ihre Wirtschaft mehr oder weniger runterzufahren, ihre Bevölkerung nach Hause zu schicken. Verrückt. Wenig überraschend, dass es an den Märkten knallte. Aber so heftig?

Niemals in der Geschichte gab es einen so dramatischen Kursverfall. Ebenso sportlich lief aber auch die Erholung. Zum Glück! Aktionäre konnten sich nur verwundert die Augen reiben. Schon im August 2020, also gerade mal fünf Monate später, hatte der S&P 500 seine Verluste wieder wettgemacht. Es folgte eine monatelange Rally, Ende des Jahres 2021 markierte der Index sogar ein neues Allzeithoch.

Normalerweise dauert die Erholung nach einem Crash viel länger. Auch wenn viele Experten mit einer zügigen Erholung rechneten – »v-förmig« war das Bonmot der Stunde –, dass es so schnell gehen würde, war schon überraschend. Aber die Wirtschaft war künstlich heruntergefahren worden und wurde nun ebenso wieder hinaufgefahren. Der Blick in die Historie zeigt aber, Crashs laufen normalerweise anders. Aber auch nicht immer. Ein paar Beispiele: Stolze 56,2 Prozent, also mehr als die Hälfte, büßte der S&P 500 in der globalen Finanzkrise von seinem damaligen Hoch im Oktober 2007 ein. Monatelang fiel er immer weiter und weiter und weiter. Von seinem Tief im März 2009 brauchte er gut vier Jahre, bis er neue Höchststände erreichte. »Nur« 11,6 Prozent verlor der breite amerikanische Aktienmarkt unmittelbar nach den Terroranschlägen vom 11. September 2001. Nach nur einem Monat war der Absturz wieder wettgemacht. Unglaubliche 28,5 Prozent brach der S&P 500 am »Schwarzen Montag« im Oktober 1987 ein. Es dauerte gut ein Jahr, bis er sich von diesem Absturz wieder erholt hatte.

So viel Geduld brauchten Anleger nach dem Corona-Crash nicht. Im Gegenteil. Neue Allzeithochs waren schnell erreicht. Doch die Freude währte nicht lange. Die ansteigende Inflation, die Zinswende in den USA und später in Europa, der Angriff Russlands auf die Ukraine, die extrem hohen Energiepreise, noch immer gestörte Lieferketten als Folgen der Pandemie – das war eine Mischung, die bei Anlegern gar nicht gut ankam. Die Kurse fuhren ein weiteres Mal Achterbahn. Wann sich die wirtschaftliche Lage beruhigt, wann die Folgen der Pandemie und des Ukraine-Krieges behoben sind, das wird die Zeit zeigen. Das Jahr 2022 geht auf jeden Fall als eines der schlechteren in die Geschichte ein. Das Jahr 2023 startete dann fulminant, aber geopolitische Sorgen, die hartnäckige und nur langsam sinkende Inflation, die hohen Zinsen verhagelten Börsianern immer wieder die Laune. Aber zum Glück nur für einige Wochen, dann wuchs die Hoffnung auf sinkende Leitzinsen im Jahr 2024 und Investoren zündeten ein wahres Kursfeuerwerk. Die Jahresendrally war ziemlich sportlich und am Ende gingen Dax und S&P 500 mit Kursgewinnen von mehr als 20 Prozent über die Ziellinie. Die Technologieaktien an der Nasdaq liefen sogar noch viel besser.

Klare Investmentregeln helfen in stürmischen Zeiten

Anleger brauchen in solchen Phasen extrem gute Nerven. Denn an den Kapitalmärkten ist die Nervosität dann ausgesprochen hoch. Auch wenn Emotionen an der Börse nie ein guter Ratgeber sind, lassen Angst und Panik, aber eben auch immer wieder Gier und Übermut die Kurse munter hoch und runter rasen. Als Anleger oder Anlegerin in solchen Zeiten die Nerven zu behalten, Chancen und Risiken richtig einzuschätzen und keine teuren Fehler zu machen, ist gar nicht so einfach. Selbst die Profis scheitern daran. Wohl dem, der dann eine Strategie hat und ihr auch treu bleibt. Wohl der, die Investmentregeln auch für stürmische Zeiten aufgestellt hat und diese auch befolgt.

Doch mit der Strategie ist das so eine Sache. Die meisten Privatanleger und -anlegerinnen haben nämlich gar keine. Sie haben eine grobe Idee, wie sie investieren möchten – eher mit hoher oder eher mit niedriger Aktienquote, lang-, mittel- oder kurzfristig, ein bisschen riskanter oder doch lieber sehr konservativ.

Mit einer Strategie hat das aber oft wenig zu tun. Die meisten Depots gleichen deshalb einem Sammelsurium mehr oder weniger guter – und manchmal leider auch ziemlich schlechter – Ideen. Von Investmentregeln müssen wir gar nicht erst reden. Da wird wild und wahllos irgendetwas zusammengekauft, wovon wir gerade gehört oder gelesen haben. Jedem neuen Trend oder gar vermeintlichen Megatrend wird hinterhergejagt. Viele davon entpuppen sich aber dann leider als Hype. Selbst wenn es etwas weniger wild zugeht, fehlt es oft an Strategie und Investmentregeln.

Im Grunde habe ich Ihnen gerade beschrieben, wie ich in meinen ersten Jahren um die Jahrtausendwende als Börsianerin agiert habe: ziemlich planlos, recht wankelmütig und leider auch ganz schön gierig. Es war einfach die Zeit, ein gigantischer

Börsenboom, eine jahrelange Rally. Alles, was irgendetwas mit Internet zu tun hatte, verdoppelte, vervierfachte, ja sogar verzehnfachte sich in kürzester Zeit. Meine Strategie war wohl: Hauptsache Aktien, möglichst viele davon und natürlich »irgendwas mit Internet«. Als die Dotcom-Blase platzte, habe ich ziemlich dumm aus der Wäsche geschaut. Ganz ohne Strategie geht es eben doch nicht.

Solange die Stimmung an den Märkten blendend ist und die Kurse steigen, ist die fehlende Strategie noch kein Problem. Doch gerade in stürmischen Zeiten rächt es sich. Wenn es an der Börse abwärts geht, wenn es richtig kracht, dann hilft es sehr, eine Strategie zu haben. Es hilft ungemein, wenn man genau weiß, was man tut oder tun sollte. Es hilft vor allem, die Nerven zu bewahren. Ganz wichtig dabei ist es, klare Investmentregeln zu haben. Diese Regeln müssen gar nicht kompliziert sein. Eigentlich gilt sogar: Je einfacher, je klarer, desto besser. Dann fällt es viel leichter, dem eigenen Plan und der Strategie treu zu bleiben.

Vielleicht ist Ihr Anlagehorizont extrem lang, Aktien sind ein entscheidender Baustein für Ihren Vermögensaufbau. Vielleicht reden wir von 20 und mehr Jahren und von einer Aktienquote von deutlich über 50 Prozent. 20 Jahre sind ein langer Zeitraum. So lange hat es noch nie gedauert, bis sich die Märkte von einem Absturz erholt haben, wie heftig er auch gewesen sein mag. Eine Korrektur oder sogar einen Crash können Sie also locker aussitzen. Mit Blick auf die Strategie zumindest; emotional ist das etwas ganz anderes. Aber dazu kommen wir noch. Eine Investmentregel könnte lauten, dass Sie beherzt nachkaufen, wenn es an der Börse 20 Prozent und mehr abwärts geht. Natürlich nur dann, wenn Sie die nötige Liquidität, also das Geld auf dem Investment-Konto haben. Das wäre eine recht einfache Strategie und eine einfache Regel noch dazu: hohe Aktienquote, langer Anlagehorizont, nachkaufen, wenn es Sonderangebote gibt.

Der Crash als Chance zum Einstieg

Wenn Sie extrem langfristig investieren, dann sind Crashs wie in der Corona- oder auch Finanzkrise nämlich in der Rückschau ziemlich gute Gelegenheiten zum Einstieg. Es ist wie früher im Kaufhaus, wenn zum Sommer- oder Winterschlussverkauf geladen wurde. Leider ist es an der Börse nicht ganz so einfach: Wir wissen nicht, wann es knallt. Genauso wenig wissen wir, wie lange es abwärts geht. Den Zeitpunkt, wann die Preise wieder steigen, können wir nur raten, wenn wir ehrlich sind. Wie heißt es immer so schön? An der Börse wird weder zum Einstieg noch zum Ausstieg geläutet. Trotzdem gibt es regelmäßig Sonderangebote. Manchmal täuscht der niedrige Preis uns aber auch. Manche Verlockungen sind leider einfach zu groß, auf dem Wühltisch und an der Börse. Deshalb sollten Sie immer das Chance-Risiko-Verhältnis einer Anlage im Auge behalten. Trotzdem können wir leider nicht immer richtig liegen, auch das ist Börse.

Mitunter fahren die Aktienkurse Achterbahn. Auf den steilen Absturz folgt die sportliche Erholung. Oft übertreiben Investoren nämlich; und rudern dann schnell zurück, zumindest ein Stück weit. Ein gutes Beispiel ist die unmittelbare Reaktion der Märkte auf die »Brexit«-Abstimmung. An den Märkten wurde der »Bremain«, also der Verbleib der Briten in der Europäischen Union, in den Tagen vor dem Referendum schon gefeiert. Investoren hatten den Brexit zwar zeitweise befürchtet, aber kurz vor dem Urnengang nicht mehr erwartet und das »Nein« quasi vorweggenommen – Kursgewinne inklusive. Es kam bekanntlich anders.

Der Tag nach der Abstimmung im Juni 2016 war ein ganz, ganz dunkler Tag für Börsianer. Es war ein »Schwarzer Freitag« für die europäischen Finanzmärkte. In London, dem Epizentrum der Turbulenzen, verlor der Aktienindex FTSE zwischenzeitlich fast 9 Prozent. Noch heftiger erwischte es den Dax, der um fast

10 Prozent in die Tiefe stürzte. Ähnlich katastrophal sah es an den Börsen in Paris, Wien und Lissabon aus. Der Leitindex für europäische Aktien, der Euro Stoxx 50, brach ebenfalls um 9 Prozent ein. Damit erlebten Europas Börsen die größten Verluste seit der Finanzkrise im Jahr 2008. In Asien und an der Wall Street waren die Schockwellen des Brexit ebenfalls zu spüren. Auch an den Devisenmärkten war Krisenstimmung angesagt. Das Pfund stürzte im freien Fall auf den niedrigsten Stand seit 30 Jahren. Auch der Euro brach zwischenzeitlich um mehr als 4 Prozent ein – der größte Kursrückgang in der Geschichte der Gemeinschaftswährung. Das Votum der Briten war ein echter Schock. Schätzungen zufolge lösten sich durch den Brexit-Crash weltweit 5 Billionen Dollar an Börsenkapitalisierung in Luft auf. Das entspricht in etwa dem Doppelten der jährlichen Wirtschaftsleistung Großbritanniens. Doch kaum war der erste Schock halbwegs verdaut, ging die seit Jahren andauernde Rally an den Märkten munter weiter, die Verluste waren bald wettgemacht.

Ein Teil davon war übrigens schon binnen weniger Handelstage Geschichte. Statistisch folgen auf die schlechtesten Handelstage nämlich die besten. Es ist ein bisschen wie im wahren Leben, manchmal muss man über das Erlebte eine Nacht schlafen, dann sieht die Welt schon wieder anders aus. So ist es oft nach Crash-Tagen, es folgt eine Gegenbewegung. Die muss nicht unbedingt nachhaltig sein und das Ende der Turbulenzen bedeuten. Mitunter sind es Schnäppchenjäger, die der Absturz anlockt. Trotzdem ist es ein immer wieder zu beobachtendes Phänomen. Auch deshalb lohnt es sich, die Nerven zu bewahren und der eigenen Strategie treu zu bleiben.

Vorsicht vor falschen Rendite-Versprechen

Doch zurück zum Chance-Risiko-Verhältnis unserer Anlagen. Lassen Sie sich nicht von zu hohen Rendite-Versprechen locken. Eine supersichere Anlage mit 10 Prozent Zinsen? Gibt es nicht. Eine heiße Wette, die eine 100-prozentige Gewinnchance verspricht? Finger weg! Vergessen Sie niemals: Höhere Renditen winken nur als Ausgleich für ein höheres Risiko. Wollen Sie das wirklich eingehen? Und wie hoch darf dieses Risiko sein? Eine Strategie bewahrt uns hoffentlich davor, zu waghalsig zu werden. Auch wenn es wahrscheinlich keinen Anleger gibt, den nicht doch ab und zu die Gier packt. Wir sind schließlich Menschen und keine Roboter.

Mir fällt beim Thema »Gier« immer die Wirecard-Aktie ein. Seit Jahren predige ich maximale Risikostreuung und warne vor den Risiken von Einzelaktien. Eigentlich investiere ich nur noch in Fonds und börsengehandelte Indexfonds (ETFs) und meide Einzelaktien. Ganz selten wandert aber trotzdem mal eine in mein »Spielgeld-Depot«. Aber ausgerechnet Wirecard? Noch dazu im Frühjahr oder Sommer 2019, inmitten der vielen Gerüchte und heftigen Kursturbulenzen? Es sollte eine schnelle Wette mit hohem Gewinn werden, es wurde ein Totalverlust. So viel zum Thema Chance-Risiko-Verhältnis.

Sie erinnern sich sicher an das Wirecard-Desaster? Lange Zeit war es ein deutsches Börsenmärchen, aber es endete im Drama. 2018 stieg der erst 1999 gegründete Zahlungsdienstleister Wirecard in den Dax auf – vom Start-up zum Dax-Konzern im Rekordtempo. Das Gewinnwachstum war gigantisch, die Umsätze waren es auch, zumindest auf dem Papier. An der Börse zündete die Aktie eine Kursrakete nach der anderen, und bald waren die Aufnahmekriterien für die erste Börsenliga erfüllt. Damit begann dann aber leider auch das unrühmlichste Kapitel in der Dax-Geschichte. Immer wieder gab es Berichte in der britischen *Financial Times* über Unregelmäßigkeiten in der Bilanz. Der Zahlungsdienstleister dementierte, schaltete Anwälte ein. Die Aktie geriet immer mal wieder unter Druck, um dann aber gleich wieder durchzustarten. Genau das hatte mich gierig werden lassen.

Es ging ja auch wirklich eine Zeit lang gut. Bis zum Frühjahr 2020, als das Drama seinen Lauf nahm. Die Vorwürfe erwiesen sich als mehr als wahr: Im Juni 2020 musste Wirecard Insolvenz anmelden, nachdem der Vorstand wenige Tag vorher bekannt gegeben hatte, dass im Konzernabschluss ausgewiesene Bankguthaben in Höhe von 1,9 Milliarden Euro nicht existiert haben. Es folgte ein Wirtschaftskrimi: Mehrere Vorstände im Gefängnis, ein weiterer jahrelang auf der Flucht, Schuldzuweisungen, Unschuldsbekundungen. Das Desaster wird die Justiz noch lange beschäftigen, die Aktionäre schauen in die Röhre. Den Dax hat das Drama übrigens kaum belastet, zu gering war der Anteil Wirecards.

Aber zurück zu den Renditeversprechen. Ein breit gestreutes Aktiendepot sollte langfristig, also über viele Jahre hinweg durchschnittliche Renditen von 6 bis 8 Prozent pro Jahr bringen. Das zeigt auch die Statistik. Damit sind Aktien übrigens die erfolgreichste Anlageklasse überhaupt – langfristig wohlgemerkt. Wenn Ihnen nun jemand 20, 30 oder gar 100 Prozent verspricht, noch dazu mehr oder weniger garantiert, dann sprechen wir nicht mehr von einem seriösen Investment, sondern vielmehr von einem dubiosen Angebot. Von einer riskanten Wette vielleicht. Ja, es gibt solche Highflyer an der Börse. Es gibt auch supergute Aktienjahre mit 20 oder 30 Prozent Kursplus. Aber garantiert oder doch zumindest absehbar ist das so gut wie nie. Natürlich gibt es Produkte, die unseren möglichen Gewinn potenzieren. Hebelzertifikate gehören dazu. Je nach Hebel wird dann der Gewinn, den beispielsweise eine Aktie oder ein Index macht, vervielfacht. Das Ganze funktioniert aber leider auch in die andere Richtung. Und die Papiere sind oft sogar so konstruiert, dass ein Totalverlust möglich ist. Solche Instrumente sollten daher immer nur Beimischung sein. Womit wir bei der Strategie wären.

Viele Wege führen an der Börse zum Ziel

Es gibt Strategien, die sich seit Jahrzehnten bewährt haben und die Sie auch als Privatanleger relativ einfach umsetzen können. Manche sind ganz einfach, andere etwas komplizierter. Nicht jede Strategie passt zu jedem Anlegertypen. Es gibt konservative, eher vorsichtige Anleger. Auch sie sollten aber auf Aktien nicht verzichten, auch sie brauchen eine auf ihren Risikotyp abgestimmte Strategie. Es gibt mutigere Anlegerinnen, die aber immer noch viel Wert auf Sicherheit legen, aber die Chancen des Kapitalmarktes auf jeden Fall nutzen wollen. Das sind die sogenannten ausgewogenen Investorinnen. Und es gibt diejenigen, die sehr chancenorientiert sind, die Risiken sehr bewusst eingehen, aber dennoch genau wissen, was sie tun. Ob konservativ, ausgewogen oder chancenorientiert – als Anlegerin oder Anleger müssen Sie das Risiko einer Anlageklasse richtig einschätzen und für sich abwägen. Das gilt auch für die Strategie, die sie wählen. Oder für mehrere Strategien, die Sie vielleicht kombinieren möchten. Nicht jede Strategie läuft immer gleich gut, mal läuft die eine und mal die andere besser oder eben auch schlechter. Es geht immer um den langfristigen Anlageerfolg. Schlechtere oder sogar sehr schlechte Phasen gehören ebenso dazu wie gute oder sogar sehr gute.

Es gibt viele tolle Strategien, die Sie mit verschiedenen Anlageklassen und Anlagevehikeln/-produkten umsetzen können. Dieses Buch zeigt Ihnen wie – von ganz einfach über etwas »kreativer« bis zu ziemlich ausgeklügelt. Es kann wirklich eine ganz einfache Strategie sein. Beispielsweise investieren Sie 50 Prozent in Aktien – ganz breit gestreut via Fonds und ETFs – und 50 Prozent in Anleihen. So ein supersimples Depot ist sicherlich eher das Anfängermodell, aber warum nicht?

Die richtige Aktienquote finden

50 Prozent in Aktien zu investieren erscheint Ihnen zu wenig? Vielleicht aber auch viel zu viel? Aber wie hoch soll der Aktienanteil sein, wie hoch der Anteil der Anleihen? 50:50 ist eine recht gängige Aufteilung für ausgewogene Anleger. Wer bei der Geldanlage etwas vorsichtiger unterwegs ist, wählt eine geringere Aktienquote. Wer mutiger und damit chancenorientiert ist, setzt die Aktienquote hoch. Dazu später mehr. Sind Sie begeisterter Börsianer? Zumindest überzeugt von der Anlageklasse Aktie? Wenigstens aber doch sehr neugierig und interessiert? Wahrscheinlich ist es so, sonst würden Sie dieses Buch nicht lesen. Es richtet sich eher, aber nicht nur an fortgeschrittene Anlegerinnen und Anleger, die bereits erste Erfahrungen an der Börse gesammelt haben. Sie haben Aktien, Fonds oder ETFs gekauft, das Auf und Ab der Kurse erlebt. Sie kennen die Vor- und Nachteile der einzelnen Anlageklassen. Denn Sie haben das turbulente und für Anleger nervenaufreibende Börsenjahr 2022 durchgestanden. Mehr Krise geht kaum. Selten gab es so viele Risikofaktoren an den Märkten, vor allem nicht gleichzeitig. Inflation, Zinswende, Kriege, hohe Energiepreise, noch höhere Inflation, dazu die Nachwirkungen der Corona-Krise – das hat die Kurse auf eine wilde Achterbahnfahrt geschickt. Es waren nicht nur Aktienkurse, die unter Druck geraten sind. Auch an den Rentenmärkten fielen die Anleihenotierungen ungewöhnlich stark und damit stiegen die Renditen. Aktien und Anleihen sind und bleiben aber trotz aller Turbulenzen und sogar Crashs zwei wichtige Bausteine, die zu einer sinnvollen Strategie gehören. Auch Rohstoffe wie Gold oder Silber, vielleicht sogar Öl, Weizen oder Zucker sowie Immobilien via Fonds oder REITs können dazu zählen. Schwerpunkt dieses Buches sind vor allem, aber nicht nur Aktienstrategien. Denn mit Aktien sind langfristig die besten Renditen zu erzielen, allen Korrekturen und sogar Crashs zum Trotz.

Turbulenzen haben wir in den vergangenen Monaten und Jahren zur Genüge erlebt und ertragen müssen. Hand aufs Herz: Wie hat Ihr Depot die Turbulenzen des Jahres 2022 überstanden? Wenn Sie schon länger dabei sind: Wie stark hat Sie der Corona-Crash zwei Jahre zuvor getroffen? Und wenn Sie damals schon investiert waren: Wie sind Sie durch die Finanzkrise gekommen? Der erste Crash ist der schlimmste. An meine »Premiere« kann ich mich noch sehr gut erinnern. Als Anfang des Jahrtausends die Dotcom-Blase platzte, wurde aus der »gefühlt« reichsten Studentin Deutschlands eine ziemlich traurige Anlegerin, die viel, viel Geld verloren hatte. Ich bin aus der ganzen Sache zwar mit Gewinnen herausgekommen, habe auch meine Leidenschaft für die Börse nicht verloren. Aber dieser Crash war wirklich ganz, ganz bitter. Ich wusste gar nicht, wie mir geschah. Ich habe es einfach passieren lassen, fassungslos zugesehen, erstarrt und erschreckt.

Wir lernen mit den Jahren, mit Crashs umzugehen. Wir lernen, dass es an den Finanzmärkten nicht immer nur aufwärts geht. Wir entwickeln starke oder doch zumindest stärkere Nerven, stolpern hoffentlich nicht über die emotionalen Fallstricke an der Börse und sitzen die schwachen bis sehr schlechten Börsenphasen aus. Aber warum treffen sie uns eigentlich oft so hart, so ungebremst? Warum verlieren wir manchmal sogar viel mehr als der breite Markt? Oft hapert es an der Risikostreuung. So war es übrigens auch bei mir – zu viel Tech, zu viel Internet. Womit wir wieder bei unserem wilden Sammelsurium und der fehlenden Strategie wären.

Nicht alle Eier in einen Korb!

Es gibt sogar eine Börsenweisheit, die zur Risikostreuung mahnt. Zugegeben, viele Börsenweisheiten klingen nach klugen Kalendersprüchen, die von den Eiern und dem Korb ein bisschen nach dem guten Ratschlag einer besorgten Bauersfrau. Sie mahnt zur

Vorsicht: Schließlich wären alle Eier kaputt, würde der Korb herunterfallen. Sicherer ist es, die Eier auf mehrere Körbe zu verteilen. Es werden schon nicht alle Körbe gleichzeitig auf dem Boden landen. Fällt einer, hat sie noch einen oder mehrere andere. Ähnlich läuft es mit der Geldanlage: Wer sein Vermögen nur in eine Anlageklasse – also einen Korb – wie etwa Aktien investiert, geht ein enormes Risiko ein. Schließlich ist die Entwicklung des Portfolios dann auch nur von dieser Assetklasse abhängig. Stürzen die Aktienbörsen weltweit ab, rauscht auch der Depotwert in die Tiefe. Wer breiter investiert, also sein Geld auf Aktien, Anleihen, Rohstoffe und Immobilien verteilt, kann den Absturz einzelner Anlageklassen besser abfedern. Denn der einzelne Korb hat dann weniger Gewicht. Es ist weniger drin, was kaputtgehen kann.

Klingt logisch. Risikostreuung oder auf Börsendeutsch Diversifikation nennen Anlageprofis das. »Nicht alle Eier in einen Korb legen« ist deshalb alles andere als ein Kalenderspruch, sondern eine verdammt clevere Börsenweisheit. Es ist die goldene Regel der Kapitalanlage. Es gehören eben auch Anlageklassen ins Depot, die sich in stürmischen Zeiten besser halten als andere oder sogar Gewinne abwerfen, wenn es an den Aktienmärkten knallt. Solche »sicheren Häfen« sind Gold oder auch sichere Anleihen. Auch wenn das im Krisenjahr 2022 nur bedingt funktioniert hat. Euro-Anleger haben mit Gold zwar ein paar Prozentpunkte eingefahren, aber man hätte sich angesichts der Dauerkrisen mehr versprochen. Und Anleihen sind leider ziemlich unter die Räder gekommen, auch die supersicheren. Das ist der Zinswende geschuldet. Steigende Zinsen bedeuten leider fallende Kurse (und umgekehrt).

Reine Aktiendepots trifft es in heftigen Korrekturphasen wie 2022 oder sogar in Crashs wie 2020 in der Regel am härtesten. Je nachdem, welche Branchen oder Länder über- oder untergewichtet sind, fällt der Schaden größer oder weniger groß aus.

Das ändert aber nichts daran, dass Aktien langfristig die beste, weil erfolgreichste Anlageklasse überhaupt sind. Obwohl sie kurzfristig auch massiv schwanken, sind Aktien langfristig die großen Renditebringer. Obwohl man das so gar nicht verallgemeinern sollte. Wachstumswerte erwischt es in der Krise oft stärker, Dividendenaktien bieten einen gewissen Risikopuffer. Nebenwerte werden oft heftiger durchgeschüttelt als Standardwerte. Auf einmal sind eher langweilige Value-Werte gefragt, und auch Qualitätsaktien versprechen einen gewissen Schutz gegen die Krise, während Aktien aus den aufstrebenden Schwellenländern - Börsianer sprechen von »Emerging Markets« - öfter zu den größten Verlierern gehören. Erholen sich die Märkte dann und setzen sie gar zu einer fulminanten Rally an, ist es oft genau umgekehrt. Qualitätsaktien entwickeln sich dann zwar immer noch gut, aber Wachstumsaktien, Nebenwerte oder Titel aus den Emerging Markets zünden den Renditeturbo.

Auch innerhalb der Anlageklasse Aktien gibt es also Bausteine und damit Strategien, die wir entsprechend unserer Risikoneigung kombinieren können. Auch das ist Risikostreuung. Doch darüber machen sich die wenigsten Anleger wirklich Gedanken. Sie investieren eher aus dem Bauch heraus oder setzen auf ihrer Meinung nach aussichtsreiche Branchen und Trends. Sie denken aber nicht darüber nach, was in einer schlechten Börsenphase mit ihrem Depot passiert. Sie denken nicht darüber nach, dass es eben auch Bausteine innerhalb der Anlageklasse Aktien gibt, die ein bisschen Ruhe ins Depot bringen.

Keine Chance ohne Risiko

Apropos Ruhe im Depot: Die meisten Deutschen haben leider eine oft unbegründete Angst vor jeder Art von Verlustrisiko und lassen sich damit Renditechancen entgehen. Chance und Risiko

Jessica Schwarzer
Finanzjournalistin,
Börsenexpertin,
Bestseller-Autorin
25 %
Rabatt
S. Rückseite
eLearning
Erfolgreich
Investieren
Das eLearning für clevere Anlagestrategien – von der erfolgreichen Geldanlage über die wichtigsten Portfolio-Bausteine bis hin zur eigenen Strategie.

sind bei der Geldanlage untrennbar miteinander verbunden, so wie im »wahren Leben« doch auch. Nicht umsonst heißt es: Wer nicht wagt, der nicht gewinnt. Deshalb ist es so wichtig, die Angst vor der Anlageform Aktie zu überwinden. Ja, es gibt das Risiko von vorübergehenden oder endgültigen Verlusten, aber Aktien bringen langfristig eben auch die höchste Rendite. Womit wir bei den Chancen wären. Das Risiko lässt sich managen – über Risikostreuung, über eine clevere Strategie, über eine sinnvolle Kombination einzelner Bausteine. Genau darum geht es in diesem Buch.

Das Schöne: Unsere Anlagestrategie ist nicht in Stein gemeißelt. Natürlich sollten wir unserer Strategie grundsätzlich treu bleiben und nicht ständig umschichten, den neuesten Trends hinterherhecheln oder jede vermeintlich heiße Wette eingehen. Aber unsere Aktien- und Anleihequote können wir natürlich anpassen, weil wir mutiger werden oder vorsichtiger, weil sich unsere Lebenssituation oder auch unser Anlagehorizont geändert haben. Vielleicht gibt es eine satte Gehaltserhöhung oder wir erben, schon hat sich unsere finanzielle Situation und damit auch der Spielraum für unseren Vermögensaufbau verändert. Und natürlich werden wir älter, vielleicht möchten wir dann nicht mehr so viel Geld in Aktien investieren, sondern ein wenig den Fuß vom Gas nehmen und lieber etwas schwankungsärmer anlegen. Überhaupt kann im Leben viel passieren, und deshalb gilt es, unsere Anlagestrategie von Zeit zu Zeit zu überprüfen und gegebenenfalls anzupassen.

Strategien für jeden Geschmack – ein Schnelldurchlauf

Vielleicht starten Sie auch mit einer eher einfachen Strategie, die Sie mit den Jahren verfeinern möchten. Oder Sie verfolgen bereits eine solche und nun soll es etwas ausgefeilter, vielleicht sogar spannender und damit chancenorientierter werden. Börse kann nämlich auch richtig Spaß machen, und wenn Ihre Leidenschaft erst geweckt ist, dann haben Sie gleich ganz andere Investmentideen. Aber Vorsicht: Werfen Sie Ihre ursprüngliche Strategie nicht völlig über Bord, sonst laufen Sie Gefahr, doch (wieder) ein wildes Sammelsurium zusammenzukaufen. Überdenken Sie Ihren ursprünglichen Plan, passen Sie ihn an. Auch verwerfen können Sie ihn natürlich. Dann brauchen Sie aber unbedingt einen neuen Plan!

Vielleicht möchten Sie Akzente setzen. Diese können ganz unterschiedlich aussehen. Ein bestimmtes Land finden Sie extrem interessant? Bei einer speziellen Branche sehen Sie überproportional gute Chancen? Oder Sie versprechen sich eine Überrendite von einem bestimmten Thema? Dann könnte die Core-Satellite-Strategie genau das Richtige für Sie sein. Das bestehende Depot ist dabei schnell umgebaut. Es könnte nämlich das Core bilden, vorausgesetzt, es handelt sich um ein breit gestreutes Portfolio. Klingt spannend, aber doch auch kompliziert? Stellen Sie sich Ihr Depot einfach als Satelliten-System vor: In der Mitte ist ein sehr großer Planet, um den einige Satelliten kreisen. Fertig ist die Core-Satellite-Strategie. Das Core, der Kern, macht dabei den größten Teil des Depots aus. Bestückt mit einer sehr einfachen Strategie, also mit Aktien und Anleihen mit breiter Risikostreuung. Darum kreisen dann die kleinen Satelliten. Vielleicht sind es vier à jeweils 5 Prozent, vielleicht auch noch mehr mit entsprechend geringerem Anteil. Das Core macht dann 80 Prozent aus. Oder Ihr Kern-Investment fällt etwas kleiner aus, es gibt mehr oder größere Satelliten. Ganz nach Ihrem Risikoprofil und nach Ihrem Geschmack.

Für diese Satelliten eignen sich auch die Strategien sehr bekannter Investoren; oder Sie setzen komplett auf das, was Warren Buffett & Co. uns vormachen. Manche reden auch von Faktoren beziehungsweise der Faktor-Strategie. Im Falle von Warren Buffett wäre dieser Faktor dann »Value«. Experten nennen diese Strategien auch »Smart Beta«. Alpha ist die breite Marktrendite, Beta das Quäntchen mehr unter Berücksichtigung bestimmter Faktoren. In diesem Buch erfahren Sie alles über die gängigsten Strategien. Die vorgestellten Anlagestrategien können alle günstig und unkompliziert mit börsengehandelten Indexfonds (Exchange Traded Funds, kurz ETFs) oder mit aktiv gemanagten Fonds umgesetzt werden. Wenn Sie die Zeit und Muße, vor allem aber die Kenntnisse haben, können Sie diese Strategien auch mit Einzelaktien abbilden. Mit Blick auf die Risikostreuung ist das aber eher nicht zu empfehlen.

»Faktoren« können eine Beimischung im Depot sein, eignen sich also als Satelliten im Core-Satellite-Depot. Sie können aber auch clever kombiniert werden und das komplette Depot ausmachen. Auch solche »Smart Beta«-Depots werde ich Ihnen vorstellen. Anleger sollten nur in Strategien investieren, von denen sie inhaltlich überzeugt sind. Das gilt natürlich im Grunde für jede Anlageform, für jedes Produkt. Lange Durststrecken lassen sich auch bei »Smart Beta« nicht vermeiden. Nicht immer läuft alles gleich gut. Diese Phasen müssen Sie durchhalten. Eine Garantie auf Überrenditen gibt es nicht. Aber es gibt die Statistik, den Blick in den Rückspiegel: Und das sieht ziemlich gut aus.

Investieren wie Warren Buffett

Es gibt viele Strategien. Eine der bekanntesten ist die Value-Strategie à la Warren Buffett. Value wird mit »Substanz« oder »Wert« übersetzt, weshalb man auch von Substanzwerten spricht. Diese Substanz gibt es an der Börse zu einem geringen Preis, denn Investoren wie Buffett suchen nach günstigen oder auf Börsendeutsch unterbewerteten Aktien. Dabei schauen Anlegerinnen und Anleger auf die Fundamentaldaten eines Unternehmens und vergleichen sie mit den Daten anderer Unternehmen. Gesucht werden also Aktien, deren Aktienkurs im Vergleich zum Unternehmenswert gering ist. Eine klassische Möglichkeit, diese Aktien zu identifizieren, ist das Kurs-Buchwert-Verhältnis, bei dem der Börsenkurs einer Aktie dem Eigenkapital des Unternehmens pro Aktie gegenübergestellt wird. Alternativ muss das Kurs-Gewinn-Verhältnis herhalten. Oft werden auch mehrere Kennzahlen betrachtet. Es gibt leider keinen Automatismus, dass »günstige« Aktien irgendwann im Wert steigen. Es gibt auch immer wieder Kritik an dieser Strategie, aber dazu später mehr.

Dividenden als Rendite-Booster

Viele Fans hat auch die Dividenden-Strategie. Dabei werden Aktien ausgewählt, die eine hohe Dividendenrendite versprechen. Schließlich haben die Ausschüttungen von Dividenden einen hohen Anteil an unserer Aktienrendite. Doch die Dividende sollte nie der alleinige Grund sein, eine Aktie zu kaufen. Denn die Dividendenrendite ist eine rechnerische Größe, zeigt das Verhältnis der Dividende zum Aktienkurs. Stürzt er ab, zieht die Dividendenrendite an. Klingt erstmal gut, aber es hat eben oft einen Grund, warum Aktien abstürzen. Deshalb sollte man weitere Fundamentaldaten anschauen, den Gewinn beispielsweise. Außerdem achten Anhänger dieser Strategie darauf, wie konstant Dividenden gezahlt werden oder ob sie regelmäßig angehoben werden. Dividenden-Strategien sind ein Liebling der Investoren. Allheilbringend sind aber auch Dividenden nicht. Wie die Strategie funktioniert und wie Sie sie umsetzen können, schauen wir uns detailliert an.

Nebenwerte – immer auf die Kleinen

Eine ebenfalls sehr bekannte Strategie ist es, auf Nebenwerte – auf Börsendeutsch »Small Caps« – zu setzen. Gemeint sind kleinere

Aktiengesellschaften, also nicht die Dickschiffe im Dax oder im Euro Stoxx 50. Nebenwerte haben in der Vergangenheit oft höhere Renditen geliefert als die ganz Großen. Sie müssen nur den Dax mit dem MDax vergleichen. Allerdings sind die Aktien aus der zweiten und dritten Reihe auch riskanter, denn sie schwanken stärker. Das liegt daran, dass das Marktvolumen von Nebenwerten geringer ist, kleinere Orders lösen größere Kursreaktionen aus. Die Unternehmen sind auch anfälliger in Krisen. Sie erholen sich aber in der Regel auch schneller wieder. Denn für sie spricht vor allem, dass sie wendiger sind als Großkonzerne, schneller auf Krisen oder Marktveränderungen reagieren können. Sie wachsen auch stärker als Großkonzerne, weil sie oft an einem früheren Punkt im Wachstumszyklus von Unternehmen stehen. Als Beimischung sind Nebenwerte also sicher keine schlechte Idee.

Qualität zahlt sich aus

Eine Strategie, die vor allem in Krisenzeiten hohe Aufmerksamkeit genießt, ist die »Quality«-Strategie. Dabei geht es nicht nur um die Qualität der Produkte, die ein Unternehmen herstellt. In erster Linie geht es um die betriebswirtschaftliche Qualität des Unternehmens und damit der Aktien. Dazu werden unterschiedliche Kennzahlen betrachtet. Beim MSCI World Quality Index sind das zum Beispiel Eigenkapitalrendite, stabiles Gewinnwachstum und der Verschuldungsgrad. Unternehmen, die bei diesen Merkmalen positiv abschneiden, werden in diesen Index aufgenommen. Experten gehen davon aus, dass solche Unternehmen und damit auch ihre Aktien besser durch Krisen kommen. Das hat in den vergangenen Jahren wirklich gut funktioniert. Im Jahr 2022 war es allerdings anders. Quality schnitt sogar schlechter ab. Das lag daran, dass auch viele Technologiewerte heute Qualitätsaktien sind. Sie haben unter der extremen Zinswende sehr gelitten und stark verloren. Entsprechend schlecht schnitt dann auch der MSCI World Quality ab. Trotzdem ist der Faktor Qualität sicher einen Blick wert.

Low Volatility zur Beruhigung

Ein Baustein, der etwas Ruhe ins Depot bringen sollte, könnte »Low Volatility« sein. Die Volatilität misst die Schwankungsbreite einer Aktie. Anleger setzen dabei auf Aktien mit besonders niedriger Volatilität. Auch wenn die Strategie es tatsächlich schafft, weniger schwankungsanfällig zu sein, kann die Rendite besonders in Erholungsphasen deutlich dem breiten Markt hinterherhinken. Trotzdem vermindert diese Strategie das Risiko im Depot deutlich. Das hat aber den Preis, dass auch die Performance phasenweise deutlich reduziert ist. Auch über längere Zeiträume kann das Rendite-Risiko-Verhältnis dann schlechter als beim MSCI World sein. Defensive Anleger können diese Strategie aber getrost verfolgen, um ein bisschen Ruhe ins Portfolio zu bringen. Denn höher als bei sicheren Anleihen sollte die Rendite schon sein.

Anleihen von supersicher bis spekulativ

Soweit der Aktienanteil im Schnelldurchlauf. Auch Anleihen gehören in jedes Depot, je nach Strategie die supersichere Variante oder eben eine weniger sichere oder sogar die spekulativere. Mit der Zinswende ist diese Anlageklasse wieder interessanter geworden, denn Staats- und Unternehmensanleihen bieten auch bei hoher Bonität und damit Sicherheit wieder eine positive Rendite. Die Bonität drückt die Kreditwürdigkeit eines Schuldners aus. Wie hoch ist die Chance, dass Sie als Anleger Ihr Geld zurückbekommen? Wie groß ist die Gefahr, dass der Schuldner nicht zahlen kann? Spezielle Ratingagenturen wie Standard & Poor's, Moody's oder Fitch vergeben bei Anleihen Noten. Je größer sie die Wahrscheinlichkeit einer vollständigen Rückzahlung und pünktlicher Zinsausschüttungen einschätzen, desto besser fallen die Noten aus. Bei Standard & Poor's ist AAA, auch »Triple A« genannt, die Bestnote. Den sogenannten »Investment Grade« (IG) erhalten relativ sichere Schuldner, er reicht von AAA bis BBB-. Schlechtere Ratings bis hin zu D weisen auf ein erhöhtes bis hohes Risiko beziehungsweise bereits eingetretenen Zahlungsverzug hin. D heißt »default«, der Ausfall ist kein Risiko mehr, sondern Tatsache. Es gilt: Je besser die Bonitätsnoten, desto niedriger die Zinskupons und Renditen. Anleger lassen sich für ein erhöhtes Risiko »bezahlen« und zwar in Form höherer Zinsen. Während sichere Staats- und Unternehmensanleihen für Ruhe im Depot sorgen sollen und etwas weniger Rendite liefern, können Hochzins- oder Nachranganleihen für einen Rendite-Booster sorgen – bei entsprechend höherem Risiko.

Gold als sicherer Hafen

Auch Gold gilt als »sicherer Hafen« und soll für Ruhe im Depot sorgen. Das gelingt mal mehr und mal weniger gut. Gold ist eine Art »Versicherung« für stürmische Zeiten und eine ziemlich emotionale Anlageklasse. Was wir als Anlegerinnen und Anleger bedenken sollten: Das gelbe Edelmetall bringt weder Dividenden noch Zinsen. Die Rendite wird durch die Kursbewegung bestimmt und – ganz wichtig: durch den Wechselkurs von Euro und Dollar. Denn Gold wird in US-Dollar gehandelt. Mitunter gibt es Jahre, da bewegt sich der Goldpreis eigentlich kaum, aber Euro-Anleger machen trotzdem Gewinn. Das Gegenteil kann allerdings auch passieren.

2023 war ein gutes Jahr für Gold-Fans. Es gilt nämlich als Inflationsschutz. Auch die Nahost-Krise ließ die Notierung steigen. Geopolitische Risiken treiben den Goldpreis eigentlich immer. Vor allem aber war es die Hoffnung auf sinkende Zinsen. Denn wenn supersichere Bonds wieder gute Renditen abwerfen, wird Gold ein bisschen uninteressanter. Das ändert sich aber wieder, wenn die Zinsen sinken. Und deshalb haben nicht nur Aktien 2023 eine ordentliche Jahresendrally auf das Parkett gelegt, sondern eben auch das beliebte Edelmetall. Ich persönlich bin und bleibe kein Fan von Gold-Investments, aber das ist Geschmackssache.

Faszination Krypto-Währungen

Eine Anlageklasse, die viele Menschen geradezu elektrisiert, sind Krypto-Währungen wie Bitcoin oder Ether. Doch für den soliden, langfristigen Vermögensaufbau sind sie nicht geeignet. Das ist zumindest meine Meinung, die natürlich nicht alle teilen. Ich bin aber überzeugt: Es fehlt einfach ein stabiles Fundament, denn im Grunde steckt bei aller Faszination nichts hinter den Kryptos. Sie sind zwar äußerst populär und auch schon seit 2009 auf dem Markt, aber – mit Ausnahme von El Salvador – nirgendwo auf der Welt als gesetzliches Zahlungsmittel anerkannt. Einzelne Länder arbeiten zwar an entsprechenden Regularien, andere wie beispielsweise China haben Transaktionen in Krypto-Währungen komplett verboten.

Bitcoin und Co. sind keine klassische Anlageklasse, für manchen sind sie auch nicht mehr als heiße Luft. Sie sollten Kryptos als waghalsige Spekulation betrachten, nicht als Baustein der langfristigen Geldanlage oder einer sinnvollen Strategie. Das Risiko ist extrem hoch, die Kurse der Digitalwährungen schwanken heftig und Kryptos locken auch Cyber-Kriminelle an. Wenn es denn unbedingt sein muss, dann sollten Krypto-Währungen in einer langfristigen Strategie nur beigemischt werden; und zwar zu einem sehr kleinen Anteil. Oder Sie packen Bitcoin und Co. in Ihr Spielgeld-Depot, denn da gehören sie hin. Die vermeintlich hohen Chancen mögen Sie anlocken, aber vergessen Sie nie: Keine Chance ohne Risiko. Und je höher die Chance, desto höher ist auch das Risiko.

Das Inflations-Risiko – gekommen, um zu bleiben

Ein Thema, das uns in den kommenden Jahren umtreiben wird, ist die Inflation. Lange Zeit galt sie als »unsichtbare Gefahr«. Mittlerweile ist sie deutlich sichtbar. Jahrelang war der Schwund unserer Kaufkraft gefühlt recht gering und kaum zu bemerken. Das Inflationsziel der Europäischen Zentralbank (EZB) von gut 2 Prozent wurde in Deutschland lange nicht erreicht. Das hat sich nach der Corona-Krise und spätestens seit Ausbruch des Ukraine-Krieges mit stark steigenden Energiepreisen geändert. Wir sehen es an der Zapfsäule, an der Supermarktkasse, bei der Nebenkosten-Abrechnung.

Auf einmal ist es sehr greifbar, was Inflation bedeutet. Es gibt weniger für das Geld, und zwar deutlich weniger. Wann die Teuerungsrate wieder merklich schrumpft, also nicht mehr alles ständig deutlich teurer wird, wird sich zeigen. Ob die Preise aber auf das alte Niveau sinken? Unwahrscheinlich. Sie werden nur hoffentlich zeitnah nicht mehr so stark steigen. Die Notenbanken – nicht nur in den USA und in Europa – haben mit starken Zinsanhebungen gegen die Inflation gekämpft. Mit Erfolg. Bis die von ihnen angestrebte Inflation von gut 2 Prozent erreicht ist, dürfte es aber dauern.

Das hat nicht nur Folgen beim Einkaufen oder Heizen, sondern eben auch für unsere Geldanlage. Das Inflationsrisiko ist deutlich gestiegen. Vorhanden war dieses Risiko aber schon immer. Sparer erleiden zwar auf dem Papier keine Verluste, ihre Erträge liegen aber trotzdem seit einiger Zeit unterhalb der Inflationsrate. Das bedeutet, dass die Kaufkraft ihrer Ersparnisse mit den Jahren abnimmt. Kurzfristig ist das kaum aufgefallen, vor allem nicht im Vergleich zu den Schwankungen an den Aktienmärkten. Aber auch eine Inflation von 1, 2 oder 3 Prozent richtet langfristig einen ziemlichen Schaden an.

Ein Beispiel: Sie haben 100.000 Euro für die Altersvorsorge angespart. Das klingt erstmal gut. Ein Ruhekissen für das Alter, mit dem Sie Ihre gesetzliche Rente aufhübschen können. Nun gehen wir davon aus, dass die Inflation bei dem von der Europäischen Zentralbank (EZB) gewünschten Niveau von 2 Prozent liegt. Was können Sie sich in 10, 20 oder 30 Jahren von Ihren 100.000 Euro noch kaufen? Was sind sie noch wert beziehungsweise wie hoch ist die Kaufkraft? In zehn Jahren würde die Kaufkraft bei 82.035 Euro liegen, ein deutliches Minus. Noch größer wäre der »Schaden« nach 20 Jahren: Die 100.000 Euro hätten verglichen mit heute nur noch einen Kaufwert von 67.297 Euro. Das tut weh. Und nach 30 Jahren hätte sich die Kaufkraft Ihres Ersparten sogar fast halbiert, nämlich auf 55.207 Euro. Würde die Inflation übrigens bei 3 Prozent liegen, dann hätte sich die Kaufkraft schon nach 20 Jahren fast halbiert. Auf dem Konto werden aber weiterhin 100.000 Euro liegen, das macht es so trügerisch.

Mit Aktien gegen die Inflation

Vor allem mit Blick auf unseren langfristigen Vermögensaufbau dürfen wir die Inflation deshalb nicht ignorieren, auch dann nicht, wenn sie irgendwann wieder relativ gering zu sein scheint. Es gilt, eine Strategie zu finden, mit der unsere Rendite oberhalb der Inflationsrate liegt. Denn nur so erzielen wir eine positive Realrendite. Diese wird vereinfacht berechnet, indem Sie von Ihrer erwarteten

Rendite (dem Ertrag) die Inflationsrate abziehen. Ein Beispiel: 2 Prozent Rendite abzüglich 3 Prozent Inflation macht eine negative Realrendite von minus 1 Prozent. Das Vermögen schwindet also.

In den vergangenen Jahren mit homöopathisch niedrigen, Null- oder sogar Minuszinsen war die reale Rendite für Sparer eigentlich immer negativ, was zu einem Kaufkraftverlust führte. Mittlerweile gibt es wieder Zinsen, denn Sparer profitieren von der Geldpolitik der Notenbanken. Nur leider führen uns auch Tagesgeldzinsen von drei und teilweise sogar mehr Prozent in die Irre, wenn die Inflation höher ist. Der Realzins ist und bleibt also negativ. Er ist sogar zeitweise noch stärker ins Minus gerutscht als zu Zeiten der Zinsdürre.

Aktionäre konnten eine positive Realrendite erzielen, zumindest bis die Inflation rasend schnell anstieg. In Zeiten von Inflationsraten von bis zu 10 Prozent können auch Aktien nur bedingt helfen, geht man von einer langfristigen, durchschnittlichen Rendite von 6 bis 8 Prozent aus. Und da 2022 ein schlechtes Börsenjahr war, kamen Aktionäre sogar noch schlechter weg. Langfristig sollte mit Aktien aber eine positive Realrendite möglich sein, denn im Herbst 2023 ist die Inflation bereits wieder auf unter 5 Prozent gefallen. Dennoch sollte natürlich keine Strategie zu 100 Prozent aus Aktien bestehen, aber dazu später mehr. Solche Aktienquoten sind eher die Ausnahme. Zumal die Deutschen auch mehr als skeptisch sind, wenn es um die Börse geht.

Die Deutschen sind bekanntlich kein Volk von Aktionären. Nicht mal jeder Zehnte investiert in Unternehmensbeteiligungen, denn nichts anderes sind Aktien. Stattdessen wird gespart. Die Zahlen der Bundesbank zeigen das seit Jahren. Die Deutschen besitzen ein Geldvermögen von fast 7,4 Billionen Euro. Und wie teilen es die »privaten Haushalte« auf, von denen die Bundesbank dabei spricht? Die Deutschen lieben Sicherheit, sie lieben Versicherungen, die ihnen diese Sicherheit suggerieren. Knapp

35 Prozent ihres Geldvermögens steckt in Versicherungs-, Alterssicherungs- und Standardgarantie-Systemen, also grob gesagt in Versicherungen. Die bringen zwar kaum Rendite, aber versprechen eben Sicherheit. Auch vom Sparen haben sich die Deutschen in den langen Jahren der Null- und Negativzinsen nicht abbringen lassen: Etwa 40 Prozent ihres Geldvermögens liegt auf Giro- oder irgendwelchen Sparkonten. In Investmentfonds, Aktien und sonstige Anteilsrechte haben sie gerade mal gut ein Fünftel investiert. Sicherheit um jeden Preis? Aber was heißt eigentlich Sicherheit? In vielen Fällen war es nur der nominale Wert einer Anlage, der nicht schwanken sollte, konnte oder durfte. Aber die Realrendite ist eben oft negativ. So viel zum Thema Sicherheit. Mit Vermögensaufbau hat das wenig bis gar nichts zu tun.

Es geht besser. Und Aktien müssen nicht immer hochriskant sein, im Gegenteil. Risikostreuung, ein langer Anlagehorizont, eine Strategie helfen, das Risiko zu begrenzen und die Chancen zu erhöhen. Wie das geht? Zuallererst sollten Sie die goldenen Regeln der erfolgreichen Geldanlage kennen und beherzigen.

KAPITEL 2

Die goldenen Regeln der erfolgreichen Geldanlage

Wer Vermögen aufbauen möchte, sollte die »goldenen Regeln der erfolgreichen Geldanlage« kennen – und beherzigen. Im Grunde sind es vier recht einfache Regeln: Streuen Sie das Risiko breit. Legen Sie langfristig an. Achten Sie auf die Kosten. Investieren Sie niemals ohne Strategie.

Regel #1: Die Risikostreuung

Eine der wichtigsten Regeln der erfolgreichen Geldanlage ist die Risikostreuung, auf Börsendeutsch Diversifikation. Wer sein Vermögen nur in eine Anlageklasse wie etwa Aktien investiert, geht ein enormes Risiko ein. Die Entwicklung des Portfolios ist dann schließlich auch nur von dieser Assetklasse abhängig. Stürzen die Aktienbörsen weltweit ab, stürzt auch der Wert eines reines Aktiendepots ab. Wer breiter investiert, sein Geld auf Aktien, Anleihen, Rohstoffe und Immobilien verteilt, kann den Absturz einer einzelnen Anlageklasse besser abfedern.

Diese Grundregel geht auf Harry Markowitz zurück und ist sogar preisgekrönt. Der amerikanische Wissenschaftler bekam für seine moderne Portfoliotheorie im Jahr 1990 den Alfred-Nobel-Gedächtnispreis – kurz: Nobelpreis – für Wirtschaftswissenschaften.

Markowitz erforschte bereits in den 1950er-Jahren das Verhältnis von Risiko und Rendite. Dabei wies er nach, dass eine breite Streuung auf mehrere Anlageklassen die Absturzgefahr im Depot senkt. Mit seinen Forschungserkenntnissen wurde der Amerikaner zu einer Art Guru der Finanztheorie. Jahrzehntelang setzten Anleger weltweit seine Prinzipien um, ein halbes Jahrhundert lang galten diese gar als unumstößlich.

Der Grundgedanke: Jede Anlageklasse reagiert unterschiedlich auf Entwicklungen an den Finanzmärkten. Wenn eine Anlageform oder auch nur ein Einzeltitel in Turbulenzen gerät, ist eine andere gar nicht betroffen oder entwickelt sich vielleicht sogar viel besser. Dieser Zusammenhang wird beim Vergleich von Aktien und Anleihen besonders deutlich. Wenn der Aktienmarkt abstürzt, suchen die Anleger Sicherheit und schichten in der Regel in Anleihen um – und umgekehrt. Manchmal funktioniert diese Regel aber auch nicht, deshalb hat Markowitz' glänzende Theorie auch ein paar Kratzer abbekommen.

Es gilt aber immer noch: Streuung minimiert das Risiko. Nur auf die gerade besser laufende Anlageklasse zu setzen, ist viel zu gefährlich. Niemand weiß schließlich, wann der nächste Crash kommt, wann die Stimmung dreht. Frei nach Markowitz lässt sich also in einem Aktienportfolio das Risiko durch Beimischung von Anleihen senken. Das funktionierte im Corona-Crash ziemlich gut. Im Frühjahr 2020 stürzten die Aktienmärkte brutal ab, supersichere Bundesanleihen und amerikanische Staatsanleihen sowie die Krisenwährung Gold waren aber gefragt – sie sorgten in vielen Depots für etwas Ruhe. Im Jahr 2022 klappte das allerdings nicht so gut. Anleihen litten unter der Zinswende, Aktien unter Rezessionsängsten. Gold lief ebenfalls nicht richtig gut, auch wenn Euro-Anleger zumindest Währungsgewinne verbuchten. Es war aber auch eine extreme Gemengelage, selten gab es an den Märkten mehr Risikofaktoren gleichzeitig. Grundsätzlich funktioniert das Konzept aber noch immer.

Risikostreuung gilt auch innerhalb einzelner Anlageklassen

Auch mit Blick auf einzelne Anlageklassen ist Risikostreuung wichtig. Beispiel Aktien: Nicht jedes Unternehmen, jede Branche, jedes Land, jede Region läuft immer gleich gut. Bei steigenden Zinsen geraten konjunktursensible Aktien häufig unter Druck. Dafür legen Finanzwerte zu, entwickeln sich also gegenläufig. Sie korrelieren nicht, um den Fachbegriff zu bemühen. Das war 2022 wunderbar zu beobachten. Value war auf einmal gefragt, Growth eher weniger. Was heißt das für Sie? Vereinfacht gesagt, können Sie versuchen, einfach alles zu haben. Experten empfehlen, möglichst marktbreit zu investieren. Die Idee dahinter: Wer die Welt im Depot hat, ist immer dabei, wenn irgendwo die Kurse steigen. Wer breit streut, kann – ohne gleich das ganze Depot in Gefahr zu bringen – auch auf risikoreichere Aktien setzen. Das kann sich richtig lohnen, denn die profitabelsten Geldanlagen sind oft die riskantesten. Aktien aus fernen Ländern, die gerade erst am Anfang eines starken Wirtschaftsaufschwungs stehen, können beispielsweise absolute Rendite-Bringer sein. Aber natürlich weiß vorher niemand, wie sich die Aktien aus solchen Ländern künftig entwickeln und welches Papier durchstarten wird. Sind die Wachstumsaussichten der Region gut und ist das Unternehmen gut aufgestellt, wird die Aktie wahrscheinlich früher oder später eine hohe Rendite bringen. Die Börsen der aufstrebenden Schwellenländer, auch Emerging Markets genannt, haben sich – obwohl es zuletzt Rückschläge gab – über mehrere Jahre hinweg gut entwickelt und Anlegern hohe Gewinne eingebracht.

Doch das trifft eben nicht auf alle Aktien aus einer solchen Region zu. Manche bringen Ihnen exorbitant viel Geld ein, mit anderen verbrennen Sie viel Geld. Dieses Verlustrisiko mögen Anleger gar nicht. Doch genau dagegen hilft die Risikostreuung. Wer das Geld auf viele verschiedene Aktien aufteilt, der wird mit einigen hohe Gewinne einfahren und mit anderen leider auch Verluste, mit einigen wenigen wahrscheinlich sogar hohe Verluste. Ihr Investiertes insgesamt wird aber wahrscheinlich im Durchschnitt einen relativ guten Gewinn abwerfen. Die Gefahr, richtig viel zu verlieren, ist dann deutlich geringer. Das sagt zumindest die Wissenschaft, und die Statistik belegt es.

Wenn Sie Ihr Vermögen auf verschiedene Anlagen verteilen, bewirkt das auf der Ertragsseite einfach nur, dass die Renditen der Anlagen gemittelt werden. Die Risiken hingegen werden dadurch überproportional reduziert. Diversifikation verbessert also das Rendite-Risiko-Verhältnis, da die einzelnen Anlagen sich nicht immer im Gleichtakt entwickeln. Rendite und Risiko stehen in einem gegensätzlichen Verhältnis zueinander. Je höher Ihr Rendite-Ziel ist, desto höher wird das Risiko sein, das Sie dafür eingehen müssen. So weit die Theorie. Nicht selten wiegen wir uns aber auch in falscher Sicherheit, wenn wir unser Geld stur auf verschiedene Anlageklassen verteilen. Aktien und Unternehmensanleihen sind zwar verschiedene Anlageklassen, hängen in gewissem Maß aber von den gleichen Treibern ab. Geht es dem Unternehmen gut, steigt der Kurs von Anleihe und Aktie, droht die Insolvenz, sorgen beide für Verluste.

Fonds und ETFs helfen bei der Diversifikation

Mit der Risikostreuung können Sie es aber auch übertreiben. Wenn Sie zu viele Einzeltitel halten, verlieren Sie irgendwann den Überblick. Streuung ist kein Selbstzweck. Doch wie viele Einzeltitel gehören in Ihr Portfolio? Wann ist es zu viel? Denn wie praktisch überall im Leben, gibt es auch hier ein »zu viel des Guten«. Auch wenn bei der Geldanlage elementar ist, auf eine breite Risikostreuung nach Anlageklassen, Regionen und Branchen zu achten, steigen mit einer wachsenden Titelanzahl auch der Zeitaufwand für

Recherche, Research und regelmäßige Analyse sowie die Transaktionskosten. Viele Mini-Positionen können (je nach Bank oder Broker) ein ziemlich teures Vergnügen sein. Zumal neben den Bank- und Broker-Gebühren auch Ordergebühren der Börsen anfallen. Aber lässt es sich quantifizieren, wann es zu viel ist? Frei nach der Kapitalmarkttheorie lässt sich leicht nachvollziehen, dass ein gut diversifiziertes Wertpapierportfolio statt aus drei bis fünf Titeln, besser aus 30 bis 50 Titeln bestehen wird.

Und wenn wir stattdessen auf 300 bis 500 Titel setzen und die Risikostreuung noch weiter hochfahren? Das dürfte für die meisten Anleger zu viel des Guten sein. Das Research wird einfach finanziell und zeitlich immer aufwendiger und die einzelne Transaktion kleiner und damit eben mitunter auch teurer. Auch mit noch so guter Diversifikation lässt sich das Risiko nicht ganz ausschalten. Das geht einfach nicht. So präzise lassen sich die Kapitalmärkte und die einzelnen Anlageklassen einfach nicht prognostizieren. Wenn wir es aber übertreiben mit der Risikostreuung und den Überblick verlieren, dann wird die Risikostreuung selbst zum Risiko. Übersichtlicher bleibt es auf jeden Fall mit ETFs und Fonds, dann dürfen es auch Hunderte oder gar Tausende Werte sein. Die Auswahl übernehmen Indexanbieter und Fondsmanager für uns; und sie behalten dann (hoffentlich) auch den Überblick, während wir je nach Strategie nur ein halbes oder ein Dutzend, vielleicht auch ein bisschen mehr Positionen im Depot haben und im Blick behalten müssen.

Womit wir bei einer spannenden Frage sind, die ich später noch detaillierter beantworte: Aktiv oder passiv? Mitunter führt diese Frage zu einer hitzigen Grundsatzdiskussion. Lieber aktiv gemanagte Investmentfonds oder doch lieber die passiven ETFs? Mit Blick auf die Rendite – sowohl kurz- als auch langfristig – sind oft, aber nicht immer die ETFs die bessere Wahl. Die Statistik bestätigt immer wieder: Die wenigsten Fondsmanager schlagen ihren Vergleichsindex, schon gar nicht dauerhaft. Es gibt aber Experten, die es eben doch schaffen und sensationelle Ergebnisse liefern. Sie schlagen ihre Benchmark Jahr für Jahr – und das nach Kosten. Denn es sind ja oft die Kosten, die auf der Performance lasten. Also Vorteil passive Fonds, mit Ausnahme einiger aktiver Fonds mit besonders gutem Management? So einfach ist es leider nicht. Wer auf ETFs setzt, ist den Schwankungen an den Märkten ausgeliefert. Denn der ETF wird sich entwickeln wie der ihm zugrunde liegende Index, abgesehen von ein paar minimalen Abweichungen. Wenn es mit dem Dax, MSCI World oder S&P 500 um 30 Prozent abwärts geht, passiert das Gleiche mit dem ETF. Ein in deutsche Standardwerte, global oder eben in den breiten amerikanischen Aktienmarkt investierender Fonds sollte einen Teil dieser Abwärtsbewegung und damit Verluste abfedern können (aber nicht müssen). Das spricht für aktives Management. Es sei denn, man hat Nerven wie Drahtseile. Es gibt aber auch sehr spezielle Strategien, Themen oder auch Märkte, bei denen aktives Management punktet. Und überhaupt: Die Frage muss gar nicht »Aktiv oder passiv?« lauten. Sie können auch beides kombinieren.

Ob nun Fonds oder ETFs – grundsätzlich sind beide sehr gute Anlagevehikel. Ob aktiv oder passiv – wofür auch immer Sie sich entscheiden, Sie können schon mit relativ geringen Summen loslegen. Einzelne Fonds- oder ETF-Anteile kosten oft nur wenige Euro, manchmal auch ein paar Hundert. Damit investieren Sie dann in Dutzende, Hunderte, zum Teil sogar mehr als 1000 Aktien. Es braucht keine Millionen-Investments, um an der Börse aktiv zu werden. Auch für eine gute Risikostreuung brauchen es keine großen Anlagesummen zu sein. Das alles schauen wir uns noch im Detail an.

Doch was passiert eigentlich, wenn Anleger auf die Risikostreuung verzichten? Wie groß ist das Verlustrisiko wirklich? Es kommt natürlich darauf an, wie man investiert. Eher langweilige Standardwerte mit solidem Geschäftsmodell oder die jungen, superinnovativen Börsenneulinge, immer auf der Suche nach dem nächsten Highflyer? Aber auch die Anzahl der Titel ist eben entscheidend. Ein zugegebenermaßen etwas banales, aber dadurch sehr plakatives Beispiel: Stellen Sie sich vor, Sie haben in drei Aktien investiert und eine davon stürzt ab. Das würde Ihr Depot extrem belasten. Wenn jede dieser drei Aktien ein Drittel Ihres Depots ausmachen würde, also einen Anteil von 33 Prozent hätte, und eine davon würde um 50 Prozent abstürzen, dann wäre Ihr Depot 16,5 Prozent im Minus. Bei einem Depotwert von 15.000 Euro, verteilt auf drei Aktien, die wir für jeweils 5000 Euro kaufen, wäre der Schaden heftig. Ist darunter eine Niete, deren Kurs mal eben um 50 Prozent einbricht, wären 2500 Euro futsch. Hätten Sie aber zehn Aktien, jeweils mit einem Anteil von 10 Prozent oder 1500 Euro Investment, dann wären es nur 5 Prozent oder 750 Euro. Aber auch zehn Einzelaktien sind noch immer zu wenig. Die Risikostreuung muss weiter gehen, sehr viel weiter.

Die »Generation Aktie« bevorzugt ETFs und Fonds

Viele Neu-Aktionäre der vergangenen Jahre scheinen diese Grundregel der erfolgreichen Geldanlage übrigens zu berücksichtigen. Die Deutschen entdecken nämlich die Aktie als Geldanlage. Vor allem junge Menschen sparen regelmäßig für den Vermögensaufbau und die Altersvorsorge. Dabei setzt die »Generation Aktie« immer öfter auf Aktienfonds und aktienbasierte ETFs. Das ist das Ergebnis einer Studie des Center for Research in Financial Communication der Universität Leipzig, die der Deutsche Investor Relations Verband (DIRK) beauftragt und die das Deutsche Aktieninstitut unterstützt hat. In den vergangenen Jahren und vor allem im Corona-Jahr 2020 ist die Zahl der jungen Aktionäre stark gestiegen. Doch es sind scheinbar keine Zocker, die die Börse mit einem Casino verwechseln. Die »Generation Aktie« macht sehr viel sehr richtig. Die Börsenneulinge investieren breit gestreut und regelmäßig, bringen einen langen Atem mit und informieren sich im Netz. Für die Studie wurden 705 Anlegerinnen und Anleger im Alter unter 35 Jahren und 951 Menschen über 35 Jahren repräsentativ befragt.

Die Ergebnisse decken sich auch mit einer Umfrage der Beratungsgesellschaft Boston Consulting Group unter »Emerging Affluents«, also aufstrebenden Vermögenden. Mit einem Jahresgehalt zwischen 80.000 und 200.000 Euro gehören sie zu den Top-Verdienern in Deutschland. BCG hat über 500 von ihnen zu ihrem Anlageverhalten befragt. Der Großteil der durchschnittlich 29-Jährigen möchte für das Alter vorsorgen. Die jungen Anleger sind in ihrem Investitionsverhalten konservativer, als oft angenommen. Knapp die Hälfte sind Sparplan-Investoren, sie legen regelmäßig über einen ETF-, Fonds- oder Aktiensparplan an. Das deckt sich mit den Ergebnissen der DIRK-Studie. Das beliebteste Anlageprodukt der jungen Aktiensparerinnen und -sparer sind auch hier ETFs und Fonds (82 Prozent), gefolgt von Einzelaktien (65 Prozent). Jeder Dritte investiert aber auch in Krypto-Währungen. Die große Mehrheit der jungen Anlegerinnen und Anleger, nämlich 70 Prozent, legen ihr Geld über einen Sparplan in Aktien an. Das wichtigste Anlagemotiv der jungen Menschen ist der langfristige Vermögensaufbau (77 Prozent) und 56 Prozent sparen für ihre Altersvorsorge.

Nun stellt sich natürlich die Frage: Wie sind die Neu-Aktionäre durch die heftige Korrektur im Jahr 2022 gekommen? Wie gut waren ihre Nerven? Haben sie panisch Verluste realisiert? Haben sie die Reißleine gezogen? Sich gar von der Börse verabschiedet? Nein. Sie haben ihren ersten Härtetest als Anleger bestanden und ließen sich scheinbar nicht mehr so schnell durch Börsenturbulenzen verunsichern, wie Umfragen gezeigt haben. Weil sie verstanden haben, dass kurzfristige Schwankungen am Aktienmarkt in der langfristigen Betrachtung wenig Resonanz haben? Das wäre schön. Die jungen Aktionäre zeigen sich fast schon begeistert von der Anlageklasse Aktie. Auch die MetallRente Jugendstudie »Jugend, Vorsorge, Finanzen« aus dem Sommer 2022 bestätigt diesen Trend. Das Sparverhalten der jungen Menschen zwischen 17 und 27 Jahren hat sich demnach deutlich verändert. Angesichts der Niedrigzinsphase sparten so viele wie nie zuvor mit Aktien und Fonds für die Altersvorsorge. Zwischen 2016 und 2022 hat sich der Gesamtanteil derjenigen mehr als verdreifacht, die aktien- und fondsbasiert für ihre Rente sparen – von 16 auf 50 Prozent. Ich hoffe sehr, dass es auch angesichts steigender Sparzinsen so ist. Leider gab es allerdings die eine oder andere Meldung, dass wieder mehr Geld auf Tages- und Festgeldkonten landet. Auffällig ist übrigens, dass Frauen beim Thema Aktiensparen deutlich zurückhaltender sind. Sorgen bei den jungen Männern bereits 62 Prozent auch mit Aktien und Fonds vor, sind es bei den jungen Frauen lediglich 34 Prozent. Die gute Nachricht: Im Vergleich zur letzten Erhebung ist dieser Wert stark gestiegen, 2019 lag er bei nur 18 Prozent. Die MetallRente Studie »Jugend, Vorsorge, Finanzen« ist die größte repräsentative Langzeituntersuchung zur Vorsorge junger Menschen und wird alle drei Jahre durchgeführt. Insgesamt sind das positive Signale für die deutsche Aktienkultur und die private Altersvorsorge.

Es sind aber nicht nur die Jungen, die die Börse für sich entdecken. Vor allem im Corona-Jahr 2020 ist die Zahl der Aktionäre und Aktionärinnen stark gestiegen. Beinahe so viele Menschen engagierten sich an der Börse wie zuletzt um die Jahrtausendwende, wie Zahlen des Deutschen Aktieninstituts zeigen. Im Vergleich zu 2019 sparten plötzlich rund 2,7 Millionen mehr Menschen in Aktien, Aktienfonds oder aktienbasierte ETFs, insgesamt knapp 12,4 Millionen Deutsche. Damit war etwa jeder Sechste in Aktien investiert. Im Jahr darauf ging es zwar leicht abwärts, aber noch immer sind knapp 12,1 Millionen Menschen Aktionäre – immerhin der dritthöchste Stand seit Beginn der Erhebung im Jahr 1997. Und im Jahr 2022 dann die Überraschung: ein neuer Rekord! Mich hat es eher verblüfft, wie viele Menschen in einem wirtschaftlich eher schwierigen Jahr mit einer recht deutlichen Korrektur an den Märkten Aktien für sich entdeckten. Nie gab es mehr Aktiensparerinnen und Aktiensparer in Deutschland. 12,9 Millionen Menschen waren im Jahr 2022 in Aktien investiert – ein Plus von immerhin 830.000. Rund 600.000 junge Erwachsene unter 30 Jahren wagten sich 2022 erstmals auf das Börsenparkett – ein Plus von 40 Prozent zum Vorjahr. Der bisherige Höchststand der Aktionäre stammte übrigens aus dem Jahr 2001. Kurz darauf platzte die Internetblase und es gab einen üblen Crash. Damals verabschiedeten sich viele von der Börse. Im schlechten Aktienjahr 2022 war es anders. Neuaktionäre haben die Kurskorrekturen sogar für den Einstieg in den Aktienmarkt genutzt, während erfahrene Anlegerinnen und Anleger investiert blieben. 2022 war jeder Fünfte am Aktienmarkt engagiert, also rund 18,3 Prozent der Bevölkerung ab 14 Jahren.

Vor allem Frauen entdecken die Börse

Das Gesicht der Börse ist also jünger geworden, und – was mich besonders freut – auch weiblicher. 482.000 Frauen sind neu an der Börse. Damit haben mehr Frauen als Männer die Aktie für sich entdeckt. Weiterhin ist aber nur ein Drittel der deutschen Aktionäre weiblich. Das ist zu wenig, vor allem mit Blick auf die Altersvorsorge. Apropos Altersvorsorge: Die Zahlen des Deutschen Aktieninstituts (DAI) bestätigen, dass sich das große Interesse junger Menschen am Aktiensparen im Krisenjahr 2022 fortgesetzt hat. Besonders die Gruppe der unter 30-Jährigen war am Aktienmarkt nämlich sehr aktiv. Das ist prima, denn die junge Generation hat schließlich einen unglaublich langen Anlagehorizont, kann Turbulenzen locker aussitzen und langfristig von den Renditen einer breit gestreuten Aktienanlage profitieren. Insgesamt legen die Deutschen immer mehr wert auf Diversifikation, auch das bestätigt die Statistik des DAI. Bei der Anlageform waren nämlich auch 2022 Fonds und ETFs die beliebteste Form der Aktienanlage. 7,6 Millionen Menschen halten ausschließlich Fonds oder ETFs im Depot. 2,9 Millionen Aktiensparerinnen und -sparer kombinieren Fonds und ETFs mit der Anlage in Einzelaktien. 2,4 Millionen investieren ausschließlich in Einzeltitel.

Eigentlich sind das gute Zahlen. Es ist eine positive Entwicklung. Aber das ändert leider nichts daran, dass es um die deutsche Aktienkultur nach wie vor nicht besonders gut bestellt ist. Noch immer investieren zu wenige Menschen an der Börse, noch immer liegt viel zu viel Geld nur herum, anstatt investiert zu werden und zu arbeiten. Gerade mal jeder Fünfte ist Börsianer. Und das sagt ja noch nichts über die Höhe des Vermögens aus oder den Anteil seines Ersparten, das an der Börse investiert wird. Es ist wirklich erschreckend, wie viel Vermögen hierzulande auf Bankkonten liegt. Dort kann es zwar nominal nicht schrumpfen, aber eben auch nicht oder nicht nennenswert wachsen. Dazu kommt das viele Geld, das in Lebensversicherungen verkümmert, fast renditelos. Das zarte Pflänzchen einer Aktienkultur hat daran wenig geändert, wie die Zahlen der Bundesbank regelmäßig zeigen. Etwas lässt hoffen: In Zeiten der extrem hohen Inflation im Jahr 2022 sind anscheinend immer mehr Menschen aufgewacht und haben erkannt, dass ein Bankguthaben einfach keine langfristige Geldanlage ist, mit der man Vermögen aufbauen kann. Und das ist gut so. Und wie haben die Deutschen in Zeiten endlich wieder steigender Zinsen reagiert? Die Zahl der Aktionärinnen und Aktionäre ist leicht zurückgegangen auf 12,3 Millionen Euro.

Obwohl das so gar nicht ganz stimmt: Es waren nämlich vor allem die Männer, die sich von der Börse zurückzogen. Die Zahl der Frauen, die in Aktien investieren, ist gleich geblieben. Noch eine spannende Entwicklung: Die Zahl derer, die auf Risikostreuung via Fonds und ETFs setzen, bleibt hoch. Von den 12,3 Millionen Aktiensparerinnen und -sparern haben 7,6 Millionen ausschließlich Fonds oder ETFs im Depot. Zwei Millionen setzen nur auf Aktien. Beide Anlageformen kombinieren 2,6 Millionen Sparerinnen und Sparer.

Kritik an der »Gamification« der Börse

Auch Onlinebroker und Direktbanken meldeten in den vergangenen Jahren steigende Kundenzahlen. Diese Neu-Aktionäre sollen ebenfalls vor allem in ETFs und Fonds investiert haben und sie haben viele Sparpläne abgeschlossen. Das heißt aber nicht, dass nicht auch immer noch kräftig gezockt wird. Immer wieder wird die »Gamification« des Börsenhandels kritisiert. Die Geldanlage als Spiel? Die Börse als Casino? Mit wenigen Klicks ist man dabei, immer einfacher, immer schneller, immer günstiger. Denn seit es die ultramodernen Neobroker gibt, die ihre Dienste oft nur auf dem Handy anbieten, mutet das Ordern von Wertpapieren für einige scheinbar wie ein Spiel an. Geldanlage wird zum Daddeln auf dem Handy. Das hat mit den Neobrokern aber nichts zu tun. Solche Spekulanten, mitunter sogar Zocker wird es immer geben und hat es immer gegeben. Mit dem Handy wird es nur einfacher. Ob solche extrem heißen Wetten dauerhaft aufgehen, darf bezweifelt werden. Zumal diese Depots wirklich oft wilde Sammelsurien sind. Natürlich sind aber nicht alle Kunden der Neobroker Zocker. Im Gegenteil. Viele locken auch einfach die extrem günstigen Gebühren. Wenn Sie kein Problem damit haben, Ihre Börsenorders via Smartphone aufzugeben, könnte ein solcher Anbieter eine

Alternative für Sie sein. Um die Wahl des passenden Brokers werden wir uns auch noch kümmern.

Natürlich können wir den langfristigen Vermögensaufbau auch mit einer spekulativeren, etwas kurzfristigeren Anlage kombinieren. Auch unter den jungen Investoren gibt es spekulativere Anleger. Nach den Sparplan-Investoren bilden die Gelegenheits-Trader in der BCG-Umfrage mit 28 Prozent die zweitgrößte Anlegergruppe, die allerdings ebenfalls ETFs am stärksten nachfragt. Darauf folgen risikoreichere Produkte wie Einzelaktien (71 Prozent) und Krypto-Währungen (46 Prozent). Die Gutverdienenden sind also etwas spekulativer unterwegs als die breite Masse. Und wie ticken diese Anleger? Die Gelegenheits-Trader möchten unabhängig von ihrem Arbeitseinkommen sein, erst danach kommt für sie die Altersvorsorge als Anlagemotiv.

So wie wir uns im Beruf und persönlich weiterentwickeln, so tun wir es auch in unserer Investment-Biografie. Aus Erfahrungen wird man schließlich hoffentlich schlau(er) und macht nicht dieselben Fehler immer wieder. Es gibt viele Börsianer, die mit hochspekulativen Wetten, mit ein bisschen Zockerei angefangen haben und sich dann zu einem langfristigen Investor mit klarer Strategie weiterentwickelt haben. Und die dabei auch auf die Risikostreuung achten! Mich zum Beispiel.

Regel #2: Die Zeit

Risikostreuung ist die wichtigste Grundregel der erfolgreichen Geldanlage, langfristig zu investieren ist aber nicht minder entscheidend für das Ergebnis. Die Börse ist ein Marathon, kein Sprint. Nicht der Ein- oder Ausstiegszeitpunkt entscheiden über unsere Rendite, sondern unser Anlagehorizont, die Zeit. Das besagt auch eine alte Börsenweisheit: »Time, not Timing« führt zum

Ziel. In der Vergangenheit hat sich gezeigt, dass das Verlustrisiko mit der Anlagedauer erheblich abnimmt. Bei guter Risikostreuung verschwindet es sogar fast ganz.

Das beweist sehr eindrucksvoll das Rendite-Dreieck für den Dax, das das Deutsche Aktieninstitut erstellt. Es zeigt die Kursentwicklung des Dax inklusive Dividenden über beliebige Zeiträume von bis zu 50 Jahren; und die kann sich wirklich sehen lassen. Wer beispielsweise über einen Zeitraum von 20 Jahren in Dax-Aktien investiert hatte, konnte sich über eine durchschnittliche Rendite von 8,6 Prozent im Jahr freuen. Im schlechtesten Fall lag die jährliche Rendite bei 3,3 Prozent, im besten bei 15,2 Prozent. Kosten für den Kauf und Verkauf wurden nicht berücksichtigt, belasten die Rendite bei einem so langen Anlagezeitraum aber auch nur minimal.

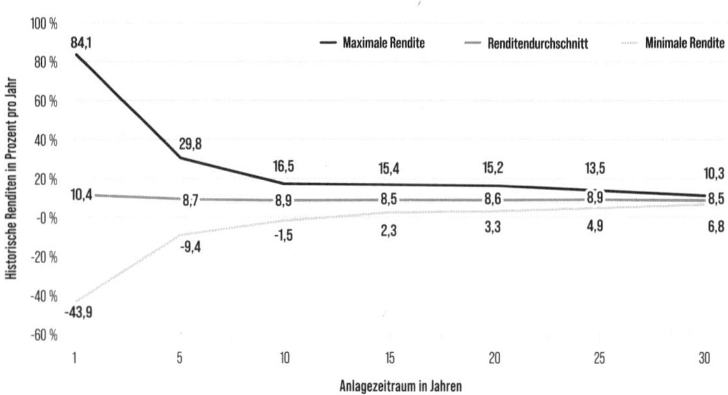

Langfristig sparen stabilisiert die Rendite
Quelle: Deutsches Aktieninstitut

Ein ähnliches Ergebnis liefert der Weltaktienindex MSCI World. Er bildet die Kursentwicklung von mehr als 1500 Aktien aus 23 Industrienationen ab und ist bei Privatanlegern sehr beliebt. Die Renditen in Euro inklusive Dividenden lagen in allen Ein-Jahres-Perioden von 1970 bis 2022 bei durchschnittlich etwa 10 Prozent. Das klingt sehr gut, aber die jährlichen Renditen schwankten stark, nämlich zwischen plus 41,9 Prozent und minus 38,2 Prozent. Das zeigt das entsprechende Rendite-Dreieck, das Christian W. Röhl auf seiner Dividendenadel-Website regelmäßig veröffentlicht. Viel spannender sind die Ergebnisse über eine längere Anlagedauer. Wer zehn Jahre lang investiert hat, konnte sich im besten Fall über eine Rendite (in Euro, inklusive Dividenden) von 18,3 Prozent pro Jahr freuen. Wer aber den schlechtesten Zeitraum erwischte, verlor im Schnitt 3,9 Prozent. Über eine Anlagedauer von 15 Jahren bringt selbst der schlechteste Zeitraum eine positive Rendite von durchschnittlich 2,9 Prozent pro Jahr, der beste sogar 14,4 Prozent. Und über 30 Jahre gleichen sich die Renditen an und liefern im besten Fall 9,7 und im schlechtesten Fall 6,1 Prozent. Allerdings gibt es durchaus auch bei längeren Zeiträumen einige weiße Flecken – Marktphasen, in denen die Renditen nicht allzu weit von der Nulllinie entfernt waren. Auch der Internetcrash und die Finanzkrise stechen im globalen Rendite-Dreieck mehr als deutlich ins Auge. Aber auch hier stimmt die langfristige Rendite.

Ob Dax oder MSCI World – je kürzer der Anlagezeitraum, desto größer das Risiko.

Es wächst enorm, wenn man nur kurz- oder mittelfristig investiert. Beispiel Dax: Wer nur fünf Jahre investiert war, kann sich mit einer durchschnittlichen jährlichen Rendite von 8,7 Prozent über ein bisschen mehr freuen als beim 20-Jahres-Zeitraum. Er könnte sogar eine Phase erwischen mit einer Rendite von bis zu 29,8 Prozent im Jahr. Aber es kann auch völlig anders ausgehen: Die schlechteste Rendite ist nämlich deutlich negativ und liegt bei minus 9,4 Prozent im Jahr. Auch wenn die durchschnittliche Rendite teilweise höher ist und auch im besten Fall eine deutlich bessere Rendite möglich ist, also auf Sicht von 20 Jahren, kann es eben auch ganz anders laufen. Übrigens: Bei einem Anlagezeitraum von 15 Jahren liegt die minimale Rendite auch bei deutschen Aktien bei plus 2,3 Prozent im Jahr, und damit sogar noch ein bisschen höher als beim MSCI World. »Time, not Timing« funktioniert.

Der Faktor Zeit erhöht die Rendite und minimiert das Risiko

Wer 15, 20 oder sogar mehr Jahre investiert, erlebt eine Menge Auf und Abs und braucht mitunter gute Nerven. Korrekturen, Crashs, überhaupt richtig schlechte Börsenjahre belasten die Rendite zwar, das langfristige Ergebnis ist aber noch immer ziemlich gut. Dafür gibt es viele Beispiele im Rendite-Dreieck – egal, ob für den MSCI World oder den Dax. Etwa dieses: Wenn Sie Ende 1996 Dax-Aktien gekauft und bis Ende 2013 gehalten haben, wuchs Ihr Aktiendepot im Schnitt jährlich um 7,3 Prozent. Dieser Zeitraum hatte es wirklich in sich: Ende der 1990er-Jahre legten die weltweiten Aktienmärkte eine ziemlich beeindruckende Rally auf das Parkett. Es war der Börsenboom der Jahrtausendwende, angetrieben von den Aktien oft noch ganz junger Technologie-Unternehmen, die weit davon entfernt waren, Geld zu verdienen. Im Gegenteil, sie waren Meister darin, Geld zu verbrennen. Aber das interessierte niemanden, die Euphorie war einfach zu groß. Die »Cash-Burn-Rate« war fast schon so etwas wie ein Aushängeschild. Die Parte bei den jungen Wilden steckte auch die Alteingesessenen an. Der Dax legte allein im Jahr 1997 stolze 47 Prozent zu, nach knapp 18 Prozent im Jahr danach, ging es 1999 noch einmal um 39 Prozent aufwärts. Was für eine Börsenparty! Und ich war dabei.

Die Rally endete mit einem heftigen Crash, der sich über drei Jahre zog. Leider war ich auch bei diesem Drama dabei. Im schlimmsten Jahr, nämlich 2002, verlor der Dax fast 44 Prozent. Der nächste Crash riss die Kurse in der Finanzkrise ein paar Jahre später in die Tiefe, allein 2008 verloren die deutschen Standardwerte gut 40 Prozent an Wert. Da aber auf beide Abstürze eine Erholung folgte, kann sich die durchschnittliche jährliche Rendite in der Phase von Ende 1996 bis Ende 2013 mit 7,3 Prozent pro Jahr trotzdem mehr als sehen lassen. Als Anleger oder Anlegerin müssen Sie die Crashs nur aussitzen können. Mitunter braucht es aber einiges an Geduld, denn es kann Jahre dauern, bis sich die Märkte erholen.

Mehr gute als schlechte Börsenjahre

Der Blick auf die Rendite-Dreiecke zeigt aber auch: Es gibt mehr gute bis sehr gute Börsenjahre als schlechte. Es gibt mehr hell- bis dunkelgrüne Jahre, sehr viel mehr sogar, als rote in allen möglichen Schattierungen. Aber es gibt auch einige weiße Flecken. Auf Knallrot folgt oft Dunkelgrün. Denn auf die ganz schlechten Jahre folgen meist die besten. Der Dax hat übrigens nur einmal mehrere Jahre hintereinander im Minus geschlossen, genau genommen waren es die drei Jahre, als die Internetblase Anfang des Jahrtausends platzte. Im Rendite-Dreieck fällt dieser größere rote Fleck sofort ins Auge.

Auf alle anderen sehr schlechten Jahre folgte aber ein gutes. Auch der Blick auf einzelne Jahre überrascht mitunter. Selbst im Corona-Crash-Jahr 2020 kam der Dax noch mit einem Plus von 3,5 Prozent über die Zielgerade. Wenn Sie damals schon investiert waren: Hat sich das Jahr wirklich so angefühlt? Sicher nicht. Für mich auf jeden Fall nicht. Es war ein anstrengendes, ein unangenehmes Börsenjahr. Schließlich hatte der Dax im Frühjahr mehr als 30 Prozent verloren. Die Erholung war aber fast genauso rasant wie der Absturz. Die Stimmungslage war trotzdem nicht richtig gut. Kein Wunder, Verluste tun doppelt so weh, wie Gewinne guttun. Das sagen Psychologen. Und ich unterschreibe das sofort. Auch das ist Börse.

Wer also einen langen Anlagehorizont von mindestens zehn oder besser noch 15 Jahren hat, kann am besten von den höheren Renditechancen von Aktien profitieren. Das Rendite-Dreieck für den Dax zeigt: Ab einer Anlagedauer von 13 Jahren gibt es keinen Verlustzeitraum mehr. Mit der Dauer der Anlage schwindet also das Risiko, es verschwindet im Grunde sogar ganz – trotz aller zwischenzeitlichen Turbulenzen, Korrekturen und sogar Crashs. Bei einem Anlagehorizont von 13 Jahren betrug die Rendite pro Jahr in der Vergangenheit zwischen 0,7 und 15,4 Prozent. In den meisten Zeiträumen in jüngerer Vergangenheit lag die Rendite aber eher zwischen 6 und 8 Prozent, mit einigen Ausreißern nach oben und nach unten. Wenn man aber bedenkt, dass sich das investierte Kapital bei einer Rendite von 6 Prozent etwa in zwölf Jahren und bei 8 Prozent sogar schon in neun Jahren verdoppelt, sind das tolle Aussichten.

Renditen von 6 bis 8 Prozent mit Aktien

Nicht umsonst heißt es: An Aktien führt mit Blick auf den langfristigen Vermögensaufbau kein Weg vorbei. Das beweist ein Blick in die Vergangenheit. Globale Aktien haben seit 1990 nominal und annualisiert mehr als 7 Prozent Rendite gebracht – trotz Großer Depression, Kriegen, Stagflation, Krisen und Börsencrashs. Damit haben Aktien sowohl Spareinlagen, Anleihen und sogar die Inflation klar hinter sich gelassen. Denn auch nach Abzug der Inflation kann sich die Rendite durchaus sehen lassen. Der reale Wertzuwachs in den vergangenen gut 120 Jahren belief sich auf 5,3 Prozent. Das zeigen Daten des Credit Suisse Research Institute. Doch nicht alle Länder haben gleich gut abgeschnitten. Während

US-Aktien real eine Rendite von 6,7 Prozent auf das Parkett legten, waren es bei deutschen Werten »nur« 3,4 Prozent pro Jahr. Der MSCI World schafft 5,3 Prozent. Amerikanische Aktienindizes liefen vor allem in den vergangenen Jahren oft besser, weil in ihnen der Anteil der Technologieaktien deutlich höher ist. Apple, Amazon oder Microsoft führten die Rally lange Jahre an.

Nun hat natürlich niemand einen Anlagehorizont von 120 Jahren, aber die Zahlen beeindrucken trotzdem. Rund 5 Prozent sind eine feine Rendite, trotzdem heißt es immer, Aktien würden 6 bis 8 Prozent bringen. Ein Fehler? Nein. In der jüngeren Vergangenheit, das sind dann allerdings auch schon vier Jahrzehnte, haben Aktien einfach deutlich höhere Renditen geliefert. Die Experten der Credit Suisse sprechen gar von »außerordentlichen Renditen« und nennen auch Gründe für diese extrem gute Performance. Die Unternehmen wuchsen einfach stärker, weil sie von Millionen neuer Kunden in den Schwellenländern, von der zunehmenden Automatisierung und von verbesserten Wertschöpfungs- und Lieferketten sowie global fallenden Unternehmenssteuern profitierten. Ein ideales Umfeld für Unternehmen. Gleichzeitig gelang es den wichtigsten Notenbanken der Welt, die Inflation zu zähmen. Vier Dekaden mit fallenden Zinsen sorgten für steigende Vermögenspreise. Die Experten warnen aber, dass die Renditen in den kommenden Jahren weniger üppig ausfallen könnten. Zinswende, fallende Gewinnmargen und Deglobalisierung lassen grüßen.

Trotzdem dürften Aktien eine renditestarke Anlageklasse bleiben. Und es bleibt dabei, dass sie beim langfristigen Vermögensaufbau nicht fehlen sollten. Es sollten aber nicht nur deutsche Aktien, es sollte nicht nur der Dax sein. Der Index ist sehr industrielastig, auch wenn der Technologiekonzern SAP eines der Schwergewichte im Index ist. Auch sind nur 40 Werte im Börsenbarometer gelistet, was mit Blick auf die Risikostreuung nicht optimal ist. Der bessere Index ist sicherlich der MSCI World. Der MSCI World gilt als ein Basisinvestment. Ihm werden wir in diesem Buch noch einige Male begegnen, aber auch seinen Sub-Indizes wie beispielsweise dem MSCI World Value oder dem MSCI World Quality.

Ob Dax oder MSCI World – schauen Sie sich die Rendite-Dreiecke unbedingt einmal an. Besser kann man die langfristigen Aktienrenditen eigentlich nicht visualisieren. Je länger der Anlagehorizont, umso satter das Grün – sprich umso stabiler die Rendite. Halten wir also fest: Wer langfristig agiert und seine Risiken breit streut, kann seine Renditechancen steigern, ohne dafür in gleichem Maße sein Risiko zu erhöhen.

Und apropos Vermögensaufbau: Kennen Sie die 72er-Regel? Sie zeigt, wie schnell oder langsam sich Ihr Vermögen verdoppelt. Teilen Sie einfach die Zahl 72 durch die erwartete Rendite Ihrer Geldanlage. Beispiel Aktien, die langfristig bekanntlich 6 bis 8 Prozent Rendite bringen sollten: Bei einer Rendite von 6 Prozent verdoppelt sich Ihr Vermögen binnen 12 Jahren, bei einer Rendite von 8 Prozent sogar in 9 Jahren.

Regel #3: Die Kosten

Ein wichtiger Erfolgsfaktor bei unseren Investments sind die Kosten, genau genommen sind sie eigentlich eher ein Misserfolgsfaktor. Es gilt: Je geringer, desto besser. Wie alles im Leben haben auch Geldanlageprodukte ihren Preis. Damit ist nicht der Kurs gemeint, zu dem wir sie an der Börse kaufen. Gemeint sind die Nebenkosten des Kaufs und natürlich auch die laufenden Gebühren. Diese Kosten bestimmen mit über den Erfolg oder Misserfolg unserer Geldanlage. Denn Kosten schmälern unsere Rendite, sie müssen erstmal wieder »reingeholt« und verdient werden.

Umgekehrt bedeutet es aber auch, wer die Kosten senkt, hat am Ende mehr Rendite. Es gibt ganz verschiedene Kosten – für das Anlageprodukt selbst, für das Depot, für die Order. Manche fallen einmalig an, andere regelmäßig. Manche können wir nicht beeinflussen, sollten sie aber kennen. Andere können wir sehr wohl minimieren. Grundsätzlich sollten wir Kosten verhindern, wo es nur geht. Je geringer sie sind, desto weniger lasten sie auf unserer Rendite. Warum also unnötig viel »bezahlen« für unsere Geldanlage? Eben.

Vor allem die regelmäßigen Gebühren, die bei Anlageprodukten wie Fonds, ETFs oder anderen jährlich anfallen, minimieren unsere Rendite langfristig. Natürlich sollten auch die Orderkosten möglichst gering sein, da sie aber nur beim Kauf und Verkauf anfallen, haben sie langfristig keinen großen Einfluss auf unsere Erträge. Welche Kosten es gibt, welche wir beeinflussen können und welche nicht, erfahren Sie später noch ganz detailliert; und Sie bekommen Tipps zu Ihrem möglichen »Sparpotenzial«.

Regel #4: Die Strategie

Wer erfolgreich investieren will, braucht einen Plan. Ihre Strategie muss zu Ihrem Anlageziel, Ihrem Anlagehorizont, Ihrer Lebenssituation und Ihrer Risikoneigung passen. Sie ahnen es sicher bereits, Regel #4 ist die wichtigste. Sie zieht sich auch wie ein roter Faden durch dieses Buch. Starten Sie niemals ohne Strategie. Risikostreuung, Zeithorizont und Kosten sind die Voraussetzung für Ihre Strategie. Ohne dieses Wissen, ohne diese Grundgedanken wird es schwierig, eine Strategie zu finden, sie sinnvoll umzusetzen und ihr vor allem treu zu bleiben. Es gibt relativ einfache Strategien und es gibt auch kompliziertere. Natürlich können sie sich im Laufe der Zeit verändern, werden ausgefeilter oder manchmal auch einfacher. Mit den Jahren verändern sich möglicherweise Ihre Anlageziele, Ihr Anlagehorizont und mit mehr Erfahrungen vielleicht auch Ihre Risikoneigung.

Ist Ihr Ziel der langfristige Vermögensaufbau, dann ist Ihr Anlagehorizont im Grunde schnell definiert. Langfristig heißt mindestens zehn, besser aber 15 oder 20 Jahre. Aber natürlich gibt es auch kurz- und mittelfristige Ziele und damit die entsprechenden Strategien. Ziele sind recht schnell definiert – der Vermögensaufbau, die erste Million, das Eigenheim, finanzielle Freiheit, die Altersvorsorge – und damit meistens auch der Anlagehorizont. Nicht ganz so einfach ist es mit der persönlichen Risikotragfähigkeit und der persönlichen Risikoneigung.

Risiko muss man sich leisten können. An der Börse sollten Sie grundsätzlich nur Geld investieren, dass Sie in den kommenden zehn Jahren oder besser noch länger nicht brauchen. Wenn Ihr finanzielles Budget sehr begrenzt ist, Ihr Job unsicher ist, Sie ständig knietief im Dispo stehen, dann können Sie sich nur sehr wenig Risiko leisten. Ist Ihr Job sicher, das Notgroschen-Konto prall gefüllt und auf dem Sparkonto stapelt sich das Geld, dann ist Ihre Risikotragfähigkeit deutlich höher.

Stellen Sie sich also ein paar einfache Fragen. Seien Sie bei der Beantwortung ehrlich zu sich selbst. Nur so kommen Sie zu einer Antwort, mit der Sie auch arbeiten können. Ist Ihr Einkommen langfristig gesichert, zum Beispiel weil Ihr Job sehr sicher ist oder durch andere Quellen? Oder ist Ihr Einkommen eher unsicher? Wie sieht es mit Ihren finanziellen Reserven aus? Haben Sie davon mehr aufgebaut, als Sie in absehbarer Zeit brauchen? Wie sieht es mit Ihrer Altersvorsorge aus? Und überhaupt, wie stehen Sie zu Ihrer Geldanlage, zum Thema Geldanlage allgemein? Sie haben keine große Angst vor möglichen Wertschwankungen Ihrer Anlage, auch nicht vor der Börse? Mit den Antworten auf diese und ähnliche Fragen nähern Sie sich Ihrer Risikotragfähigkeit an.

Und die Risikoneigung? Ihre Risikobereitschaft? Wir sind recht schnell, oft auch zu schnell mit der Antwort auf die Frage, wie viel Risiko wir bereit sind einzugehen. So einfach lässt sich diese Frage gar nicht beantworten. Risiko ist eine ziemlich abstrakte Größe. Risiko bedeutet nämlich auch Unsicherheit. Wie viel können Sie da ertragen? Können Sie noch ruhig schlafen, wenn Ihr Depot mal 10, 20 oder sogar 30 Prozent ins Minus rutscht? Ertragen Sie solche Verluste, auch wenn sie vielleicht nur temporär sind und die Kurse sich nach einigen Wochen oder Monaten wieder erholen? Darüber sollten Sie ein bisschen länger nachdenken, bevor Sie investieren. Wenn Sie eine hohe Rendite einfahren wollen oder müssen, um Ihre Ziele zu erreichen, dann geht das nicht, ohne dass Sie ein gewisses Risiko eingehen. Aber Ihre Renditeerwartung sollte natürlich zu Ihrer Risikobereitschaft passen. Wer auf keinen Fall ein hohes Risiko eingehen möchte, muss auch seine Renditeerwartungen herunterschrauben.

Erfahrungen beeinflussen unsere Risikoneigung

Mit der Zeit kann sich unsere Risikoneigung verändern. Wer sich an der Börse mehrfach verzockt hat, wird vielleicht risikoscheuer. Wer das Risiko von Einzelaktien erkannt hat, setzt künftig hoffentlich eher auf maximale oder doch zumindest sehr gute Risikostreuung via Fonds oder ETFs. Wer sehr vorsichtig seine ersten Schritte auf dem Börsenparkett gemacht hat, vielleicht mit einem Sparplan bei geringer monatlicher Rate, traut sich nach einiger Zeit vielleicht schon mehr zu. Grundsätzlich haben wir aber eine recht feste Einstellung zum Risiko. Aus einem waghalsigen Zocker wird kein konservativer Sparer oder umkehrt. Aber ein Stück weit kann sich unsere Risikoneigung schon verändern, eben dann, wenn wir erste Erfahrungen gemacht haben. Ob nun gute oder schlechte, wir lernen hoffentlich daraus.

Aber wie ermitteln wir diese Risikobereitschaft oder Risikoneigung? Das ist leider nicht ganz so einfach. Bauchgefühl versus Kopf, Emotionen versus gesunder Menschenverstand – wer soll da zu einem klaren Ergebnis kommen? Ein paar Fragen helfen Ihnen hoffentlich dabei, Ihre Risikobereitschaft zu ermitteln oder sich ihr zumindest anzunähern. Welche Erfahrungen haben Sie bisher bei der Geldanlage gemacht? Haben Sie schon einmal größere Verluste gemacht? Was war der Grund dafür? War es ein Börsencrash, einfach der falsche Zeitpunkt? Waren Sie zu emotional? Zu gierig? Wie haben Sie sich mit diesem Verlust gefühlt? Konnten Sie nachts noch gut schlafen? Haben Sie sich geärgert, sich Sorgen gemacht, waren Sie verzweifelt? Es muss ja nicht immer der Verlust sein, mitunter sind unserer Renditeerwartungen auch zu hoch und werden nicht erfüllt. Haben Sie Ihr Anlageziel erreicht? All das sind Fragen, über die Sie nachdenken sollten, um sich Ihrer Risikoneigung anzunähern.

Mit den Jahren verändert sich natürlich der Anlagehorizont, wir werden leider älter. Wir kommen unseren Zielen mit den Jahren hoffentlich sehr viel näher. Auch das müssen wir bedenken. Es ist ein großer Unterschied, ob wir unser Geld langfristig anlegen oder kurzfristig parken – übrigens auch emotional. Wenn Sie in absehbarer Zeit eine größere Summe benötigen, sind Schwankungen an der Börse kaum zu ertragen und ein hohes finanzielles Risiko. Sie müssten ständig Angst haben, dass Ihr Depot tief im Minus steht, wenn Sie das Geld brauchen. Wer mittel- oder sogar langfristig spart, kann zwar ganz anders agieren, steht aber auch vor anderen Herausforderungen und jeder Menge psychologischer Fallstricke. Disziplin ist extrem wichtig. Ohne Disziplin werden Sie Ihre Strategie kaum umsetzen können und Ihre Ziele nicht erreichen.

Das Zusammenspiel von Rendite, Sicherheit und Liquidität

Sind Anlageziele und Anlagehorizont definiert und ist die Risikoneigung ermittelt, geht es um Ihre konkrete Strategie. Wie kann ein Depot also aussehen? Es geht vor allem um die Fragen, wie hoch »das Risiko« gewichtet sein soll. Jede Anlageklasse hat ihr eigenes Chance-Risiko-Profil. Es ist immer wieder das Spannungsfeld zwischen Sicherheit, Liquidität (also Verfügbarkeit) und Rendite. Das »Magische Dreieck der Geldanlage« zeigt das sehr plakativ. Sicherheit bedeutet, dass das investierte Geld nicht weniger wird. Es geht um Werterhalt. Dass dieser oft nur nominal ist, weil die Realrendite in Zeiten geringer Zinserträge und hoher Inflation negativ ist, blenden viele Sparer aus. Liquidität bedeutet, dass wir jederzeit über unser Geld verfügen können. Rendite ist der Ertrag, den wir mit unserer Geldanlage erzielen. Diese Rendite machen Kursentwicklung, im besten Fall im positiven Bereich, Dividenden und Zinszahlungen aus.

Sicherheit, Liquidität und Rendite – zwischen diesen drei Charakteristika einer Geldanlage besteht ein unterschiedliches Spannungsfeld; das größte zwischen Sicherheit und Rendite. Als besonders sicher geltende Anlagen bringen in aller Regel eine vergleichsweise geringe Rendite. Ist aber die Chance auf Rendite besonders hoch, dann steigt auch das Risiko. Salopp formuliert: Keine Rendite(-Chance) ohne Risiko, kein Risiko ohne Chance. Eine höhere Rendite, ob nun in Form von Kursgewinnen oder Zinsen, ist immer eine Kompensation für ein erhöhtes Risiko. Ist das Risiko sehr gering, wie etwa bei Sparanlagen oder auf dem Girokonto, dann gibt es diese Kompensation nicht. Ein wichtiger Faktor ist die Liquidität: Während Immobilien beispielsweise als eher sicherere Anlageklasse gelten, sind sie wenig liquide; immobil eben. Natürlich kann man sie verkaufen, aber das dauert in der Regel eher Monate als Wochen. Aktien hingegen gelten als eher riskant, sind aber extrem liquide. Man kann sie jederzeit an der Börse verkaufen, marktbreite Titel quasi in Echtzeit. Auch wenn Sie sich für Aktienstrategien interessieren, sollten Sie diese Spannungsverhältnisse kennen. An der Börse sollten Sie grundsätzlich nur Geld investieren, das Sie in den kommenden Jahren, besser Jahrzehnten nicht brauchen. Wenn Sie kurzfristiger investieren, erhöhen Sie Ihr Risiko. Das müssen Sie bedenken. Sie reizt beides? Dann könnten Sie Ihr Geld aufteilen: Den Großteil investieren Sie langfristig mit breiter Risikostreuung. Welche Strategie, welche Bausteine Sie dabei wählen, dazu kommen wir später. Einen kleinen Teil Ihres Geldes könnten Sie deutlich risikoreicher und auch kurzfristiger investieren. Damit Ihr Depot kein wildes Sammelsurium wird und Sie immer den Überblick behalten, sollten Sie das in einem separaten Depot, ihrem »Spielgeld-Depot« tun.

Nachhaltigkeit als vierte Ecke

Immer mehr Experten ergänzen das magische Dreieck übrigens um einen weiteren Punkt: Nachhaltigkeit. Im Grunde wird es dadurch natürlich zum Viereck. Umweltverschmutzung, Korruption oder Ausbeutung – für viele Investoren sind das Ausschlusskriterien. Unternehmen, die nicht nachhaltig wirtschaften, in Skandale verwickelt sind oder Menschenrechte verletzen, verbannen sie aus ihren Depots. Nachhaltigkeit ist für viele Stiftungen, Pensionsfonds und institutionelle Investoren wie Kirchen schon lange ein wichtiger Aspekt bei ihren Investments. Auch immer mehr Privatanleger entdecken das Thema. Bei der Auswahl der Investments sind nicht nur die erwartete Rendite, die Sicherheit und die Liquidität entscheidend, sondern es wird eben auch auf nachhaltige Kriterien wie Umweltschutz, Soziales und gute Unternehmensführung geachtet. Zu erkennen an den Kürzeln ESG und SRI.

Die drei Buchstaben ESG stehen für »Environmental, Social, Governance«. Es geht um die Schonung natürlicher Ressourcen und die Begrenzung des Klimawandels – Stichwort »Environmental«. Aber eben auch um Humankapital, Gesellschaft, nachhaltige Produkte, Menschenrechte, also soziale Aspekte (»Social«). Hinzu kommen Wirtschaftsethik, das heißt gute Unternehmensführung, hohe Transparenz, faire Vergütungsregeln – die »Governance«. Das zweite Kürzel SRI steht für Socially Responsible Investment, also gesellschaftlich verantwortungsvolle Geldanlagen. Dies ist ein Oberbegriff für sehr unterschiedliche Anlagekonzepte mit mehr oder weniger strengen ökologischen, sozialen und/oder ethischen Kriterien.

Die richtige Gewichtung für jeden Anlegertyp

Aber zurück zu Ihrem Depot: Die klassische, ausgewogene Gewichtung ist 50:50, also 50 Prozent Anleihen und 50 Prozent Aktien. Es eignet sich für einen Anleger mit mittlerer Risikoneigung. Wer ein bisschen weniger Risiko will, reduziert den Aktienanteil und fährt die »Sicherheit« hoch. Wer ein bisschen mehr Chance will, erhöht den Aktienanteil und investiert weniger in Anleihen. Der eine Anteil soll für Stabilität sorgen, der andere für die Rendite. Die Frage ist eben, wie hoch das Risiko sein darf. Der konservative, sehr vorsichtige Anleger wählt einen geringen Anteil von vielleicht 30 Prozent Aktien. Viel geringer sollte dieser Anteil nicht sein, denn für den langfristigen Vermögensaufbau braucht es die Rendite, die Aktien langfristig bringen sollten. Natürlich ist der Blick in die Vergangenheit, und nichts anderes liefern ja auch die Rendite-Dreiecke, keine Garantie für die Zukunft. Trotzdem zeigt der Blick zurück, dass Aktien nicht fehlen sollten. Im Gegenteil, sie sollten einen signifikanten Anteil an der Asset Allocation, so nennen Börsianer die Aufteilung der Anlageklasse, haben – egal, wie risikoscheu Sie auch sind. Die ausgewogene Anlegerin traut sich schon deutlich mehr. Sie will die Chance der Kapitalmärkte nutzen, aber ihr Vermögen auch nicht zu großen Schwankungen aussetzen. Für sie wäre die klassische Variante mit 50:50 eine gute Möglichkeit.

Und wenn Sie sehr chancenorientiert sind? Wenn Sie keine Angst vor Schwankungen haben, wenn Sie einen langen Anlagehorizont haben und eine relativ hohe Rendite erzielen wollen? Wobei wir nicht von heißen Wetten und Kurs-Verdopplern sprechen, sondern von Renditen, die Aktien eben bei einer breiten Risikostreuung über viele Jahre bringen. Wenn Sie also zu den mutigeren Anlegern gehören, dann können Sie Ihren Aktienanteil deutlich erhöhen. Eine mögliche Aufteilung wäre 20:80. Allerdings ist ein derart hoher Aktienanteil auch bei breiter Risikostreuung nichts für schwache Nerven. Daran ändern selbst 20 Prozent »Sicherheit« nichts. Ich spreche aus Erfahrung.

Wie nun unser Portfolio füllen? Wer es eher simpel mag, dessen Depot besteht gerade mal aus zwei, vielleicht auch vier Bausteinen. Wer es komplizierter mag, wählt vielleicht eine Core-Satellite-Strategie – ein breit diversifiziertes Kerninvestment und einige kleinere Bausteine, die für einen Extra-Kick sorgen sollen. Solche Strategien werden wir uns im Detail anschauen. Je nachdem, ob Sie Gold als sicheren Hafen, als Krisenversicherung beimischen möchten, könnten Sie je nach Risikoneigung auch 5 oder vielleicht 10 Prozent in das gelbe Edelmetall investieren und entweder den Anleiheanteil entsprechend reduzieren oder auch beide Anteile. Immobilien wären ein weiterer möglicher Baustein. Dann heißt es vielleicht 10:65:25 oder 10:45:45. Das ist Geschmackssache.

KAPITEL 3

Faszination Börse

Das Treiben an der Börse erscheint auf den ersten Blick oft völlig irrsinnig. Schlechte Stimmung, steigende Kurse? Gute Nachrichten, rote Vorzeichen? Was die Kurse wirklich bewegt, wie Sie sich richtig verhalten und wie Sie Trends erkennen.

Das verwirrende Auf und Ab der Kurse

An der Börse wird nicht die Vergangenheit gehandelt, sondern die Zukunft. Die Börse ist eine Art Seismograf. Sie läuft der Wirtschaft voraus, üblicherweise um sechs bis neun Monate, manchmal sogar ein bisschen mehr. Ein gutes Beispiel dafür ist die Corona-Krise. Nach dem Ausbruch der Pandemie stürzten die Börsen ab Mitte Februar 2020 steil ab. Die Angst vor einer Weltwirtschaftskrise löste Panik unter Investoren aus. Doch als die Notenbanken beherzt eingriffen und Billionen von Dollar in die Märkte pumpten und viele Regierungen weltweit milliardenschwere Hilfsprogramme auflegten, drehte die Stimmung schnell.

Die Investoren rechneten nun damit, dass die Rettungspakete das Schlimmste verhindern und bald ihre Wirkung entfalten würden. Sie erwarteten, dass die Weltwirtschaft sich vom Corona-Schock schnell erholen dürfte. Sie prognostizierten zwar weiterhin eine heftige, aber nur kurze Rezession – womit sie übrigens richtig lagen. Der Tiefpunkt des Abschwungs lag im zweiten Quartal, ab der Jahresmitte ging es mit der Konjunktur deutlich aufwärts. Die Aktienmärkte hatten dies bereits vorweggenommen und waren schon seit Mitte März wieder kräftig gestiegen. Es war der heftigste und schnellste Crash der Börsengeschichte, und auch die sportlichste Erholung. Die Börse als Seismograf für die wirtschaftliche Zukunft hatte einmal mehr prima funktioniert.

Doch ganz so einfach ist es dann leider doch nicht. Rückblickend funktioniert das wirklich extrem gut, doch wenn man drin steckt im Schlamassel, ist es nicht so einfach zu erkennen, wohin die Reise geht. Die US-Immobilienkrise beispielsweise, die die weltweite Finanzkrise auslöste, traf die Märkte genau wie die Corona-Pandemie völlig unerwartet und mit voller Wucht. Passend dazu erschien übrigens im selben Jahr das Buch *Der Schwarze Schwan – Die Macht höchst unwahrscheinlicher Ereignisse* von Nassim Nicholas Taleb, das zum Bestseller wurde. Bis zur Entdeckung schwarzer Schwäne im 17. Jahrhundert herrschte die Überzeugung, dass Schwäne weiß sind. Auch an den Finanzmärkten ging lange Zeit kaum jemand von der Existenz »schwarzer Schwäne« aus. Das änderte sich allerdings 2007 mit dem Ausbruch der Finanzkrise, und zwar schlagartig: Bis dahin galt eine schwere Wirtschaftskrise in den Industrieländern als relativ unwahrscheinlich. Was sollte sie auch auslösen? Und überhaupt, Notenbanken und Regierungen würden es schon richten und die Gefahr bannen, bevor es zu spät sein würde. Es kam bekanntlich anders.

Seit Ausbruch der Finanzkrise gelten schwarze Schwäne an der Börse als Symbol für unvorhersehbare Ereignisse, denen keine Wahrscheinlichkeit zugeordnet werden kann. Die Corona-Pandemie? Der kriegerische Überfall Russlands auf die Ukraine? Schwarze Schwäne, ganz klar. Entsprechend reagierten die Finanzmärkte. Welche Auswirkungen diese Schwäne haben, hängt von dem wirtschaftlichen Umfeld ab, auf das sie treffen. Während eine stabile Ökonomie einen Schock abfedern kann, kommt es bei einem instabilen Zustand möglicherweise zu einer Krise. So wie 2007, als sich die Wirtschaft in keiner guten Verfassung befand. Ähnlich wie bei der Großen Depression in den 1930er-Jahren, ging das nominale Bruttoinlandsprodukt in den USA, der Eurozone, Großbritannien und in Japan zurück. Anders als oft vermutet, muss der schwarze Schwan übrigens nicht zwangsläufig für negative Ereignisse stehen. Es kann auch eine positive Überraschung sein.

Börsianer mögen keine Unsicherheit

Schwarze Schwäne, also unvorhersehbare Ereignisse, sind das Eine, eine unsichere Zukunft ist das Andere. Nun hängt die Zukunft normalerweise von vielen Faktoren ab, die niemand zuverlässig voraussagen kann. Börsianer mögen aber keine Unsicherheit. Auch deshalb schwanken die Kurse vor allem kurzfristig stark. Je höher die Unsicherheit, desto größer die Volatilität, wie die Schwankungen auf Börsendeutsch heißen. Je wackeliger die wirtschaftliche Lage, je unsicherer der Ausgang einer politischen Krise, desto eher fahren die Kurse Achterbahn. Investoren wollen lieber Fakten sehen, sie wollen Klarheit über die wirtschaftliche, politische oder vor allem auch unternehmerische Zukunft. Nur ist die Welt eben nicht so einfach, schon gar nicht an der Börse. Deshalb ist die Volatilität mal größer und mal weniger groß. Deshalb übertreiben Investoren mal in die eine und mal in die andere Richtung. Langfristig, das zeigen Studien, bewegen sich die Aktienkurse übrigens in etwa im Gleichklang mit den Unternehmensgewinnen. Doch entwickeln sich diese Zahlen nicht immer so wie gedacht oder prognostiziert. Kursschwankungen sind deshalb auch ein Zeichen dafür, dass Anleger ihre Einschätzungen laufend überdenken und korrigieren. Bei allen wankelmütigen Prognosen und Schwankungen an den Finanzmärkten besinnen sich Anleger über kurz oder lang darauf, dass die Kursentwicklungen von Aktien von harten

Fakten untermauert werden müssen. Bleibt die Entwicklung der Finanzmärkte oder die einzelner Aktien hinter den Erwartungen zurück, korrigieren die Kurse. Es kommt zumindest zu zwischenzeitlichen Rücksetzern. Nur wie voraussagen, wann die Mehrzahl der Marktteilnehmer sich auf die Fakten rückbesinnt? Das ist gar nicht so einfach.

Apropos einzelne Aktien: Natürlich schauen wir als Investoren vor allem darauf, wie es »unserem« Unternehmen geht. Wie fallen die Quartalszahlen aus? Wie entwickelt sich der Umsatz? Laufen die Geschäfte gut? Und dann natürlich: Wie fällt die Prognose aus? Vor allem letztere ist entscheidend, eben weil an der Börse die Zukunft gehandelt wird. Der Vorjahresgewinn mag sensationell ausgefallen sein, aber wie sieht es für das laufende und das kommende Geschäftsjahr aus? Mit einer glänzenden Historie ist an der Börse kein Blumentopf zu gewinnen. Fällt die Prognose schlecht aus, enthält die Pressemitteilung zu viele Konjunktive, ist gar alles in Frage gestellt, dann wächst schnell wieder die Unsicherheit und der Kurs gibt nach.

Eine nie enden wollende Datenflut

Aber es sind längst nicht nur die Nachrichten und Informationen aus den Unternehmen, die Aktionäre mitunter zweifeln, ja sogar verzweifeln lassen. Wie entwickeln sich die Importe, wie die Exporte, was macht der Arbeitsmarkt und was heißt das für die Wirtschaft insgesamt? Die wirtschaftlichen Aussichten sind nie genau vorhersehbar. Ökonomen, Analysten und Investoren versuchen es trotzdem. Das Problem: Anders als in den Naturwissenschaften, wo es biologische, chemische oder physikalische Gesetzmäßigkeiten gibt, die Ergebnisse vorhersehbar machen, ist das bei der Wirtschaft leider nicht so einfach. Es gibt keine strengen ökonomischen Gesetzmäßigkeiten, dafür ist das wirtschaftliche Geschehen viel zu komplex. Es gibt zu viele Einflussfaktoren. Zumal nahezu täglich irgendwelche Daten, Analysen und Einschätzungen auf Börsianer einprasseln. Auch politische Entscheidungen und Krisen – national oder geopolitisch – beeinflussen das Marktgeschehen. Und dann sind da noch wir Menschen. Wir handeln emotional, wir sind schließlich keine Roboter. Das gilt nicht nur für Anleger, sondern auch für Unternehmer und ihre Angestellten und für Politiker. Das macht Prognosen für das Wirtschaftswachstum, für den Erfolg oder Misserfolg eines Unternehmens und auch für die Aktienmärkte so schwierig.

Mit den Prognosen ist es sowieso so eine Sache. Sie sind mitunter kaum das Papier wert, auf dem sie stehen. Trotzdem ist es ein beliebtes Spiel: Zum Jahreswechsel geben die Chefanlagestrategen und Kapitalmarktexperten der großen Banken und Fondshäuser ihre Prognose für das kommenden Jahr ab. Nicht fehlen darf dabei die konkrete Punktprognose für Dax und S&P 500 sowie das konkrete Ziel für Zinsen, Gold und Währungspaare wie Euro/Dollar. Natürlich wissen alle Beteiligten, dass das im Grunde Unsinn ist. Dass es kaum möglich ist, den Stand der Märkte in zwölf Monaten auch nur annähernd vorherzusagen, geschweige denn punktgenau. Viel zu viel kann passieren, man denke nur an die völlig überraschende Corona-Krise oder den schrecklichen Überfall Russlands auf die Ukraine. Selbst in politisch und wirtschaftlich relativ ruhigen Jahren fahren die Börsen manchmal Achterbahn. Es gibt Übertreibungen in die eine oder andere Richtung. Ein vermeintlich neuer Megatrend lässt die Kurse einzelner Aktien oder Branchen stark steigen. Oder die Anleger lassen sich von Gier und Panik leiten und treiben Dax & Co. in die eine oder andere Richtung.

Wer will da punktgenau vorhersagen, wo Deutschlands Börsenbarometer Nummer eins in zwölf Monaten steht? Auch die Journalisten wissen das natürlich. Trotzdem gieren sie nach den Prognosen. Denn die Geschichten, die sie daraus machen, sind beliebt.

Schließlich wollen ihre Leser zu gerne wissen, ob es ein gutes oder ein schlechtes Börsenjahr wird, und vor allem wie gut oder wie schlecht. Also werden die Punktprognosen Jahr für Jahr im Spätherbst veröffentlicht. Spannender für Sie als Anleger ist aber die Begründung, daraus können Sie eine Menge lernen und ableiten. Dax 15.000 oder 17.000 – das ist reine Unterhaltung. Ebenso wie die Geschichten der Journalisten zum Jahreswechsel. Dann wird nämlich abgerechnet. Wer hat die beste Prognose abgegeben, wer lag am weitesten daneben?

Einzelwert-Risiko und allgemeines Marktrisiko

Unternehmen bewegen sich nicht in ihrer eigenen Welt, und schon gar nicht im luftleeren Raum. Sie werden von zahlreichen externen Faktoren beeinflusst. Ihr Wohl und Wehe hängt nur zum Teil vom eigenen Geschick ab, es wird auch von der gesamtwirtschaftlichen Lage mitbestimmt. Die Finanzwissenschaft unterscheidet deshalb zwischen zwei Arten von Risiken, die den Aktienkurs eines Unternehmens beeinflussen: das Einzelwert-Risiko und das allgemeine Marktrisiko. Das Einzelwert-Risiko wird auch unsystematisches Risiko genannt. Es hängt vom Geschäftserfolg oder -misserfolg eines Unternehmens ab. Es gibt eine Reihe von Einflussfaktoren auf die Gewinnentwicklung, etwa die Konkurrenzfähigkeit des Unternehmens, seine Strategie, sein hoffentlich sehr fähiges Management, seine Innovationen und natürlich vielversprechende Produkte oder gefragte Dienstleistungen.

Aber selbst wenn das alles gut aussieht und es eigentlich richtig gut läuft, kann der Kurs der Aktie fallen. Nämlich dann, wenn das allgemeine Marktrisiko, das systematische Risiko, zu hoch ist und alles überdeckt. Es umfasst die Aktienmärkte in ihrer Gesamtheit. Mal kann das weltweit passieren wie etwa in der Corona-Krise, mal auch nur regional. Oder einige Regionen sind stärker betroffen als andere wie beispielsweise Europa in der Ukraine-Krise. Das allgemeine Marktrisiko betrifft dann mehr oder weniger alle Aktien. Manchmal sind es nur Korrekturen von 10, 15 oder 20 Prozent, manchmal kommt es auch zum Crash. Davon gab es in den vergangenen gut 20 Jahren einige: Zum Jahrtausendwechsel platzte die Internetblase, 2008/2009 platzte die US-Immobilienblase, 2011 folgte die Euro-Krise und im Frühjahr 2020 schließlich der Corona-Crash. Zwischenzeitlich gab es immer wieder teils schmerzhafte Korrekturen, in denen es wochen-, manchmal monatelang gefühlt nur abwärts ging an den Märkten. Wenn die Angst vor einer Rezession oder einer tiefen Wirtschaftskrise groß ist, wollen Investoren raus aus dem Markt. Dann verkaufen sie alles und gehen lieber auf Nummer sicher. Auch vermeintlich sehr gut aufgestellte, sehr erfolgreiche Unternehmen werden an der Börse abgestraft. Nicht selten kommt dann die Zeit der Schnäppchenjäger.

Dem Konjunkturzyklus voraus

Was heißt es eigentlich, wenn an der Börse die Zukunft gehandelt wird? Anleger blicken weit voraus, suchen nach Hinweisen, dass die Konjunktur in die eine oder andere Richtung drehen könnte. Sie hoffen, eine konjunkturelle Wende frühzeitig zu erkennen. Deshalb stehen vor allem Wirtschaftsdaten im Fokus, die der Konjunktur vorauslaufen, die sogenannten Frühindikatoren. Auf diesen beruhen viele Prognosen, die wir täglich lesen und hören.

Die Konjunktur bewegt sich immer in wiederkehrenden Zyklen. Nach einem Abschwung oder einer Rezession dauert es oft ein paar Monate, bis es erste Anzeichen einer Besserung gibt. Nach einer schlechten Phase folgen in der Regel gute Jahre, die Wirtschaft läuft richtig schön rund und die Gewinne der Unternehmen sprudeln. Irgendwann endet aber auch diese Phase und es geht wieder abwärts. Der Zyklus flaut ab und endet leider meistens in der Rezession. Sie folgt fast unweigerlich auf die Hochkonjunktur und kann im schlimmsten Fall sogar zu einer Depression werden. Aber auch auf eine Depression folgt ein Aufschwung. Wie tief oder lang eine Rezession ausfällt, kann man nicht wissen. In den vergangenen Jahren haben die Notenbanken und Regierungen immer wieder kräftig gegengesteuert, die Rezessionen fielen eher mild aus, manche wurde sogar abgewendet oder waren lediglich »technisch«. Nach einer Rezession beginnt der Kreislauf von Neuem.

So weit die Theorie. Doch so einfach ist es nicht, Sie ahnen es sicher bereits. Es ist schwer zu prognostizieren, wie lange ein Zyklus dauert, wann er endet. Doch woran erkennen wir, in welcher Phase wir sind? Volkswirte messen die wirtschaftliche Lage, also die Konjunktur am Bruttoinlandsprodukt. Das BIP misst den Wert der Dienstleistungen und Waren, die ein Land in einem bestimmten Zeitraum herstellt. Es ist quasi die Leistung einer Volkswirtschaft. Der Begriff Rezession bedeutet Rückgang. Er stammt aus dem Lateinischen. Fachleute sprechen also von einer Rezession, wenn die Wirtschaftsleistung schrumpft. Sie befindet sich dann in einem Abschwung. Ein Indikator dafür ist es, wenn die Nachfrage nach Gütern und Dienstleistungen zurückgeht. Auch der private Konsum schrumpft merklich. Das Geld sitzt nicht mehr so locker, es wird eher gespart. Oft sind dann die Lager überfüllt, Preise stagnieren oder sinken sogar. Produktionsanlagen werden stillgelegt und Investitionen werden weniger oder bleiben aus. Überstunden werden abgebaut, Arbeitnehmer in Kurzarbeit geschickt oder sogar gekündigt. In der Hochkonjunktur ist es genau andersherum: Die Nachfrage brummt, ebenso der Arbeitsmarkt, die Lager sind leer, Produktionsstätten laufen auf Hochtouren und es wird kräftig investiert. In den anderen beiden der vier Phasen, die der

Konjunkturzyklus einer Volkswirtschaft durchlaufen kann, geht es dann mit den genannten Faktoren auf- oder eben abwärts. Sie haben aber ihr Hoch oder Tief noch nicht erreicht.

Börsianer interessieren vor allem Frühindikatoren, die erkennen lassen, ob die Wirtschaft in naher Zukunft langsamer oder schneller wächst, ob sie stagniert oder in eine Rezession rutschen dürfte. Die Frühindikatoren sorgen immer wieder für Kursausschläge an den Märkten. Neueste Konjunkturdaten sind eher uninteressant, denn sie geben Aufschluss über die Vergangenheit, allenfalls über die Gegenwart. Und das interessiert Börsianer weniger. Sie richten ihren Fokus in die Zukunft. Was für Unternehmensbilanzen und Prognosen gilt, gilt eben auch für die Konjunktur und ihre Frühindikatoren.

Börsianer blicken vor allem auf die USA und China

In einer globalisierten Welt ist natürlich entscheidend, wie sich die größten Volkswirtschaften entwickeln. Deshalb schauen Anleger vor allem auf die Konjunkturdaten der Staaten mit der stärksten Wirtschaftskraft: die USA und China. Wie es bei ihnen läuft, beeinflusst die Weltwirtschaft insgesamt recht stark. Die USA sind noch immer die größte Volkswirtschaft der Welt. Doch China als bevölkerungsreichstes und am schnellsten wachsendes Land der Welt holt immer weiter auf und spielt längst eine extrem wichtige Rolle. Aber auch Daten aus Japan und Deutschland, den zentralen Wirtschaftsnationen ihrer Region und besonders exportstarken Volkswirtschaften, werden viel beachtet.

Zu den wichtigsten Frühindikatoren zählen die Auftragseingänge der Industrie großer Länder. Aus ihnen lässt sich die Produktion von morgen ablesen. Auch die Einkaufsmanagerindizes sind wichtige Indikatoren. Sie werden vom britischen Markit-Institut in monatlichen Befragungen von Einkaufsmanagern in allen großen

Staaten und Regionen nach derselben Methode erhoben. Daher sind sie gut vergleichbar. Das Schema ist einfach: Alle Werte über 50 Punkte zeigen eine wirtschaftliche Expansion, alle darunter eine Verlangsamung. US-Pendants sind der Philly Fed Index und der US-Einkaufsmanagerindex. Anzeichen für die konjunkturelle Entwicklung in Deutschland liefern unter anderem der Geschäftsklima-Index des Münchener ifo-Instituts und die Erhebungen des Deutschen Industrie- und Handelskammertages. Die Umfragen messen die Investitionsneigung der Firmenchefs. Da die befragten Manager sowohl über die Situation im eigenen Unternehmen als auch bei Zulieferern, Konkurrenten und Kunden informiert sind, geben die Umfragen recht gute Hinweise auf die zukünftige wirtschaftliche Entwicklung und die Stimmung in den Unternehmen. Doch nicht nur die Stimmung der Firmenchefs ist interessant für Investoren. Für den ZEW-Index des Mannheimer Zentrums für Europäische Wirtschaftsforschung (ZEW), werden rund 400 Analysten und institutionelle Anleger nach ihren mittelfristigen Erwartungen bezüglich der Konjunktur- und Kapitalmarktentwicklung befragt.

Investoren reagieren sehr schnell auf Konjunkturindikatoren. Wenn die Frühindikatoren der wichtigsten Volkswirtschaften der Welt einen bevorstehenden Abschwung anzeigen, werden die ersten Anleger nervös und reduzieren ihre Aktienquoten. Das können ziemlich umfangreiche Positionen sein, denn es sind vor allem die institutionellen Investoren, die als erste ihre Verkaufsorders aufgeben. Dann geraten die Kurse ins Rutschen. Und das, obwohl »harte« Wirtschaftsdaten wie die Industrieproduktion oder die Konsumausgaben noch auf eine gute Konjunktur hindeuten. Denn oft zeigt sich, dass die Frühindikatoren recht behalten. Aber leider nicht immer.

Die Gleichung ist einfach: Wird ein Aufschwung erwartet, können Sie mit steigenden Kursen und damit Börsengewinnen rechnen; und das sogar mitten in der Rezession. Hat die Konjunktur allerdings ihren Höhepunkt überschritten, drohen Gewinnrückgänge bei den Unternehmen und damit Kursverluste an den Aktienmärkten. Doch wie wichtig sind die Konjunkturaussichten eigentlich wirklich für unsere Investments? Verstehen Sie mich nicht falsch: Natürlich ist es grundsätzlich besser, wenn die Wirtschaft wächst. Der Konjunkturzyklus hat es aber eben an sich, dass es mal hoch- und mal runtergeht; genau wie an der Börse. Müssen wir uns also ständig neu aufstellen, damit wir immer richtig positioniert sind? Ja. Aber – und das ist eine wichtige Einschränkung – nur dann, wenn wir kurz- bis mittelfristig investieren. Und wenn Sie auf einzelne Aktien setzen oder in Branchen und Themen anlegen. Wer sehr breit gestreut und langfristig agiert, der kann das Auf und Ab der Wirtschaft genauso aussitzen wie das Auf und Ab der Märkte. Zu wissen, was da gerade passiert und warum, hilft aber sehr, die Nerven zu bewahren. Außerdem können wir dann auf Schnäppchenjagd gehen.

Für jede Konjunkturphase die richtige Branche

Natürlich haben Unternehmen im konjunkturellen Boom bessere Chancen, richtig gute Geschäfte zu machen, als in einem Abschwung oder gar einer Wirtschaftskrise. Wenn die Wirtschaftsleistung zunimmt, wächst auch die Nachfrage. Die Arbeitslosigkeit sinkt, die Löhne steigen. Wenn es wirtschaftlich gut läuft, wird mehr konsumiert – von der Luxushandtasche über das neue Sofa und den zweiten oder dritten Urlaub des Jahres bis hin zum neuen Auto. Es wird mehr Geld ausgegeben, wenn es allen besser geht und vor allem die Stimmung sehr gut ist. Wirtschaftlich gute Zeiten versprechen gute Umsätze und gute Gewinne. Außerdem fällt es vielen Firmen leichter, ihre Verkaufspreise anzuheben. Davon profitieren die Unternehmen, je nach Branche stärker und mal weniger stark. Kritisch kann es schnell werden, wenn die Konjunktur kippt und in eine Rezession abzurutschen droht. Denn dann geht die Nachfrage zurück.

Manche Unternehmen sind abhängiger vom Konjunkturzyklus als andere. Dabei spricht man von zyklischen Branchen. Andere sind hingegen weniger stark abhängig vom Auf und Ab der Wirtschaft. Das sind die antizyklischen oder nichtzyklischen Branchen. Zwei Beispiele: Eine Luxushandtasche oder die teure Uhr brauchen wir nicht zwingend, und in konjunkturell schlechten Zeiten verkneifen wir uns diese Ausgabe eher. Die Hersteller solcher Güter machen schlechtere Geschäfte, denn sie zählen zu den Zyklikern. Die Zähne putzen wir uns natürlich weiter, auch trinken wir unseren Kaffee und ganz sicher werden wir nicht an Medikamenten sparen, die wir dringend brauchen. Nahrungsmittelhersteller und Pharmakonzerne gelten als krisenresistenter, sie sind Antizykliker. Im Grunde ist es recht einfach: Wenn es wirtschaftlich nicht mehr gut oder doch zumindest schlechter läuft, müssen wir natürlich immer noch essen und trinken. Wir brauchen immer noch unsere Medikamente. Alles, was nicht unbedingt nötig ist, verkneifen wir uns – das 20. Paar Schuhe, den dritten und vierten Urlaub des Jahres oder das neue Auto.

Es verwundert also kaum jemanden, dass sich die Branchen in den verschiedenen Konjunkturphasen auch an der Börse unterschiedlich entwickeln. Knallt es allerdings richtig und gibt es einen Crash, werden sicherlich alle verlieren; manche aber eben weniger als andere. Doch wann läuft was (besser)? Am Anfang eines Börsenaufschwungs, der dem realen Wirtschaftsaufschwung oft vorauseilt, laufen typischerweise Branchen gut, die stark auf Zinsänderungen reagieren. Dazu zählen der Maschinenbau sowie die Stahl- und Bauindustrie. Mit etwas Zeitverzögerung folgen Automobilhersteller und Konsumtitel. Im späteren Zyklus ziehen defensive Titel von Nahrungsmittelherstellern oder Versorgern an, bevor Rohstoffproduzenten folgen. Das läutet dann übrigens auch schon das nahende Ende des Abschwungs ein. Wird an den Märkten ein konjunktureller Abschwung erwartet, kaufen Investoren oft schon in dieser Phase bevorzugt die weniger konjunktursensitiven Aktien von

Nahrungsmittelherstellern oder Pharmakonzernen und schichten später in Versorgeraktien um. Lässt die Wirtschaftsleistung dann tatsächlich nach, greifen Börsianer zu niedrigeren Kursen bei Finanzwerten zu und kaufen auch wieder die Papiere von Rohstoffproduzenten. Schließlich denken sie bereits an den nächsten Aufschwung.

In der Theorie hört sich das recht einfach an, als wäre das leicht zu prognostizieren. Aber lässt es sich für Anleger auch leicht umsetzen? Es wäre leider zu schön, um wahr zu sein, wenn es so einfach wäre. Immer die richtigen Branchen im Depot zu haben, immer zur rechten Zeit die Favoriten auszutauschen – auf Börsendeutsch Sektorrotation –, das schaffen wir einfach nicht. Natürlich: Aufschwung, Hochkonjunktur, Abschwung, Rezession und wieder von vorne – das klingt nach einem einfachen Muster. Leider lässt sich nie so genau sagen, wie stark das Wirtschaftswachstum zurückgeht, wie stark die Nachfrage und mit ihr gegebenenfalls auch die Preise sinken. Genauso wenig lässt sich prognostizieren, wie stark die Erholung und die folgende Hochkonjunktur ausfallen. Das Gleiche gilt für das Auf und Ab der Börsenkurse. Das wirtschaftliche Umfeld ist immer ein wenig anders. Manche Zyklen sind länger, andere kürzer. Die Trendwende lässt sich leider nicht genau berechnen. Aus den Daten der amtlichen Statistiker lässt sich die Stärke oder eben Schwäche der Konjunktur sowieso immer erst einige Monate später herleiten. Aber es gibt Prognosen. Und genau diese sind entscheidend für die Börse. Aber die Prognosen – und leider auch die Frühindikatoren – liegen leider nicht immer richtig.

Im Bann der Notenbanken

In den vergangenen Jahren, im Grunde seit der Finanzkrise ab 2008, waren es vor allem die Notenbanken, die mit ihrer Geldpolitik die Märkte bewegten. Auch die kräftige Kurserholung nach dem Corona-Crash im Frühjahr 2020 war vor allem ihrem entschlossenen Eingreifen zu verdanken. Die US-Notenbank senkte die Leitzinsen auf nahe null Prozent, und ebenso wie die EZB und die meisten anderen großen Notenbanken der Welt flutete sie die Wirtschaft mit frischem Geld in nie zuvor erlebter Größenordnung. Extrem niedrige Zinsen und eine stark expandierende Liquidität wurden, wie schon so oft in den vergangenen Jahren, zum Lebenselixier für Konjunktur und Börse.

Warum aber spielt die Geldpolitik eine so bedeutende Rolle an den Aktienmärkten? Das hat mehrere Gründe: Zinsen beeinflussen die Konjunktur sehr stark. Niedrige Kreditkosten erleichtern es den Unternehmen, ihr laufendes Geschäft und ihre Investitionen zu finanzieren, und den privaten Verbrauchern, den Kauf von Immobilien oder Konsumgütern zu finanzieren. Die zusätzliche Liquidität, die Notenbanken in Krisenzeiten schaffen, sucht nach rentablen Anlagen. Und da bieten sich bei fallenden Zinserträgen in den vergangenen Jahren neben Immobilien eben vor allem Aktien an. Niedrige Zinsen erhöhen die Attraktivität von Aktien gegenüber Anleihen, und erst recht gegenüber jeglichen Spareinlagen. Da Investoren stets auf der Suche nach einem günstigen Chance-Risiko-Verhältnis sind, schichten sie einen Teil ihres Geldes aus Zinspapieren in Aktien um, wenn die Rendite von Anleihen sinkt. Die Risikoprämie, also der Mehrertrag von Aktien im Vergleich zu Zinsanlagen, erhöht sich bei niedrigen Zinsen. Das ist im Grunde Finanzmathematik.

Dividenden sind die neuen Zinsen?

In Zeiten von Niedrigzinsen werden Dividenden zu einer großen Konkurrenz zu Zinsen. Es gibt einfach viele Anleger, die großen Wert auf regelmäßige Erträge legen, und das können Zinseinkünfte und Dividenden sein. In Zeiten von Null- und sogar Minuszinsen fielen erstere natürlich mehr oder weniger aus. Das gab es eigentlich noch nie. Viele sehr vorsichtige, konservative Investoren mussten »ausweichen«, kauften statt Anleihen dann eben möglichst solide Aktien mit hoher Dividendenrendite. Schon war ein neuer Marketing-Slogan geboren: Dividenden sind die neuen Zinsen. Es war immer wieder und überall zu lesen und zu hören. Wenn ich ehrlich bin, habe auch ich diesen Unsinn das eine oder andere mal zitiert. Die Story war einfach zu schön, die Schlagzeile zu griffig.

Es ist und bleibt aber Unsinn. Denn Zinsen und Dividenden sind nicht vergleichbar. Aktien sind keine Anleihen. Aktien schwanken viel stärker im Kurs als Anleihen, das macht sie zu einem riskanteren Investment. Außerdem sind Zinskupons bei Anleihen in der Regel fix, also festgeschrieben. Dividenden hingegen können gekürzt werden und sogar ausbleiben. Allerdings können sie auch steigen. Das wäre die gute Nachricht. Aber zurück zum etwas verunglückten Marketing-Slogan. Bis 2007 war es üblich, dass die Anleihezinsen über der Dividendenrendite, also der Dividende im Verhältnis zum Börsenkurs liegen. Seit der Finanzkrise hat sich das geändert, die durchschnittliche Dividendenrendite übersteigt die Anleiherendite deutlich. Wie schnell sich das wieder ändern kann, haben Anleger und Anlegerinnen nach der Zinswende 2022 erlebt. Die Zinsen sind gestiegen und mit ihnen die Kupons neuer Anleihen. Aktien haben unter der Zinswende gelitten, auch wenn das große Dividenden-Kürzen ausblieb.

Ein steigendes Zinsniveau wirkt sich in der Regel negativ auf die Entwicklung der Aktienkurse aus. Denn wenn der Marktzins steigt, steigt der Preis des Geldes. Zunächst wird die Aufnahme von Krediten, also die Fremdfinanzierung für Unternehmen teurer. Auch müssen sie höhere Zinskupons für ihre Anleihen bieten. Dadurch steigen Kosten für Gehälter, Produktion, Innovationen und Lagerung. All das dämpft die Rentabilität und die Gewinnaussichten der Unternehmen. Die Aktien der betroffenen Unternehmen bieten scheinbar weniger Chancen.

Sichere Zinsanlagen aber sehen attraktiver aus. Wenn festverzinsliche Anlagen halbwegs brauchbare Renditen bieten, sinkt die Bereitschaft vieler Anlegerinnen und Anleger, das Risiko eines Aktien-Investments in Kauf zu nehmen. Sie schichten ihre Anlagen dann vermehrt von volatileren Aktien in sichere Anleihen oder sogar in Fest- und Tagesgeld um. Bei einem niedrigeren Zinsniveau hingegen überlegen sich auch konservative Investoren mitunter, ob sie nicht doch zumindest mit einem Teil ihres Vermögens ein höheres Risiko eingehen und chancenreichere Aktien kaufen.

Steigende Zinsen müssen aber nicht zwangsläufig schlecht für die Aktienkurse sein. Denn steigende Zinsen sind oft die Folge einer verbesserten Konjunkturlage. Solange ein Zinsanstieg moderat ist, bedeutet das vor allem, dass sich die Wirtschaft erholt, sich die Lage am Arbeitsmarkt verbessert und die Unternehmen bessere Geschäfte machen. Das lockt Kapital an. Apropos: Ein Zinsanstieg in einem Währungsraum kann auch dazu führen, dass Anleger verstärkt dort investieren. Dadurch wertet die Währung auf. Erhöhen sich beispielsweise in den USA die Zinsen, nicht aber im Euro-Raum, wertet tendenziell der Euro ab, was sich wiederum positiv auf exportorientierte Unternehmen aus dem Euro-Raum auswirkt. Höhere Wechselkurse sind aber ab einem bestimmten Niveau schädlich für Aktien, weil sie die internationale Wettbewerbsfähigkeit der Unternehmen und die Gewinne verringern. Sie sehen, es ist immer wieder ein Zusammenspiel von verschiedenen Faktoren.

Steigende Zinsen und eine geringere Liquiditätsversorgung sind Gift für die Börsen, so lautet eine alte Börsenregel. Aber auch in der Zinspolitik gilt: Entscheidend sind nicht die aktuellen Zinsen, sondern die erwarteten. Im Jahr 2022 war der Zinsanstieg keine Reaktion auf eine besonders gute Konjunkturlage, sondern die Notenbanken wollten die extrem stark gestiegene Inflation bekämpfen. Und sie erhöhten die Zinsen so schnell und so stark, dass es nicht nur den Aktionären die Laune verhagelte. Auch

Anleiheeigner traf es, sogar ziemlich übel. Denn der starke Zins- und damit Rendite-Anstieg ließ die Kurse an den Rentenmärkten einbrechen. Es traf diese Anlageklasse sogar heftiger als den Aktienmarkt. Aber das ist schon wieder Geschichte. Allen Ängsten vor einer drohenden Rezession starteten die Weltbörsen mit dem besten Jahresauftakt seit Jahrzehnten in das Jahr 2023.

Wenn die Zinsen nicht mehr steigen

Seit dem Herbst 2023 stellte sich bei allen Konjunktursorgen und Spekulationen über weitere Zinserhöhungen aber die Frage: Was passiert, wenn die Zinsen nicht mehr steigen? Nach dem schnellsten und stärksten Zinsanstieg seit 40 Jahren hatten die Leitzinsen in den USA und Europa ihr Top erreicht. Aber was passiert eigentlich, wenn die Währungshüter und allen vorweg die US-Notenbank Fed den Leitzins erst einmal auf dem hohen Niveau belässt? Wie entwickeln sich Aktien und Anleihen in einer Zeit nicht mehr steigender, aber auch noch nicht wieder sinkender Zinsen? Dazu gab es eine spannende Analyse des Vermögensverwalters HQ Trust, der frühere »Hochzinspausen« genauer angeschaut hat. Die Experten unterteilten die historischen US-Leitzinsentwicklungen in verschiedene Phasen und untersuchten, wie sich der Aktienindex S&P 500 und die US-Staatsanleihen während dieser »Hochzinspausen« entwickelten. Im Zeitraum seit 1974 gab es 16 solcher Phasen. Ihre Länge fiel dabei höchst unterschiedlich aus: Wurden die Zinsen 1987 bereits nach wenigen Wochen wieder gesenkt, blieben sie 1997 rund anderthalb Jahre auf dem hohen Niveau. Im Median wurden sie bereits nach drei Monaten wieder gesenkt. Seit die Fed ihre Zinspolitik Ende der 1980er-Jahre auf größere Stabilität und Vorhersehbarkeit ausrichtete, erhöhte sich auch die Dauer der Zinspausen nach der letzten Erhöhung auf 7,5 Monate im Median. Ähnlich dürfte die Zinspause 2023/2024 ausfallen, wenn man den Markterwartungen glaubt.

Spannend ist vor allem der Blick auf die einzelnen Anlageklassen. Nach dem Ende der Zinserhöhungen stellen Anleihen bei den hohen Zinsen wieder eine attraktive Alternative dar: Ihre Performance fiel in den Zinspausen überwiegend positiv aus. Trotz der für die Unternehmen hohen Finanzierungskosten ging es nach den Zinserhöhungen allerdings auch bei Aktien tendenziell bergauf. Ist es wirklich so einfach? Sie ahnen es bereits: nicht ganz. Als Anleger sollten Sie sich fragen, aus welchem Grund die Notenbanken den Zinszyklus beenden. Zwei Gründe sind möglich: weil die Inflation in ausreichendem Maß zurückgegangen ist oder weil die gesamtwirtschaftliche Nachfrage ausreichend gesunken ist und damit die Konjunktur gebremst wurde. Auch wenn die Phasen nach der letzten Zinserhöhung meist noch von konjunkturellem Optimismus geprägt sind, waren es oft wirtschaftliche Schocks, die die Zentralbanken in der Vergangenheit dazu zwangen, die Zinsen wieder zu senken. Obwohl die historische Performance optimistisch stimmt, ist die schwer vorhersehbare Dauer der Hochzinspausen ein großes Risiko. Mit den Zinsen sanken in der Vergangenheit dann meist auch die Aktienkurse, während Anleihen weiter stiegen. Die Analyse zeigt zwar, dass Anleger auch in diesen Phasen in Aktien investiert bleiben sollten. Aus der Risikoperspektive erscheint eine leichte Übergewichtung von Renten allerdings attraktiver.

Politische Börsen, Krisen und Katastrophen

Während die (Geld-)Politik der Notenbanken sehr wichtig für die Börsenentwicklung ist, ist es die Politik der Regierungen nicht so sehr. Nicht umsonst heißt eine alte Börsenweisheit: »Politische Börsen haben kurze Beine.« Denn die meisten, aber nicht alle politischen Entscheidungen bewegen die Börsenkurse nur kurz. Wahlen beispielsweise sorgen nur für Kursbewegungen, wenn die extremen Lager am rechten oder linken Rand gewinnen. Natürlich gibt es Reformen und Gesetzesentwürfe, von denen manche Branchen oder einzelne Unternehmen mehr profitieren als andere. Aber den Gesamtmarkt bewegt das kaum. Große Rettungspakete wie in Zeiten der Finanz- oder der Corona-Krise haben natürlich Einfluss auf die Finanzmärkte, aber eher kurz- als langfristig. Und deshalb sind die Beine der politischen Börsen eben kurz.

Natürlich bewegen Krisen und Katastrophen die Finanzmärkte. Der kriegerische Übergriff Russlands auf die Ukraine hat auch wirtschaftliche Folgen. Die Energiepreise gingen durch die Decke und befeuerten die Inflation zusätzlich. Auf den terroristischen Angriff der Hamas auf Israel reagierten Öl- und Goldpreis ebenfalls. Langfristige Folgen bleiben abzuwarten. In der Vergangenheit war es aber meistens so, dass Krisen und Kriege nur kurzfristige Einflüsse auf die Börsenentwicklung hatten. Das war selbst nach der Dreifach-Katastrophe samt Atomreaktorunfall in Fukushima so. Und auch nach den Terroranschlägen vom 11. September in den USA erholten sich die Börsen bald von ihren ersten, extrem heftigen Reaktionen. Manchmal dauert das im Fall von politischen Entscheidungen sogar nur Stunden oder wenige Tage, ein Beispiel dafür ist das Ja der Briten zum Austritt aus der Europäischen Union. Der Brexit war ein Schock für die Kapitalmärkte, doch sie beruhigten sich sehr schnell wieder. Im Falle von Fukushima hat es etwas länger gedauert, nach den Terroranschlägen in den USA noch länger. Aber die erste große Verkaufswelle ebbte schnell ab. Denn der erste Schock legt sich in der Regel bald und die Panik an den Märkten mit ihm. Wenn nämlich Panik ausbricht, aus welchem Grund auch immer, dann neigen Investoren zu Überreaktionen.

Und diese Überreaktionen, egal, ob nach Krisen, Katastrophen oder politischen Entscheidungen, sind gar nicht so selten. Investoren respektive Investorinnen sind nämlich auch nur Menschen; und sie haben Emotionen.

Anleger zwischen Gier und Panik – die Psychologie der Börse

Wirtschaftsdaten, Quartalszahlen und Prognosen sind mehr oder weniger harte Fakten. Aber es kommt noch ein weiterer sehr wichtiger Einflussfaktor hinzu: die Psychologie. Denn kein Anleger kann sich von Angst oder Gier freisprechen, und jede und jeder stolpert irgendwann über mentale Fallstricke. Oft bestimmen die Emotionen sogar das Treiben an der Börse. Die Börse ist eine Geschichte von Obsessionen, Irrtümern und Übertreibungen. Investoren, Profis übrigens ebenso wie Privatanleger, handeln oft wenig rational. »Der größte Feind des Anlegers schaut ihm jeden Morgen aus dem Spiegel entgegen«, sagte schon Benjamin Graham, Wirtschaftsprofessor und Lehrmeister von Superinvestor Warren Buffett. Damit brachte er es klar auf den Punkt: Wir lassen uns an der Börse von Gier, Harmoniesucht, selektiver Wahrnehmung, auch Selbstbetrug und vor allem Angst, manchmal sogar Panik leiten und leider auch oft in die Irre führen. Unsere Emotionen bestimmen unsere Anlageentscheidungen.

Und das kostet uns leider oft Geld. Von Gefühlen und emotionalem Handeln kann sich niemand freisprechen, kein erfahrener Anleger, kein Vermögensverwalter, kein Fondsmanager und selbst extrem erfolgreiche Investoren wie Buffett nicht. Sie haben ihre Emotionen nur in der Regel sehr viel besser im Griff als Privatanleger. Denn sie haben eine Strategie und klare Regeln, wie sie in turbulenten Phasen reagieren. Aber auch für sie gilt: Es gibt keinen Anleger aus Fleisch und Blut, den seine Emotionen nicht beeinflussen. Wir sind schließlich keine Roboter.

Wissenschaftler haben die Emotionen der Anleger trotzdem viele Jahrzehnte lang ignoriert. »Homo oeconomicus« hieß das Phantasiewesen der modernen Kapitalmarkttheorie. Mit diesem total rationalen Investor haben wir aber leider nicht besonders viel gemein. Es gibt ihn schlicht nicht. Die Wissenschaft hatte zwar logische Modelle entwickelt; mit der Wirklichkeit des Lebens und Handelns an der Börse hatten die aber wenig zu tun. Dabei wäre der Charakter des »Homo oeconomicus« nahezu perfekt, um an der Börse immer die richtigen Entscheidungen zu treffen und ihnen treu zu bleiben. Er argumentiert und handelt streng logisch, er nimmt alle Informationen völlig unvoreingenommen auf und strebt permanent nach Gewinnmaximierung bei minimalem Einsatz von Zeit, Arbeit und Kapital. Emotionen wie Gier oder Angst sind ihm völlig fremd.

Warum es uns so schwerfällt, langfristig zu denken

Im Gegensatz zum »Homo oeconomicus« bewegen wir uns in einem Spannungsfeld zwischen unmittelbarer Befriedigung unserer Wünsche und unseren langfristigen Zielen. Leider ist unser Gehirn auf die schnelle Belohnung programmiert, eine Belohnung erst in Jahrzehnten zu bekommen, ist ja auch wirklich wenig reizvoll. Wir denken lieber in Minuten, Stunden oder Tagen, vielleicht noch in Monaten, aber definitiv ungern in Jahren oder Jahrzehnten. Mögen wir auch die besten Vorsätze haben, etwa für das Alter zu sparen und ganz langfristig zu investieren. Wir schmeißen diese Vorsätze leider immer wieder über Bord, vielleicht nicht gleich bei nächstbester Gelegenheit. Aber das Spannungsfeld ist nun mal da. Beispielsweise wenn wir uns in eine teure Armbanduhr verlieben. Dann vergessen wir unsere ehernen Ziele und greifen die Rücklage fürs Alter an – schließlich haben wir ja noch jahrelang Zeit, für den Ruhestand vorzusorgen. Es kann also doch eigentlich nicht so schlimm sein, ein paar Fonds- oder ETF-Anteile zu verkaufen. Wir verstoßen – anders als der »Homo oeconomicus« – immer wieder gegen die Gesetze der Logik und ändern ständig unsere Vorlieben und Ziele. Die Armbanduhr macht uns aber nur kurzfristig wirklich glücklich. So ist es oft, wenn wir uns unsere Wünsche erfüllen. Das Glücksgefühl flaut schnell ab. Kurz ist die Freude über die Uhr, aber lang ist die Reue, wenn das Geld im Alter nicht reicht.

So wie der streng rationale »Homo oeconomicus« ticken wir Menschen eben leider nicht. Die Folge: Weder sind die Finanzmärkte ein Hort der Rationalität, noch sind Anleger kühle Rechner. Das hat auch die Wissenschaft erkannt und einen neuen Forschungszweig geschaffen: die »Behavioral Finance« – auf Deutsch Verhaltensökonomie –, die das Verhalten der Anleger analysiert. Es gibt unzählige Studien, die zeigen, wie stark Gier oder Angst die Aktienkurse Achterbahn fahren lassen. Oder um es mit dem legendären Börsenaltmeister André Kostolany zu sagen: »Die Börse besteht zu 90 Prozent aus Emotionen.« Zumindest kurzfristig, langfristig setzen sich die Fakten, also die restlichen 10 Prozent durch. Kurzfristig aber kochen die Emotionen hoch und die Kurse schlagen entsprechend heftig in die eine oder andere Richtung aus.

Wir erleben (und erleiden) bei der Geldanlage viele Gemütszustände: Zweifel, Zuversicht, Gier, Hochmut, Schreck, Hoffnung, Ratlosigkeit, Angst, Panik, Reue und Abscheu sind nur einige davon. Es sind immer wieder die gleichen Gedanken, die gleichen Reaktionen und leider auch die gleichen Fehler. Es ist auch völlig egal, ob es um eine einzelne Aktie geht, eine Branche oder gleich den ganzen Markt. Eine gute Strategie und klare Investmentregeln helfen uns, nicht über jeden emotionalen Fallstrick zu stolpern. Der erste Schritt ist aber sicherlich die Selbsterkenntnis. Wir sind hoch emotional. Glauben Sie nicht?

Oder kommt Ihnen das doch irgendwie bekannt vor: Wenn die Kurse nach einem Crash oder einer längeren Schwächephase langsam zu steigen beginnen, zweifeln Sie noch. Ob das wirklich das Ende der Baisse ist, eine nachhaltige Erholung?

Sie beobachten lieber erst einmal in Ruhe, was passiert. Selbst wenn der Trend anhält, sind Sie noch nicht überzeugt. Anstatt einzusteigen, warten Sie lieber auf einen Rücksetzer. Schließlich wollen Sie nicht zu teuer kaufen. Wenn die Konsolidierung aber nicht kommt und die Kurse weiter steigen, steigt Ihre Nervosität. Verpassen Sie etwa gerade den Trend? Das darf nicht passieren. Also greifen Sie doch endlich beherzt zu; leider oft zu spät. Wenn die Kurse dann wider Erwarten nachgeben – egal, ob nur ein bisschen oder doch etwas stärker –, fühlen Sie sich natürlich unwohl. Ein Gefühl, das Sie nicht mögen. Deshalb deuten Sie den Rücksetzer lieber schnell um. Nun sehen Sie eine Chance, Ihre Position zu einem günstigeren Preis auszubauen und so Ihren durchschnittlichen Einstiegskurs zu reduzieren. Vielleicht kaufen Sie in der Abwärtsbewegung sogar mehrmals nach. Sie machen sich etwas vor, verharmlosen den Kursrutsch. Eine Zeit lang funktioniert das auch. Irgendwann wird das Unwohlsein aber zu groß, dann überdenken Sie vielleicht Ihre Position, wollen die Aktie verkaufen, sobald sie wieder auf den Einstandskurs geklettert ist. Doch irgendwann sind Ihre Verluste zu groß geworden. Die Zweifel an Ihrem Investment wachsen. Im fortdauernden Absturz bilden Sie sich immer wieder ein, dass es nun bald wieder aufwärts geht, der absolute Tiefststand erreicht ist. Doch es läuft anders. Irgendwann können Sie die Verluste nicht mehr ertragen und verkaufen. Gier und Panik, Zweifel und Hoffnung führen dazu, dass Sie zu teuer gekauft haben, aber zu billig verkauft haben. Dabei sollten Sie es doch eigentlich genau anders herum machen.

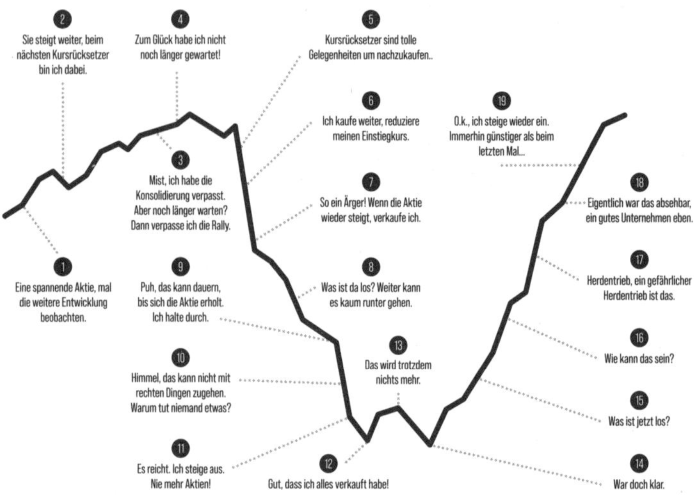

Das typische Anlegerverhalten

Mir ist das so unendlich oft passiert. Selbst nachdem ich mich vor ein paar Jahren für mein Buch *Gierig. Verliebt. Panisch* sehr intensiv mit Börsenpsychologie beschäftigt hatte, war ich nicht immun. Meine Emotionen haben mir Fallen gestellt und ich bin gestolpert. Nicht mehr so oft wie früher, aber trotzdem ist es passiert. Selbsterkenntnis hilft, eine Strategie und klare Regeln helfen. Aber wir werden unsere Emotionen niemals komplett ausschalten können. Deshalb packen mich immer noch von Zeit zu Zeit Gier und Panik. Allerdings ist es eher die Gier als die Panik. Denn Angst und Panik habe ich zu beherrschen gelernt. Ob das irgendwann auch mit meiner Gier gelingt? Aber zurück zu Angst und Panik.

Hinter jeder Panik steckt ein bisschen Hoffnung

Wir nehmen einen Absturz in Wellen wahr, ebenso läuft die mediale Beobachtung dieses Phänomens übrigens – vom Staunen über das Leugnen und verzweifelte Erklärungsversuche und schließlich zur Kapitulation. Wirklich glücklich macht uns diese Kapitulation aber auch nicht. Wenn dann die Kurse wieder steigen, geht das Drama von Neuem los. Natürlich glauben wir auch dieses Mal wieder nicht, dass die Erholung begonnen hat, dass sie vielleicht sogar nachhaltig ist. Irgendwann lassen wir uns mitreißen von der guten Stimmung an den Märkten – natürlich wieder zu spät. Wenn dann die ersten Fundamentaldaten die steigenden Preise untermauern und die Zukunftsaussichten günstig aussehen, werden wir richtig zuversichtlich. Doch in all der Euphorie übersehen wir, dass der nächste Rücksetzer droht. Nicht umsonst lautet eine alte Börsenweisheit: »Steigen die Kurse, kommen die Privatanleger. Fallen die Kurse, gehen die Privatanleger.« Es sind zwei Extreme, die Angst vor Verlusten und die Gier nach Gewinnen. Kein Anleger und keine Anlegerin kann sich davon freisprechen. Mal ist das eine Gefühl stärker, mal das andere. Hinter jeder Gier steckt ein bisschen Angst und hinter jeder Panik ein bisschen Hoffnung.

Erste Gewinne lassen uns hochmütig und gierig werden, bis uns ein starker Kurseinbruch einen kräftigen Schrecken einjagt. Die Hoffnung, dass es sich bei der Bewegung nur um eine Korrektur handelt, lässt uns im Markt bleiben. Weitere Kursverluste machen uns erst ratlos und wenn dann die ersten negativen Fundamentaldaten nicht mehr zu leugnen sind, werden wir ängstlicher. Die Aussicht auf ein finanzielles Desaster kann letztlich die Panik auslösen, sodass wir in einer Tabula-Rasa-Aktion die Brocken hinwerfen. Wie oft ist mir das passiert, als ich noch in Einzelaktien investiert habe. Übrig bleiben Reue und Abscheu vor dem Markt im Allgemeinen oder vor dem spezifischen Segment, in dem wir Geld verloren haben.

Es ist ein immer wiederkehrender Zyklus: Wir stolpern immer wieder über die gleichen emotionalen Fallstricke, treffen die gleichen Fehlentscheidungen. Eigentlich wissen wir es doch besser, oder? Zumindest als erfahrenere Anleger, die schon einiges an der Börse erlebt haben, wissen wir eigentlich, dass wir rationaler handeln sollten. Doch warum spielt uns unsere Psyche immer wieder diese Streiche? Warum tappen wir immer wieder in emotionale Stolperfallen?

Die »Behavioral Finance« gibt Antworten auf die Fragen; sie beschäftigt sich mit unserem pseudorationalen Anlageverhalten. Uns hilft das auf unseren Weg zur Selbsterkenntnis, die bekanntlich der erste Schritt zur Besserung ist. Dass die Psychologie unser Anlageverhalten nicht nur beeinflusst, sondern zu einem großen Teil bestimmt, haben die Forscher längst erkannt. Als noch recht neue Wissenschaft berücksichtigt die verhaltensorientierte Finanzmarktanalyse die Tatsache, dass sich die Anleger eben nicht streng rational verhalten, und stellt den Menschen, so wie er ist, in den Mittelpunkt der Untersuchungen. Eben weil unser Handeln von ganz individuellen Motiven, Einstellungen und auch Bewertungen bestimmt wird – auch an der Börse. Nicht jeder Anleger oder jede Anlegerin reagiert psychisch und physisch gleich. Der eine kann kaum noch schlafen, wenn es an den Börsen abwärts geht, die andere bleibt relativ gelassen. Wieder eine andere wird fast schon panisch. Wir nehmen Informationen unterschiedlich wahr, verarbeiten sie anders und fällen Entscheidungen aus ganz unterschiedlichen Gründen. Deshalb gibt es auch keinen typischen Anleger. Trotzdem kommt es an der Börse zu massenpsychologischen Effekten, weil sich die Marktteilnehmer von der Stimmung anderer – ob nun euphorisch oder panisch – anstecken lassen. So entstehen irrationale Übertreibungen nach oben oder nach unten. Das irrationale Verhalten der Anleger ist nicht zufällig, sondern es hat System. Wir sind also nicht ausnahmsweise mal kurz irrational, sondern unser emotionales Handeln hat Methode. Es ist nicht das Ziel der »Behavioral Finance«, uns ständig unsere Fehler vorzuhalten und unsere Irrationalität nachzuweisen. Vielmehr wollen die Wissenschaftler uns die Erkenntnisse der verhaltensorientierten Ökonomie näherbringen und uns helfen, bessere Entscheidungen zu treffen – und das nicht nur an der Börse.

Vereinfacht gesagt, geht es darum zu verstehen, warum wir handeln, wie wir handeln. Es geht darum zu ergründen, was an den Märkten vorgeht und was sie bewegt. Warum entstehen Blasen? Warum platzen sie? Warum verpuffen gute Nachrichten oder sorgen sogar für Kursrückgänge und warum passiert bei schlechten nicht selten genau das Gegenteil? Es geht darum, unsere Fehler zu erkennen. Denn davon machen wir viele. Wir sind »branchenverliebt«, viel zu heimattreu, unsere Urteile sind völlig verzerrt, wir folgen unserem Bauchgefühl, ohne es zu hinterfragen. Wir lassen uns von anderen mitreißen, nehmen Chancen und Risiken falsch wahr. Es sind übrigens nicht nur die Anfänger an der Börse, die in diese und andere Fallen tappen. Studien belegen, dass sich vor allem erfahrene und besonders vermögende Geldanleger irrational verhalten. Der Grund ist völlige Selbstüberschätzung. Das ist ein weit verbreitetes Phänomen. Psychologen überschätzen ihre Analysefähigkeit, Manager ihre Führungskompetenz oder Analysten ihr Wissen über ihr Fachgebiet. Warum sollte es Privatanlegern also anders ergehen?

Fehleinschätzungen haben aber nicht zwangsläufig etwas mit Selbstüberschätzung oder gar Unwissenheit zu tun. Der Mensch ist äußerst harmoniesüchtig. Wir wollen uns mit unseren Entscheidungen am Ende wohlfühlen. Aber was, wenn unsere Einstellungen, Gedanken, Meinungen, Absichten, Motive und Wahrnehmungen nicht mehr miteinander vereinbar sind? Was ist, wenn es an der Börse völlig anders läuft als erwartet? Wenn unsere Prognosen so gar nicht mehr stimmen wollen? Diese widersprüchlichen

Empfindungen nennen Experten kognitive Dissonanz. Es ist ein äußert unbeliebter Störfaktor, ein als unangenehm empfundener Gefühlszustand. Und natürlich sucht unser Gehirn sofort nach Strategien und Techniken, um ihn zu beseitigen oder zumindest abzuschwächen. Wir versuchen unterschiedliche Einstellungen, Gefühle, Wahrnehmungen, Gedanken oder Absichten wieder miteinander in Einklang zu bringen, und zur Not »manipulieren« wir unsere innere Buchführung. Wir relativieren Informationen, deuten sie um oder ignorieren sie gleich ganz. Denn andernfalls müssten wir uns unsere Fehlentscheidung eingestehen. Wer will das schon? Also wird interpretiert, wegdiskutiert und verdrängt, was das Zeug hält. Für den Anleger ist seine Harmoniesucht fatal, weil sie natürlich zu Fehlinterpretationen und -entscheidungen führt. Aber sie ist zutiefst menschlich und betrifft uns alle. Wir sind hochemotionale Wesen, keine Roboter.

Gefährliche Verliebtheit an der Börse

Hätten Sie gedacht, dass man sich an der Börse verlieben kann? Nicht in andere Börsianer, sondern in eine Aktie, einen Markt, eine Branche? Das geht. Es passiert öfter, als Sie wahrscheinlich denken. Da wäre die Heimatverliebtheit der Anleger. Oder anders formuliert: Die Deutschen lieben es deutsch; auch bei der Geldanlage. Statistiken zeigen immer wieder: Wir investieren in die Unternehmen, die wir kennen, in deutsche Unternehmen. Diese Heimatverliebtheit nennen Experten »Home Bias«. Sie ist übrigens kein deutsches Phänomen. Die Deutschen investieren deutsch, die Amerikaner amerikanisch, die Franzosen französisch und so weiter und so fort. Doch mit Blick auf die Risikostreuung ist der »Home Bias« schwierig. Trotzdem ist es verlockend, in die Aktien von Unternehmen zu investieren, bei denen unsere Freunde arbeiten oder deren Produkte wir oft benutzen.

Aber wie gut kennen wir »unsere« Wirtschaft überhaupt? Daimler baut nicht nur Autos, Bayer ist so viel mehr als der Aspirin-Hersteller. Zu behaupten, wir würden die Dax-Konzerne kennen, ist also etwas übertrieben. Überhaupt überschätzen deutsche Anleger die Bedeutung des heimischen Aktienmarktes komplett. Im internationalen Vergleich ist er nämlich relativ unbedeutend. Das zeigt der Blick auf den MSCI World. Deutsche Konzerne kommen noch nicht mal auf einen Anteil von 3 Prozent. Deutschlands Wirtschaft ist zwar die größte Volkswirtschaft Europas und die viertgrößte weltweit. Doch der deutsche Kapitalmarkt ist überschaubar. Auch weil viele große deutsche Konzerne und die große Mehrheit der äußerst erfolgreichen Mittelständler gar nicht börsennotiert sind. So kommt es, dass der deutsche Aktienmarkt eher winzig ist.

In den Depots vieler deutscher Anleger und Anlegerinnen ist die Gewichtung heimischer Aktien aber sehr viel höher. In Ihrem auch? Ich muss zugeben, in meinem Spielgeld-Depot erkenne ich auch eine gewisse Heimatverliebtheit. Damit bin ich nicht allein. Im Gegenteil. Studien zeigen das immer wieder. Aber es wird besser, der »Home Bias« nimmt ab. Der Anteil ausländischer Aktien am Aktienvermögen der Deutschen lag Ende 2021 immerhin bei etwas mehr als 45 Prozent. Das zeigen Zahlen der Bundesbank. Vor zehn Jahren waren es gerade einmal gut 25 Prozent. Schaut man auf die globalen Aktienmärkte, dann sind 45 Prozent immer noch wenig. Aber die Deutschen sind auf dem richtigen Weg.

Mit Gewinnen und Verlusten gehen Anleger oft irrational um

Zu all den emotionalen Fallstricken gehört auch, wie wir mit Gewinnen und Verlusten umgehen. Wir verkaufen Gewinneraktien zu früh, halten aber an Nieten zu lange fest – ein weit verbreiteter Fehler und ein typisches Verhaltensmuster noch dazu. Psychologen bezeichnen es als Dispositionseffekt. Der Grund dafür ist unser unterschiedliches Risikoverhalten in der Gewinn- beziehungsweise in der Verlustzone. Verluste nehmen wir nämlich zweieinhalb mal stärker wahr als Gewinne. Einen Gewinn einzustreichen tut gut und ist oft verlockender als die Aktie im Depot zu halten – die schnelle Belohnung eben. Außerdem besteht schließlich die Gefahr, die bereits erzielten Gewinne und im Zweifelsfall noch mehr zu verlieren. Deshalb verzichten wir auf einen zusätzlichen Gewinn, der schließlich auch möglich wäre. Weitere Profite würden wir längst nicht mehr in dem Maße wahrnehmen wie den bereits erzielten Gewinn.

Mit Verlusten ist es genauso. Unsere Sensitivität nimmt ab, wenn es weiter abwärts geht. Der erste Verlust ist immer der schlimmste, weitere Verluste in gleicher Höhe empfinden wir nicht mehr so stark. Auch deshalb halten wir immer viel zu lange an den Nieten fest. Zumal wir im Falle eines Verkaufes den Verlust auch realisieren würden. Das empfinden wir deutlich schmerzhafter als die Aussicht auf weitere Verluste. Gewinne laufen lassen, Verluste begrenzen? Was logisch klingt, ist psychologisch ziemlich schwierig. Bleibt die Verliereraktie im Depot, können wir uns außerdem vormachen, dass das Papier sicher bald wieder steigen wird. Im Grunde verhalten wir uns also nach Gewinnen risikoscheu und nach Verlusten risikofreudig. Ein weit verbreitetes Phänomen, wie unzählige Studien belegen. Ich hätte einige Beispiele aus meiner Anlegerhistorie und den Depots von Familie und Freunden zu bieten. Der Dispositionseffekt ist kein Phänomen, das nur Privatanleger trifft. Zwar ist er bei ungeübten Anlegern stärker ausgeprägt, aber auch professionelle Investoren können sich davon nicht ganz freimachen.

Ebenso wenig vom Denken in Schubladen und Schablonen. Experten sprechen von Heuristiken. Es sind im Grunde einfache Faustregeln, auf die das Gehirn zurückgreift, um Entscheidungswege abzukürzen. Das kann mal gut sein, oft ist es aber auch schlecht. Wir neigen beispielsweise dazu, uns an bestimmten Werten zu orientieren. Das können Rekordstände sein oder runde Zahlen wie »Dax 15.000«. Das nennt sich Verankerungsheuristik. Anleger werfen quasi den Anker, nur fällt es ihnen dann schwer, ihn irgendwann wieder einzuholen. Sie klammern sich quasi an das Allzeithoch ihrer Aktie, das sie nach dem Absturz sicher irgendwann wieder erreichen wird. Schon bleibt die Niete zu lange im Depot. Der Anker kann auch der Einstiegskurs oder ein Kursziel sein. Anstatt die aktuelle Lage zu beurteilen und abzuwägen, halten Anleger stur am Anker fest. Heuristiken können übrigens auch Glaubenssätze oder Vorurteile à la »Die Börse ist ein Casino« sein.

Wenn Gier oder Panik einen Herdentrieb auslösen

Es geht aber nicht nur darum, wie emotional einzelne Anleger handeln. Denn sehr oft ist es ein Massenphänomen. Das klingt übertrieben? Denken Sie an Ihren ersten Crash, an einen wirklich rabenschwarzen Börsentag. Wenn Panik ausbricht, dann steckt das immer mehr Investoren an. Dann wollen einfach alle nur noch raus aus dem Markt. Die Kurse stürzen ab und die Spirale dreht sich immer schneller. Ein klassischer Fall von Herdentrieb. Der bricht übrigens nicht nur aus, wenn die Stimmung besonders schlecht ist. Es muss nicht die Panik der Auslöser sein. Es kann auch die bloße Gier sein. Anleger lassen sich nur zu gerne von der euphorischen Stimmung an den Märkten anstecken. Steigende Kurse lassen unseren Optimismus wachsen, fallende Kurse lassen uns eher pessimistischer werden. Eigentlich sind extreme Stimmungen an den Märkten aber ein Kontraindikator, und zwar ein ziemlich guter. Nicht umsonst empfiehlt der legendäre Investor Buffett, gierig zu sein, wenn andere ängstlich sind, und ängstlich zu sein, wenn andere gierig sind. Dahinter steht der Leitgedanke des antizyklischen Investierens. Übersetzt: Kaufe billig, verkaufe teuer. Es gibt einige Börsenweisheiten, die dieses Phänomen umschreiben.

Wer erkennt, wie gut oder wie schlecht die Stimmung ist, kann sich entsprechend positionieren. Vor allem die Extreme, also Gier oder Angst und Panik, gilt es zu erkennen. Stimmungsindikatoren, das sogenannte Sentiment, helfen dabei. Diese Indikatoren messen aufgrund regelmäßiger Befragungen das Befinden und die Erwartungen der Anleger. Die Treffsicherheit ist ziemlich hoch. Vor allem in einigen Phasen der 1980er- und 1990er-Jahre konnten Anleger erstaunliche Erfolge erzielen, wenn sie sich diese Stimmungsbilder genau anschauten. Doch damit wuchs auch die Popularität der Sentiment-Indikatoren. Je stärker die Methode in den Fokus der Anleger rückte, desto geringer wurde ihre Wirkung. Das liegt in der Natur der Sache, weil sich quasi eine »neue Herde« bildete. Trotzdem sind diese Indikatoren – in Deutschland gibt es den Sentix-Marktradar, das Handelsblatt Sentiment und den Börse Frankfurt Sentiment-Index von Cognitrend – interessante Mosaiksteine. Vor allem in turbulenten Börsenphasen lassen sich die Gefühlsschwankungen der Anleger ziemlich genau messen und geben eine gute Indikation dafür, wie es in den kommenden Wochen und Monaten vermutlich weitergeht.

Wichtig ist, dass vor allem die kurzfristigen Sentiment-Indikatoren konträr interpretiert werden. Sind die Anleger zu gut gestimmt oder sogar euphorisch, dann ist das ein Warnsignal und muss als Verkaufssignal gedeutet werden. Ist die Stimmung allerdings richtig schlecht, dann können Sie getrost kaufen. Sentiment-Indikatoren geben uns vor allem in wankelmütigen Märkten einen Richtwert. Sie spiegeln die aktuellen Meinungen an der Börse wider, die natürlich die Kurse bestimmen. Sie informieren über intakte Trends ebenso wie über Phasen der Überhitzung oder untere Wendepunkte. Je extremer diese Erwartungen auf steigende oder fallende Kurse ausfallen, desto wahrscheinlicher steht der Markt an einem Wendepunkt.

Die Wall Street und ihr Einfluss auf die Weltwirtschaft

Manchmal sind es auch die Märkte selbst, die die Kurse immer weiter in die Tiefe stürzen lassen. Klingt irgendwie unlogisch. Aber nicht in den USA, wo viel mehr Menschen Aktionäre sind als hierzulande. Dort kann eine Korrektur oder gar ein Crash an der Börse massivere Auswirkungen auf die US-Wirtschaft haben und eine gefährliche Abwärtsspirale in Gang setzen. Das ist beispielsweise im Jahr 2008 passiert, als die Immobilienblase platzte. Damals rissen sich die fallenden Aktienkurse an der Wall Street und eine abstürzende US-Wirtschaft gegenseitig immer weiter in die Tiefe. Das hatte dramatische Auswirkungen auf die Weltwirtschaft. Doch warum gibt es diese enge Verbindung zwischen der Wall Street und der Weltwirtschaft?

Dass eine einbrechende Konjunktur die Aktienkurse belastet, ein solides Wachstum im Gegenteil die Aktienkurse in die Höhe treibt, ist nachvollziehbar. Aber dieser Zusammenhang existiert eben auch umgekehrt. Der Grund dafür ist aber nicht so offensichtlich, im Gegenteil. Denn eigentlich würde man doch denken, dass es die Unternehmen und die Verbraucher nicht nennenswert beeinträchtigt, wenn die Aktien auch einmal stärker fallen. Aber das ist ein Irrtum. Es gibt einige Fälle, in denen eine Baisse an der Wall Street die wirtschaftliche Lage deutlich verschlechtert hat. Und das ist auch logisch zu begründen. Im Jahr 2008 beispielsweise nahm die Rezession richtig Fahrt auf, als die Aktienkurse einbrachen. Das liegt daran, dass Aktien in den USA eine viel weiter verbreitete Form sind, Vermögen zu halten und aufzubauen. Amerikaner legen ihr Erspartes viel öfter in Aktien an als Europäer. Entsprechend gibt es in den USA sehr viel mehr Aktionäre; was sich keineswegs auf die Wohlhabenden beschränkt. Das bedeutet, dass eben auch viele Menschen in den USA Angst um ihre Ersparnisse bekommen, wenn die Kurse an der Wall Street einbrechen.

Die verständliche Folge: Wenn das »Ersparte«, in diesem Fall das »Investierte«, also der Depotwert schrumpft, werden sie auch beim Konsum vorsichtiger. Und das ist in den USA ein echtes Problem, denn der private Konsum ist das Rückgrat der US-Wirtschaft. Bricht der private Konsum aufgrund fallender Börsenkurse ein, dämpft das auch das Wachstum. Eine Abwärtsspirale entsteht, in der weniger Konsum zu fallenden Unternehmensgewinnen führt, diese zu Entlassungen, das wiederum zu einem weiteren Rückgang beim Konsum und das zu weiter nachgebenden Gewinnen bei den Unternehmen und zugleich schwächeren Aktienkursen. Auch das zeigt, dass die Wall Street alles andere als ein Ort ist, an dem sich nur die Reichen tummeln. Es ist der Ort, an dem der Puls der US-Wirtschaft schlägt. Wenn die Amerikaner Angst um ihre Investitionen haben, kochen die Emotionen eben hoch.

Emotionen erkennen und kontrollieren

Das sind nur einige Beispiele dafür, wie und warum uns unsere Psyche an der Börse oft teure Streiche spielt. Wir werden unsere Emotionen niemals abschalten können, aber wir können lernen, sie zu erkennen und sie zu kontrollieren. Wenn wir lernen, unsere Emotionen und die dann folgenden Verhaltensmuster zu erkennen, können wir sie in der Folge hoffentlich besser kontrollieren. Das ist ein schwieriger Prozess, vor allem für Privatanleger.

Grundsätzlich können Profis übrigens besser mit ihren Emotionen umgehen als Privatanleger und tappen deutlich seltener in Psychofallen. Sie haben erstens mehr Erfahrung an den Märkten als Privatanleger. Zweitens haben sie gelernt, sich von ihren Emotionen nicht in die Irre führen zu lassen. Und drittens folgen sie ganz klaren Strategien. Außerdem sind sie nicht allein, denn sie arbeiten im Team. Sie tauschen sich aus, diskutieren Anlageentscheidungen und vor allem die aktuellen Marktdaten. Sie beruhigen sich gegenseitig. Denn auch bei den Profis können die Emotionen ziemlich hoch kochen. Aber sie haben gelernt, diese zu kontrollieren! Dafür haben sie sehr klare Regeln. Manche Asset Manager wie beispielsweise Vanguard geben eigene »Behavioral-Finance«-Leitlinien für die Mitarbeiter heraus. Dort listet der amerikanische Vermögensverwalter die häufigsten Fehlerquellen bei Investments auf. Das soll die Profis sensibilisieren. Andere Häuser formulieren klare Regeln für gewisse Szenarien an den Märkten, für Ein- und Ausstiegszeitpunkte. Ein strenges Regelwerk schützt vor emotionalen Entscheidungen. Daraus können auch wir als Privatanleger viel lernen.

Psychologie versus Strategie

Es wird immer ein Spannungsverhältnis zwischen den Emotionen der Anleger und ihrer Strategie geben. Es gibt einfach zu viele Risiken an den Märkten, zu viele »Wenns« und »Abers«. Chance und Risiko hängen einfach sehr eng zusammen. Eine klare Strategie hilft uns dabei, dieses Spannungsverhältnis zu ertragen. Klare Regeln für stürmische Zeiten, also wirklich konkrete Handlungsanweisungen noch viel mehr. Keine Chance ohne Risiko, heißt es immer so schön. Das heißt aber im Umkehrschluss auch: Kein Risiko ohne Chance. Das klingt schon besser. An der Börse wie im »normalen« Leben sind Chancen und Risiken untrennbar miteinander verknüpft. Es gibt das eine leider nicht ohne das andere. Das Risiko können wir aber managen. Das geht mit sehr aktiven Strategien, die nicht immer wirklich aufgehen. Am einfachsten ist es, wenn wir sehr breit gestreut investieren und langfristig noch dazu. Erinnern Sie sich an die goldenen Regeln der erfolgreichen Geldanlage!

Je breiter gestreut, je langfristiger wir investieren, desto mehr schwindet das Risiko. Es schwindet sogar fast ganz. Die Chancen aber bleiben hoch. Wenn es nur immer so einfach wäre! Schon kommen wieder die Emotionen ins Spiel. Eine klare Strategie zu haben, Anlageziel und Anlagehorizont nicht aus den Augen zu verlieren, ist das eine. Das andere: Wir sollten klare Regeln für turbulentere Börsenphasen formulieren. Am besten schreiben Sie diese auf. Was tun Sie, wenn es 20 oder mehr Prozent abwärts geht? Kaufen Sie beherzt nach? Sichern Sie vielleicht Ihre Positionen auch schon vorher ab? Und wenn die Kurse stark steigen? Wann nehmen Sie Gewinne mit? Oder bleiben Sie einfach immer investiert, weil Sie eine sehr langfristige Strategie haben? Wir sollten möglichst klare Regeln haben, wie wir in welcher Marktsituation agieren. Sie werden uns helfen, emotionale Fallstricke zu meiden. Wir werden es aber wahrscheinlich nicht ganz verhindern können, dass wir doch ab und zu die Nerven verlieren. Das ist nur menschlich.

Viele Risiken, aber eine große Chance

Es gibt leider viele Risiken bei der Geldanlage. Aber wir können sie ein Stück weit managen. Dazu müssen wir sie natürlich kennen. Für ein paar Risiken sind wir selbst verantwortlich, weil wir Fehler machen oder uns von unseren Emotionen beeinflussen lassen. Der größte Fehler ist wohl, ohne Strategie einfach aus dem Bauch heraus zu agieren. Das kann gut gehen, sehr lange sogar. Spätestens wenn es an den Märkten aber mal wieder knallt, wird es schwierig und wahrscheinlich auch teuer. Eine mangelnde Risikostreuung ist ebenfalls gefährlich. Das ist ein Risiko, das wir relativ einfach ausschalten können. Nämlich indem wir auf viele Einzeltitel oder eben Fonds und ETFs setzen, indem wir nicht nur in eine Anlageklasse wie Aktien investieren, sondern auch Anleihen, Gold oder Immobilien beimischen. Jede dieser Anlageklassen hat ihr ganz besonderes Chance-Risiko-Verhältnis, das wir kennen und bewusst eingehen sollten.

Dann sind da noch all die Risiken, die quasi systemimmanent sind: das Marktrisiko, das Zins- und Währungsrisiko und das Unternehmensrisiko. Dem allgemeinen Trend an den Märkten kann sich niemand entziehen, auch wenn es manche Branchen in einer Krise stärker trifft und ihre Aktien stärker unter Druck geraten als andere. Wenn die Börse aber knallt, dann trifft es in der Regel alle Aktien. Es kommt natürlich auf den Grund für den Crash an. Ist es eine Wirtschaftskrise, eine Katastrophe oder eine geopolitische Krise? Wie lange dauert die Krise, wie lange der Crash? Das macht es so schwierig. Natürlich können Sie Ihre Positionen gegen das Marktrisiko absichern, aber das kostet Geld. Und am Ende müssen Sie sich die Frage stellen, ob das überhaupt Sinn macht. Wenn Sie sehr langfristig investieren, können Sie solche Phasen aussitzen und vielleicht sogar für Zukäufe nutzen.

Zwei weitere Risiken sind das Zins- und das Währungsrisiko. Sie sind eng miteinander verbunden. Wenn die Zinsen stark steigen oder stark fallen, können Sie in Ihrem Depot ein wenig nachjustieren und gegebenenfalls die Anleihequote hoch- oder runterschrauben. Auch können Sie bei Aktien auf die Branchen setzen, die mehr oder weniger zinssensitiv sind. Tech-Aktien beispielsweise leiden, wenn die Zinsen steigen. Das Währungsrisiko ist vor allem dann relevant, wenn wir in Fremdwährungen außerhalb des Euro- und Dollar-Raums investiert sind. Euro und Dollar schwanken natürlich auch, aber langfristig ist das kaum von Bedeutung für unseren Anlageerfolg. Heftiger wird es, wenn Sie beispielsweise in Fremdwährungsanleihen aus den Emerging Markets investieren, die nicht in Dollar notieren. Schauen Sie sich nur die Entwicklung der Türkischen Lira in den vergangenen Jahren an.

Aber natürlich beeinflussen Währungsschwankungen die Ergebnisse global agierender Konzerne. Ist ein Unternehmen sehr exportabhängig, dann kann der Wechselkurs das Ergebnis belasten. Es kann aber auch genau andersherum laufen. Ich würde auf dieses Thema nicht zu viel Zeit verschwenden. Es gibt andere Unternehmensrisiken, die wichtiger sind: Wie läuft das Geschäft insgesamt? Umsatz, Gewinn, Ausschüttung? Welche Geschäftsfelder bieten Fantasie für die Zukunft? Wo ruckelt es? Wenn Sie auf Einzelaktien setzen, dann finden Sie diese Infos in den Geschäftsberichten oder – schon aufbereitet und eingeordnet – in den Empfehlungen von Analysten. Diese zu lesen ist auch ratsam, wenn Sie auf Fonds und ETFs setzen. Welche Branchen, welche Trends sind einen Blick wert? Apropos Trends: Diese zu erkennen ist nicht so einfach.

Trends erkennen und beurteilen

An der Börse wird weder zum Einstieg noch zum Ausstieg geläutet. Es wäre natürlich zu schön, wenn wir wüssten, wann es nach einem Crash wieder aufwärts geht, wann eine Rally endet. Wie lange gute Marktphasen dauern, wann die schlechten endlich überstanden sind, das weiß niemand. Es mag Warnsignale geben, wie etwa extrem hohe Bewertungen nach einer monatelangen Rally. Aber es gibt auch die »schwarzen Schwäne«, die völlig überraschend um die Ecke biegen. Und es gibt Trends. Sie zu erkennen ist nicht einfach, aber auch hier gibt es Indikatoren. Es können Markttrends sein wie längere Phasen steigender oder fallender Kurse. Es können Wirtschaftstrends sein, die bestimmte Branchen betreffen. Es können Modetrends oder sogar Hypes sein. Dann entstehen allerdings auch immer wieder Blasen. Wenn diese platzen, ist das für Anleger und Anlegerinnen in der Regel mit hohen Verlusten verbunden. Echter Trend oder verführerischer Hype? Hinterher weiß man immer mehr.

Rally, Hausse, Baisse, Korrektur oder Crash – Begriffe, die wir immer wieder lesen und hören, die aber leider oft falsch verwendet werden, auch von Experten und Journalisten. Vor allem von Letzteren. Der »Crash« in der Überschrift lockt einfach mehr Leser an als die etwas unspektakulär klingende »Korrektur«. Nach der russischen Invasion in der Ukraine sind die Aktienmärkte monatelang auf Talfahrt gegangen. Die Angst vor weiteren geopolitischen Verwerfungen und einer Energiekrise war greifbar. Die Verluste waren hoch, viele Indizes tauchten ab. Schnell gab es Schlagzeilen über einen Börsencrash. Journalisten neigen eben zur Zuspitzung. Sie haben allerdings mächtig übertrieben. Denn ein Crash war es im Grunde nicht. Allerdings rutschten die Börsen in einen Bärenmarkt. Das ist mehr als eine Korrektur, aber noch immer kein Crash. Bärenmarkt, Korrektur oder Crash? Wann spricht man wovon? Und dann sind da noch die unterschiedlichen Börsenphasen: Bullenmarkt, Rally oder Bärenmarktrally?

Bullen- oder Bärenmarkt und trügerische Fallen

Ein Aktienindex ist in einen Bärenmarkt gerutscht, wenn er 20 Prozent von seinem Hoch verloren hat. Ein Bärenmarkt ist eine Phase von stagnierenden oder tendenziell fallenden Kursen. Diese Phase dauerte in der Vergangenheit in der Regel nicht länger als anderthalb Jahre. Bullenmärkte, also die Phasen mit steigenden Kursen, können hingegen problemlos über mehrere Jahre dauern. Das ist die gute Nachricht.

Das heißt aber nicht, dass die Kurse im Bärenmarkt immer nur seitwärts schwanken oder tendenziell fallen. Im Gegenteil. Im Bärenmarkt kann es immer wieder zu kurzen Phasen stark steigender Kurse kommen. Doch diese Tage oder Wochen enden oft recht plötzlich und dann geht es wieder abwärts. Natürlich hoffen Anleger in solchen Phasen auf eine schwungvolle Erholung, auf das Ende des Bärenmarktes. Doch leider entpuppt sich diese Phasen oft als Bärenmarktrally. Das ist quasi eine Art Falle, in die

Anleger tappen können. Auch ein Bullenmarkt läuft nicht in klaren Bahnen. Immer wieder kann es zu Korrekturen kommen. Mitunter geht es zwischenzeitlich 10 oder 15 Prozent abwärts, bevor die Kurse wieder weiter steigen. Synonyme für Bären- und Bullenmarkt sind übrigens Baisse für die mauen Zeiten und Hausse für die guten.

Wichtig: Ein Bärenmarkt ist kein Crash! Nur wenn die Kurse wirklich sehr stark fallen, und das in kurzer Zeit und mit sehr hoher Geschwindigkeit, spricht man von einem Crash. Das war beispielsweise im März 2020 zum Ausbruch der Corona-Pandemie der Fall. Grundsätzlich gilt, dass die Kurse bei einem Crash mindestens um 25 Prozent einbrechen. So stark hat es in den Wochen nach dem Ausbruch des Ukraine-Krieges eigentlich nur die Technologiewerte getroffen. Wir haben also »nur« einen Tech-Crash erlebt – befeuert übrigens auch durch die Zinswende –, aber keinen breiten Absturz an den Märkten. Auch wenn sich der Bärenmarkt mitunter nach Crash angefühlt hat.

Im Grunde ist es aber egal, wie man die jeweilige Phase nun nennt. Kursrücksetzer gehören an der Börse dazu. Sie werden von ganz unterschiedlichen Faktoren ausgelöst und in der Regel kommen sie sehr überraschend. Bärenmärkte sind häufiger als Crashs, die nur alle paar Jahre passieren. Langfristige Anleger können diese Phasen für Zukäufe nutzen, wer etwas kurzfristiger investiert, nutzt sie zur Schnäppchenjagd. Denn wie so oft an der Börse, kochen in diesen Wochen und Monaten die Emotionen hoch – Überreaktionen inklusive.

Apropos Anlagehorizont: Wenn Sie sehr langfristig investieren, dann müssen Sie sich von solchen Trends nicht verrückt machen lassen. Langfristig steigen die Börsenkurse, auch wenn sie kurzfristig mächtig schwanken. Ein Teil Ihrer Strategie kann es aber eben sein, in schwachen Phasen, vielleicht ab einem Rücksetzer von 15 Prozent und mehr, konsequent nachzukaufen. So mache ich es. Den perfekten Zeitpunkt für den Kauf werden wir dabei niemals erwischen, aber das ist auch nicht so wichtig, wenn wir langfristig investieren. Erinnern Sie sich an das Rendite-Dreieck für Aktien.

Diejenigen unter Ihnen, die der Chartanalyse einiges abgewinnen können, werden nun Einspruch einlegen. Sie sind nämlich davon überzeugt, aus der Kursentwicklung der vergangenen Tage, Wochen, Monate oder Jahre die Zukunft prognostizieren zu können. Für mich ist das – entschuldigen Sie, bitte – Kaffeesatz-Leserei. Es funktioniert lediglich im Nachhinein. Setzen Sie lieber auf den sehr langfristigen Börsentrend, und der geht trotz aller Korrekturen, Crashs und sonstigen Turbulenzen aufwärts.

Trends, Megatrends und Hypes

Anders ist es mit wirtschaftlichen Trends. Sie zu erkennen ist einfacher. Die Digitalisierung ist ein solcher Trend, ein Megatrend sogar. Megatrends verändern unsere Wirtschaft und unsere Gesellschaft massiv. Oft wird – getreu dem großen Ökonomen Joseph Schumpeter – von »schöpferischer Zerstörung« gesprochen. Alte Strukturen werden zerstört, neue entstehen. Genau das passiert aktuell. Die Digitalisierung verändert unser Leben, unsere Arbeitswelt und unsere Gesellschaft extrem. Wir reden von Künstlicher Intelligenz (KI), von Robotik und Automatisierung, von eMobilität. Weitere Megatrends sind die Urbanisierung und natürlich die Globalisierung. Und nicht zu vergessen: die Demografie. Experten bezeichnen sie als »Mutter der Megatrends«.

Nun wurden immer mal wieder solche Megatrends ausgerufen. Manche hatten das Zeug dazu, unser Leben wirklich grundsätzlich zu verändern. Die Erfindung und Verbreitung des Internets ist so ein Beispiel. Andere angebliche Megatrends sind wieder verschwunden, wir erinnern uns kaum noch an sie. Die vierte industrielle

Revolution, die wir derzeit erleben und die unter anderem durch Digitalisierung, Robotik und Künstliche Intelligenz befeuert wird, ist aber definitiv ein echter Megatrend – inklusive vieler Chancen für Anlegerinnen und Anleger.

Es gibt jede Menge Unternehmen, die diese Revolution vorantreiben und von ihr profitieren. Oft sind es kleinere Start-ups, noch jung, nicht etabliert, noch nicht sehr bekannt. Wenn Sie in diese investieren, ist das Risiko natürlich recht hoch. Aber auch die großen Technologiekonzerne der Welt, allen voran die Internet-Giganten Amazon, Apple, Google-Mutter Alphabet und Microsoft, treiben die Revolution voran. In vielen Branchen kommen aber auch neue Player auf den Markt und greifen alte Geschäftsmodelle an – denken Sie nur an Tesla und die gute, alte, deutsche Automobilindustrie. Natürlich stellen sich herkömmliche Industriekonzerne ebenfalls auf den Umbruch ein und entwickeln sich weiter. Aber wer setzt sich durch? Investitionen in Einzelaktien sind nicht immer einfach und das Risiko höher als bei anderen Anlageklassen. In Zeiten des Umbruchs ist das Risiko noch größer. Gerade bei jungen, vermeintlich aufstrebenden Start-ups weiß man schließlich nie, ob sie überleben und sich durchsetzen. Auch das eine oder andere vermeintlich etablierte Unternehmen kann unter die Räder kommen.

Zum Glück gibt es jede Menge Fonds und ETFs, die auf Trends und Megatrends setzen – von Demografie, Globalisierung und Infrastruktur bis zu Themen wie Mobilität der Zukunft, Cybersecurity, Robotik oder Künstlicher Intelligenz. Die Investmentbranche ist nämlich ziemlich erfinderisch und springt auf jeden Trend auf, bietet schnell die passenden ETFs oder auch Zertifikate an. Mancher Trend oder vermeintliche Megatrend entpuppt sich leider als Rohrkrepierer. Oder es bilden sich Blasen, weil der Hype einfach zu groß wird. So war es mit dem Thema Wasserstoff vor einigen Jahren. Die Aktien schossen durch die Decke, weil Wasserstoff als die Energie der Zukunft galt. Die wenigsten Unternehmen verdienten bereits Geld, was sie übrigens auch heute noch nicht tun. Sie waren aber an der Börse viel Geld wert und mehr als üppig bewertet. Es entstand eine schöne, große Blase, die dann ziemlich lautstark platzte. Anleger machten hohe Verluste. Das ändert aber erstmal nichts daran, dass Wasserstoff künftig eine wichtige Energiequelle sein wird. An der Börse wurde das Thema jedoch ein bisschen zu kräftig gefeiert oder vielleicht auch einfach nur zu früh. Im Herbst 2023 warnten Experten vor einer völlig übertriebenen KI-Rally. Zu Recht oder zu Unrecht? Das wird die Zeit zeigen. Blasen und vor allem platzende Blasen hat es an der Börse immer gegeben, und es wird sie auch immer geben. Gar nicht so selten kommt die große Chance, wenn es knallt. Denn dann können wir die Perlen einsammeln.

Timing oder »Time, not Timing«

Trotzdem wäre es natürlich wunderbar, immer richtig zu liegen. Jeden oder zumindest fast jeden Trend zu erkennen. Den perfekten Zeitpunkt zum Kauf und Verkauf zu treffen, würde maximale Gewinne versprechen. Aber »Market Timing« funktioniert leider nicht. Die Gefahr, die besten Börsentage zu verpassen, ist auch einfach zu groß. Diese Erkenntnis spricht klar dafür, langfristig anzulegen. Die Rendite-Dreiecke belegen eindrucksvoll, dass die alte Börsenweisheit »Time, not Timing« noch immer stimmt. Es mag der Traum eines jeden Investors sein, möglichst günstig zu kaufen und möglichst teuer zu verkaufen. Der Traum vom perfekten »Timing« bleibt aber ein Traum. Es wäre im Grunde eine antizyklische Anlagestrategie, nur eben besonders perfekt umgesetzt. Aber bekanntlich ist niemand perfekt, auch kein Investor.

Genau genommen lässt sich der perfekte Zeitpunkt im Sinne des »Market Timing« aber erst im Nachhinein bestimmen. Diesen

Zeitpunkt zu verpassen, also zu früh auszusteigen oder zu spät einzusteigen, kann sich jedoch sehr negativ auf die Performance Ihres Investments auswirken. Das zeigt auch eine Studie der Fondsgesellschaft Fidelity, die allerdings schon ein paar Jahre alt ist. Ihre Gültigkeit hat sie aber nicht verloren. Das Ergebnis: Die langfristige Rendite am Aktienmarkt geht im Wesentlichen auf wenige Börsentage zurück. Und diese Tage fallen oft in besonders turbulente Marktphasen. Es handelte sich um Gegenreaktionen auf zuvor abgestürzte Kurse. Weil es so schwer ist, diese Zeitpunkte perfekt zu treffen, ist es auch viel wichtiger langfristig investiert zu sein.

»Market Timing« funktioniert nicht oder ist reine Glückssache. Trotzdem müssen Profis natürlich versuchen, den Markt zu schlagen. Wie gehen sie also mit dem Thema »Timing« um? Sie nutzen alle fundamentalen, charttechnischen und verhaltensökonomischen Analysemethoden. Allerdings besteht die Gefahr, dass sie den Wald vor lauter Bäumen nicht mehr sehen, wie mir ein bekannter Börsenexperte einmal sagte. Dummerweise kümmert sich die Börse nicht um Analysen. Oder anders formuliert: Der Markt hat immer recht. Am Ende des Tages kommt auch der beste Profi nicht ohne das Quäntchen Glück aus, neben einer großen Packung gesundem Menschenverstand. Privatanlegern geht es nicht anders. Sie alle haben keine Glaskugel, auch wenn es noch so schön wäre. Wer sich als Privatanleger trotzdem am »Timing« versucht, neigt dazu, sein Depot häufig umzuschichten – immer auf der Suche nach der perfekten Geldanlage. Diese Strategie ist allerdings wenig erfolgversprechend. Zumal jede Transaktion Geld kostet.

Langfristig hat das »Timing« wenig Einfluss

Langfristig ist der Einstiegszeitpunkt übrigens gar nicht so entscheidend. Wer über Jahrzehnte investiert, braucht keine Angst zu haben, zu früh oder zu spät eingestiegen zu sein. Sogar ob Sie vor, in einem und nach einem Crash investiert haben, mindert oder erhöht Ihre Rendite langfristig kaum. Aber das vergessen wir natürlich, wenn wir einsteigen wollen, wenn wir eine Chance wittern. Oder wenn wir uns doch nicht so sicher sind. Das ist eigentlich das Fatalste. Die Unsicherheit, vielleicht zu früh zu kaufen.

Wir wollen keine »Timing«-Fehler machen und warten gerne mal viel zu lange. Im schlimmsten Fall tun wir gar nichts. Für einen langfristigen Vermögensaufbau mit Aktien ist der richtige Einstiegszeitpunkt aber gar nicht entscheidend: Untersuchungen zeigen, dass Anleger selbst größere Kursverluste – etwa nach Börsencrashs oder Finanzkrisen – mit der Zeit wieder mehr als wettmachen konnten. Ein Blick auf Bundesbank-Daten zeigt, wie sich eine Anlage von 10.000 Euro in den deutschen Leitindex Dax entwickelt hat, wenn der Sparer kurz vor den größten Aktiencrashs der jüngeren Vergangenheit investiert hat – also jeweils zu einem denkbar schlechten Zeitpunkt. Das Ergebnis: Wer das Geld kurz vor dem Platzen der sogenannten Dotcom-Blase im Jahr 2000 angelegt hatte, konnte rund 18 Jahre später trotzdem ein Plus von durchschnittlich immerhin 2,8 Prozent pro Jahr verbuchen. Wer 2007 kurz vor der Finanzkrise investiert hatte, erzielte bis 2018 eine Rendite von durchschnittlich 4,4 Prozent jährlich. Aktien erwirtschaften trotz zwischenzeitlicher Rücksetzer über lange Zeitraume im Vergleich zu anderen Anlageklassen regelmäßig den größten Gewinn. Beim Vermögensaufbau mit Aktien ist deshalb Durchhaltevermögen wichtiger als der Einstiegszeitpunkt. Im Grunde sollten wir bei steigender Anlagedauer auch eher von Chance als von Risiko sprechen. Junge Menschen, die Vermögen aufbauen wollen oder für das Alter vorsorgen, haben noch Jahrzehnte. Schlechte Börsenphasen bieten ihnen mehr Chancen als Risiken.

KAPITEL 4

Aktien – wichtiger Baustein für den Vermögensaufbau

Länder, Regionen, Branchen, Anlagestile, Themen – Anlegerinnen und Anleger haben die Qual der Wahl, wenn sie auf die langfristig renditestärkste Anlageklasse setzen wollen. Doch wie Aktien auswählen? Welche Vor- und Nachteile haben bestimmte Strategien, Stile oder Themen-Investments? Ein Überblick.

Niemals ohne Aktien

Erfolgreicher Vermögensaufbau ohne Aktien ist so gut wie unmöglich. Davon bin ich fest überzeugt. Ausnahmen gibt es natürlich: wenn Sie Einkommensmillionär sind oder reicher Erbe zum Beispiel. Aber für uns Otto-Normal-Bürger gilt, dass wir die Aktie als Baustein für unseren Vermögensaufbau nicht links liegen lassen dürfen. Je höher die Aktienquote, desto besser. Natürlich abgestimmt auf Ihren Anlagehorizont und Ihr Risikoprofil. Aktien sind langfristig die renditestärkste Anlageklasse überhaupt, auch wenn ich mich da wiederhole. Deshalb müssen sie einfach ein Baustein für Ihren Vermögensaufbau sein. Sie sind sogar der wichtigste.

Die Aktie? Aktien? Was heißt das überhaupt? Mehrfach, wahrscheinlich gebetsmühlenartig (entschuldigen Sie bitte) habe ich betont, wie wichtig mir Risikostreuung ist. Ich warne oft geradezu vor Investments in Einzelaktien. Trotzdem schauen wir uns diese genauer an und beschäftigen uns damit, wie wir sie bewerten können. Erstens, weil sie je nach Strategie eine spannende Beimischung sein können oder weil Sie vielleicht wie ich noch ein kleines Spielgeld-Depot bestücken möchten. Zweitens, weil uns die Kennzahlen von Einzelaktien auch helfen, ganze Branchen, Märkte oder spannende Trends einzuschätzen. Aufgrund dessen können wir dann unsere Investment-Entscheidungen treffen.

Wie teuer oder günstig ist eine Aktie? Experten sprechen von der Bewertung. Das ist immer spannend, egal, auf welchen Baustein, auf welche Strategie Sie setzen. Wie hoch ist die Dividende, die Dividendenrendite und die Ausschüttungsquote? Das interessiert uns bei Einzelaktien, bei Branchen, bei ganzen Märkten und erst recht, wenn wir uns für die Dividendenstrategie entschieden haben. Das alles muss uns sicherlich weniger interessieren, wenn wir sehr langfristig und sehr breit gestreut investieren, beispielsweise in einen ETF auf den MSCI World oder in einen global anlegenden Aktienfonds. Je spezieller es aber wird, je kürzer der Anlagehorizont, desto entscheidender sind diese Kennzahlen.

Einzelaktien für den Extra-Kick

Aber wie finden Sie eigentlich eine Aktie, in die Sie investieren möchten? Vielleicht haben Sie eine spannende Geschichte über ein Unternehmen in der Presse gelesen. Oft ist es aber auch ein Thema oder ein Trend und wir sind irgendwie elektrisiert und wittern eine Anlagechance. So geht es mir ganz oft. Und dann? Ich greife zwar meistens zu ETFs oder Fonds, aber auch manche Einzelaktie reizt mich. Auf die komme ich entweder, weil ich über das Unternehmen etwas gehört oder gelesen habe, oder weil ich mich mit der Branche genauer befasse. Letzteres tue ich, indem ich mir die entsprechenden Indizes anschaue. Das ist sehr viel spannender, als viele denken. Klar, bei den großen, bekannten Indizes gibt es wenige Überraschungen. Aber bei Branchen- oder Themenindizes? Das ist ziemlich spannend. Aktien sollten ein langfristiges Investment sein. Wenn Sie Aktien eines Unternehmens kaufen, dann werden Sie Miteigentümer. Sie werden Unternehmer oder Unternehmerin. Und genau so sollten Sie auch denken. Wie denken Unternehmer? Vor allem langfristig. Es geht also darum, Unternehmen herauszufiltern, die besonders gut für die Zukunft gerüstet sind. Aktien können aber auch eine eher kurzfristige Wette sein.

Doch wie genau wählt man die passenden Papiere aus? Da ist zum einen das Geschäftsmodell, das »Business«. Was macht das Unternehmen, auf welchen Märkten ist es aktiv? Wie sehen die Bilanzen aus, wie die Prognosen? Dann geht es vor allem darum, wie günstig oder hoch seine Aktie an der Börse bewertet ist. Es gibt viele Kennzahlen, die dabei spannend sein können. Je nach Strategie legen Sie mehr Wert auf die eine oder die andere. Schauen wir uns also die gängigsten Kennzahlen zur Bewertung an. Sie können natürlich noch viel, viel tiefer einsteigen. Aber das ist im Grunde nur wichtig, wenn Sie ausschließlich oder überwiegend auf Einzelaktien setzen. Ich plädiere für Fonds und ETFs, dann übernimmt entweder das Fondsmanagement die mühsame Arbeit der Aktienanalyse oder es wird eben stur ein Index abgebildet. Allerdings können auch für dessen Konzeption verschiedene Kennzahlen entscheidend sein.

Das Kurs-Gewinn-Verhältnis

Als Anlegerin oder Anleger stellen Sie sich unweigerlich irgendwann die Frage, ob eine Aktie teuer oder billig ist. Der bloße Aktienkurs hilft uns dabei leider nicht weiter. Eine Aktie, die 100 Euro kostet, kann supergünstig sein, während eine andere zum Preis von 10 Euro völlig überteuert sein kann. Der erfahrene

Börsianer spricht von »überbewerteten« oder »unterbewerteten« Papieren. Wann ist eine Aktie also unter-, wann überbewertet? Setzen wir den Aktienkurs in Relation zum Gewinn, kommen wir einer Antwort auf unsere Frage sehr nahe. Das Kurs-Gewinn-Verhältnis (kurz: KGV) ist wohl eine der bekanntesten Kennzahlen, um Aktien zu bewerten. Das KGV wird berechnet, indem man den aktuellen Aktienkurs durch den geschätzten Gewinn pro Aktie teilt. Bei einem Kurs von 44 Euro und einem Gewinn je Aktie von 4 Euro beträgt das KGV also 11.

Ist das nun teuer oder günstig? Leider lässt sich das pauschal nicht sagen. Es gibt Branchen, die traditionell eher höher bewertet sind, weil die Fantasie einfach größer ist. Technologie-Unternehmen zählen dazu. Und es gibt Sektoren wie beispielsweise die Finanzbranche, die eher niedriger bewertet sind. Wer aber die KGVs von Tech- mit Bankaktien vergleicht, vergleicht im Grunde Äpfel mit Birnen. Es ist aber durchaus ratsam, sich die KGVs innerhalb einer Branche anzuschauen und sie zu vergleichen.

Grundsätzlich gilt: Je niedriger das KGV, desto günstiger die Aktie. Im Grunde gibt das KGV an, mit dem Wievielfachen des Gewinns die Aktie an der Börse gehandelt wird. Oder anders formuliert: Wie viele Jahre der Gewinn erzielt werden muss, um die Aktie einmal zu »verdienen«. Doch warum der erwartete Gewinn pro Aktie? Sie ahnen es bereits: weil an der Börse die Zukunft gehandelt wird. Leider kennen wir den zukünftigen Gewinn nicht, es gibt nur Schätzungen von Analysten. Nicht immer werden alle beziehungsweise dieselben Experten befragt. Deshalb kann es durchaus vorkommen, dass Ihnen unterschiedliche KGVs für ein und dieselbe Aktie begegnen. Es kommt immer darauf an, welche Datenbank die jeweilige Onlineseite, der Broker oder wer auch immer anzapft. Große Abweichungen sollte es aber nicht geben.

Warum sind Anleger überhaupt bereit, für manche Unternehmen so viel mehr zu zahlen als für andere. Es ist die größere

Fantasie, es sind die Erwartungen. Manche Branche ist eben extrem »sexy«, weil aufstrebend und innovativ. Eine andere ist eher langweilig. Billig ist nicht gleich billig, teuer nicht gleich teuer. Für eine Aktie aus einer vermeintlich spannenden Branche sind Anleger bereit, mehr zu bezahlen. Eine Aktie aus einer langweiligen Branche, der sie weniger zutrauen, wollen sie aber vielleicht auch mit einem deutlich geringeren KGV nicht haben. Auch wenn eine Aktie mit Blick auf das KGV sehr günstig ist, muss das eben nicht zwangsläufig ein Kaufargument sein.

Und wie erkennen Sie, welche Branche sehr teuer oder sehr günstig ist? Das ist relativ einfach: Vergleichen. Das KGV wird nämlich auch für Indizes und deren Subindizes, die Branchenindizes ausgewiesen. Der Dax hat übrigens langfristig ein KGV von etwa 14. Das kann eine Richtschnur sein, um zu beurteilen, ob eine SAP-Aktie eher teuer und eine Deutsche-Bank-Aktie eher günstig ist. Das KGV sollte aber niemals die einzige Kennzahl sein, die über einen Kauf entscheidet.

Die Dividendenrendite

Neben dem KGV ist wohl die Dividendenrendite die zweite Kennzahl, auf die viele Investoren schauen; und zwar nicht nur diejenigen, die auf die Dividendenstrategie setzen. Die Dividendenrendite zeigt uns, wie ausschüttungsstark ein Unternehmen ist. Was heißt das konkret? Viele Firmen schütten einen Teil ihrer Gewinne an ihre Aktionäre aus: die Dividende. Je mehr, desto besser denken die Anhänger der Strategie – allerdings mit Einschränkungen. Wie hoch ist also die Dividendenrendite? Die Formel ist relativ einfach: Die Dividende pro Aktie wird durch den aktuellen Aktienkurs geteilt und mit 100 Prozent malgenommen. Ein Beispiel: Zahlt ein Unternehmen eine Dividende von 1,60 Euro pro Aktie und der Aktienkurs liegt bei 40 Euro, dann liegt die

Dividendenrendite bei 4 Prozent. Die veröffentlichten Dividendenrenditen können sich auf die zuletzt gezahlten Dividenden beziehen, meistens aber auf die erwarteten Gewinnausschüttungen. Das variiert je nach Website.

Grundsätzlich ist eine hohe Dividendenrendite eine feine Sache, vor allem wenn Sie Wert auf regelmäßige Ausschüttungen legen. Eine hohe Dividendenrendite kann aber auch in die Irre führen. Sie bedeutet nicht automatisch wirtschaftlichen Erfolg oder dass die Aktie gut läuft. Sinkt nämlich der Aktienkurs, steigt rein rechnerisch die Dividendenrendite. Wenn ein Unternehmen in Schwierigkeiten gerät, vielleicht sogar in Schieflage, wird die Aktie an der Börse schnell abgestraft. Die Kürzung der Dividende folgt vielleicht erst einige Zeit später. Viele Unternehmen versuchen nämlich, ihre Ausschüttungen stabil zu halten, um ihre Aktionäre nicht zu verprellen. Deshalb sollten Sie genau hinschauen, wenn die Dividendenrendite sehr hoch ist. Oder wenn sie stark gefallen ist. Das passiert, wenn der Aktienkurs sehr stark steigt.

Manchmal ist die Dividendenrendite übrigens auch null, weil die Gewinne gar nicht ausgeschüttet werden. Das muss aber kein schlechtes Zeichen sein. Gerade junge und innovative oder auch sehr forschungsintensive Unternehmen investieren ihre Gewinne lieber in Forschung und Entwicklung, anstatt sie auszuschütten.

Der Gewinn je Aktie

Der Gewinn je Aktie oder die Aktienrendite – oft auch EPS, die Kurzform von »Earnings per Share« – ist ebenfalls eine wichtige Kennzahl, um den Erfolg eines Unternehmens zu messen. Der Gewinn je Aktie wird errechnet, indem der Gewinn eines bestimmten Zeitraums, in der Regel des Geschäftsjahres, durch die Anzahl der Aktien eines Unternehmens dividiert wird, das am Aktienmarkt gelistet ist. Angenommen, Sie wollen Aktien von dem Unternehmen XYZ mit einem derzeitigen Nettoeinkommen von insgesamt 900.000 Euro kaufen. Wenn das Unternehmen 75.000 Aktien im Umlauf hat, würde dies einem Gewinn je Aktie in Höhe von 12 Euro entsprechen. Der Gewinn je Aktie ist ein wichtiger Faktor bei der Fundamentalanalyse eines Unternehmens. Generell ist er ein guter Indikator dafür, ob ein Unternehmen profitabel ist oder nicht und wie hoch seine Ertragskraft ist.

Die Eigenkapitalquote

Die Eigenkapitalquote ist ein Maßstab für die wirtschaftliche und finanzielle Stabilität eines Unternehmens. Um sie zu berechnen, wird das Eigenkapital ins Verhältnis zum Gesamtkapital gesetzt. Je höher die Eigenkapitalquote ist, desto solider steht das Unternehmen finanziell da. Denn mögliche Verluste, beispielsweise in wirtschaftlich schwierigen Zeiten, können über das Eigenkapital aufgefangen werden, auch über einen längeren Zeitraum. Deshalb gelten Unternehmen mit hoher Eigenkapitalquote als weniger krisenanfällig und umgekehrt.

Wie hoch die durchschnittliche Eigenkapitalquote ist, ist je nach Branche sehr unterschiedlich. Eine überdurchschnittliche Eigenkapitalquote muss auch nicht immer ein gutes Zeichen sein. Vielleicht scheut das Management Investitionen? Oder Wachstumschancen werden nicht ergriffen? Wie immer gibt es in dieser Frage nicht nur Schwarz und Weiß. Wie immer sollten Sie sich mehrere Kennzahlen genauer anschauen.

Der Cashflow und das Kurs-Cashflow-Verhältnis

Cashflow heißt übersetzt Geldfluss oder auch Kapitalfluss. Er ist eine betriebswirtschaftliche Kennzahl und gibt Aufschluss über die Liquidität eines Unternehmens. Er ist ein Indikator für die wirtschaftliche Lage und die Wettbewerbsfähigkeit eines Unternehmens. Vereinfacht gesagt, werden bei der Berechnung des Cashflows alle Einzahlungen und Auszahlungen innerhalb eines bestimmten Zeitraums miteinander verrechnet. Die Differenz, die sich daraus ergibt, ist der Cashflow. Der Cashflow kann sowohl positiv als auch negativ sein. Meistens erfolgt die Ermittlung für ein Geschäftsjahr, es können aber auch andere Zeiträume betrachtet werden. Nimmt ein Unternehmen insgesamt mehr Geld ein, als es ausgibt, liegt ein positiver Cashflow und damit auch ein Jahresüberschuss vor. Das Unternehmen scheint wirtschaftlich stabil zu sein. Vor allem für Aktionärinnen und Aktionäre ist das ein gutes Zeichen. Denn sie können davon ausgehen, dass das Unternehmen zukünftige Investitionen oder Finanztätigkeiten aus den eigenen finanziellen Mitteln heraus stemmen kann. Auch die Chance auf die Auszahlung einer Dividende ist durch einen positiven Cashflow höher.

Ist der Cashflow eines Unternehmens negativ, hat es mehr Geld ausgegeben als eingenommen. Es verliert real an Kapital. Das ist aber nicht zwingend etwas Schlechtes. Bei einem negativen Cashflow und damit auch Jahresfehlbetrag lohnt es sich, genauer hinzuschauen. Vielleicht hat das Unternehmen einen hohen Kredit zurückgezahlt, in neue Maschinen oder Software investiert, viel Geld für Forschung und Entwicklung verwendet. Getilgte Schulden bedeuten weniger Ausgaben in der nächsten Berechnungsperiode des Cashflows, und Investitionen können Prozesse verbessern und so zu mehr Ertrag führen. Ist der Cashflow allerdings über einen längeren Zeitraum hinweg negativ, kann ein Unternehmen zahlungsunfähig werden. Börsianer schauen vor allem auf das Kurs-Cashflow-Verhältnis (KCV), auch Cashflow-Ratio genannt. Es wird ähnlich errechnet wie das KGV. Allerdings wird statt des Gewinns der Cashflow je Aktie eingesetzt. Das KCV ist eine wichtige Kennzahl zur Bewertung der Finanz- und Ertragskraft eines

Unternehmens und wird häufig bei liquiditätsorientierten Aktienanalysen verwendet. Je niedriger das KCV, umso günstiger ist grundsätzlich die Aktie.

Der Buchwert und das Kurs-Buchwert-Verhältnis

Eine weitere spannende Kennzahl ist das Kurs-Buchwert-Verhältnis (KBV). Diese Kennzahl vergleicht den aktuellen Aktienkurs mit dem sogenannten Buchwert je Aktie. Dieser Buchwert wird in der Bilanz ausgewiesen. Den Buchwert würde das Unternehmen erzielen, wenn es aufgelöst und sämtliche Vermögenswerte zu Marktpreisen verkaufen würde. Abgezogen werden davon die Firmenschulden. Zum Buchwert einer Firma gehören neben dem aktuellen Barvermögen alle geldwerten Gegenstände. Das sind vor allem Immobilien und Maschinen.

Zur Berechnung des KBV wird der Buchwert des Unternehmens laut Geschäftsbericht durch die Zahl der Aktien geteilt. Bei einem Buchwert von 30 Milliarden Euro und zwei Milliarden ausgegebenen Aktien ergibt sich zum Beispiel ein Buchwert von 15 Euro pro Aktie. Vor allem Value-Investoren wie Warren Buffett bevorzugen Aktien, bei denen der Buchwert pro Aktie unter dem aktuellen Börsenkurs liegt. Würde die Aktie in unserem Beispiel 12 Euro kosten, betrüge das Kurs-Buchwert-Verhältnis 0,8. Das KBV läge damit in einem für Value-Investoren sehr interessanten Bereich.

Allerdings kann ein solch niedriges KBV unterschiedliche Ursachen haben. Manchmal sind Buchwert-Schnäppchen bei zyklischen Aktien wie etwa der Chemie in Konjunkturkrisen zu beobachten. Dann erweisen sie sich oft im Nachhinein als Kaufgelegenheiten. Manchmal jedoch beruht ein niedriges KBV auf einer überhöhten Bewertung von Vermögensgegenständen im Geschäftsbericht, beispielsweise wenn Immobilien viel zu hoch bewertet sind. Dann ist das niedrige KBV eher eine Anlegerfalle. Auch nach einem Kursverfall wegen schlechter Renditeaussichten sinkt das KBV, weil ja weiterhin die Buchwerte aus dem Geschäftsbericht vom Vorjahr verwendet werden. Vor allem aber werden im Buchwert immaterielle Vermögensgegenstände wie Markenimage, Patente und Mitarbeiterqualifikationen nicht berücksichtigt. Aus diesem Grund liegt das KBV bei Technologie- oder Social-Media-Unternehmen in der Regel weit höher als bei klassischen Industrieunternehmen. Wer sich bei der Anlage stark auf das KBV als Kennzahl fokussiert, kann Aktien aus besonders wachstumsstarken Segmenten daher kaum in sein Depot aufnehmen.

Quartalszahlen versus Ausblick

Die Grundlage für all diese Kennzahlen und ihre Entwicklung beziehungsweise die Entwicklung des Börsenkurses eines Unternehmens ist sein Geschäft. Macht das Unternehmen Gewinn oder Verlust? Wie entwickeln sich die Umsätze, wie der Schuldenstand? Informationen dazu gibt es bei börsengelisteten Unternehmen in der Regel quartalsweise. Die Quartalsberichtssaison wird immer mit großer Spannung erwartet, gerade in wirtschaftlich etwas schwierigeren Zeiten. Überhaupt dreht sich bei der Bewertung von Aktien fast alles um den Gewinn. Der Kursverlauf an der Börse hängt maßgeblich von der Entwicklung der Unternehmenserträge ab.

Allerdings bestimmen nicht die bereits veröffentlichten Gewinne vergangener Jahre und Quartale die Kurse. Sie sind Schnee von gestern. An der Börse wird schließlich die Zukunft gehandelt. Deshalb wird für die Berechnung von Kennzahlen auch oft ein erwarteter Gewinn oder eine erwartete Dividende herangezogen. Aber keine Angst, Sie müssen nicht mühsam recherchieren oder gar selbst Prognosen erstellen. Diese Zahlen finden Sie eigentlich in jeder Kursdatenbank im Internet.

Viel spannender als die Zahlen für das abgelaufene Quartal sind deshalb in der Berichterstattung der Medien die Prognosen und Ausblicke der Unternehmen. Nicht selten passiert es, dass ein Unternehmen gute Zahlen vorlegt, vielleicht sogar einen Rekordumsatz oder einen Rekordgewinn, aber an der Börse abgestraft wird. Das liegt dann oft daran, dass der Ausblick weniger rosig ausgefallen ist.

Es ist ein ziemlicher Zahlenreigen, der auf uns Börsianer niederprasselt. Quartals- und Jahresbilanzen, Ausblicke und Prognosen, all die Kennzahlen – man kann sich stundenlang damit beschäftigen. Zum Glück nehmen Experten uns diese Arbeit ab. Analysten wälzen die Zahlen und geben ihre Empfehlungen ab. Kaufen, halten, verkaufen? Das Ganze wird garniert mit Kurszielen. Auch wenn die Experten nicht immer richtig liegen, lohnt es sich, ihre Einschätzungen zu lesen. Auch Fondsmanager äußern sich immer mal wieder in Interviews zu Branchen oder sogar Einzeltiteln. Apropos Fonds: Wenn Sie breit gestreut via Fonds oder sogar ETFs in Aktien investieren, müssen Sie eigentlich so tief nicht in die Analyse einsteigen. Aber trotzdem sollten Sie die wichtigsten Kennzahlen kennen. Je nach Strategie ist dann die eine oder andere wichtiger.

Die Marktkapitalisierung

Eine extrem wichtige Kennzahl ist die Marktkapitalisierung, vor allem wenn Sie in ETFs investieren. Es ist der Börsenwert eines Unternehmens, und der kann gigantisch sein. Im Sommer 2018 knackte Apple als erstes Unternehmen der Welt eine magische Schwelle: Eine Billion Dollar oder 1000 Milliarden Dollar brachte der iPhone-Konzern auf die Börsenwaage. Es folgten weitere Tech-Giganten, die diese Marke knackten. Aber Apple war das erste Unternehmen. Der Börsenwert wird auch Marktkapitalisierung oder kurz »Market Cap« genannt. Es ist das Ergebnis aus der

Gesamtzahl der Aktien multipliziert mit dem aktuellen Börsenkurs der einzelnen Aktie.

Die Marktkapitalisierung schwankt mit dem Kurs der Aktie. Sie gibt damit immer die aktuelle Einschätzung der Anleger zum Gesamtwert des Unternehmens wieder. Allerdings ist die Marktkapitalisierung meist nicht gleichbedeutend mit dem Kaufwert eines Unternehmens. Der liegt in der Regel höher, weil Großaktionäre nicht bereit wären, ihre Anteile zum aktuellen Börsenkurs zu verkaufen. Das zeigt sich zum Beispiel bei Unternehmensübernahmen: Der Aufkäufer muss Aktionären in der Regel einen höheren Preis pro Aktie bieten als den aktuellen Börsenkurs.

Die Marktkapitalisierung hat eine große Bedeutung bei der Berechnung von Börsenindizes. Allerdings geht hier nicht die gesamte Marktkapitalisierung auf Basis aller ausgegebenen Aktien ein. Für die Gewichtung in Indizes zählt in der Regel nur die Marktkapitalisierung im Streubesitz. Unter Streubesitz (Free Float) wird der Anteil der Aktien eines Unternehmens verstanden, der dem regulären Börsenhandel zur Verfügung steht. Selten nämlich sind alle Aktien einer Aktiengesellschaft handelbar. Oft halten Gründer und strategische Investoren größere Aktienpakete. Aber zurück zur Marktkapitalisierung. Für die meisten Indizes ist sie die entscheidende Größe. Je wertvoller das Unternehmen, desto größer ihr Anteil im Index. Auch die Manager aktiver Fonds kommen an den Dickschiffen nicht vorbei. Schließlich sind es eben auch die extrem erfolgreichen Unternehmen, die an der Börse sehr, sehr viel Geld wert sind.

Die bunte Welt der Indizes

Börsenindizes wie der amerikanische S&P 500 oder unser heimischer Dax sind für uns mal Barometer der aktuellen Marktstimmung, mal Basiswert für unsere ETFs oder aber der Vergleichsindex – auf

Börsendeutsch Benchmark – für aktive Fonds. Und sie sind eben auch eine Quelle, um spannende Aktien zu finden, die wir vielleicht noch nicht auf dem Schirm hatten. Es gibt Aktienindizes, Anleiheindizes und Rohstoffindizes. Manche Barometer bilden die Welt ab, andere eine Region, ein Land, eine Branche oder einen Anlagestil, mitunter eben auch einen Korb von Rohstoffen. Entwickelt werden diese Börsenbarometer von speziellen Indexanbietern, die den Punktestand dann auch mehr oder weniger in Echtzeit ermitteln.

Ein Aktienindex zeigt also, wie sich »der Markt« – der deutsche, der europäische oder der weltweite – entwickelt. Ein Index ist auch die Basis oder die Referenz für viele Anlageprodukte. Ein Index ist im Grunde ein Korb von Aktien. Der Indexstand zeigt, wie sich dieser Korb entwickelt. Wie der Index genau konstruiert ist, welche Regeln es für die Aufnahme oder den Ausschluss gibt, wie viele und welche Aktien wie hoch gewichtet sind, das entscheidet der Indexanbieter. So ein Index ist nicht in Stein gemeißelt. Er wird regelmäßig, in der Regel halbjährlich, überprüft. Je nach den geltenden Kriterien – meistens ist die Marktkapitalisierung, also der Wert aller Aktien eines Unternehmens, entscheidend –, werden dann Indexmitglieder ausgewechselt. Das gleiche gilt für Anleihe- oder Rohstoffindizes; im Grunde für alle Börsenbarometer.

Es gibt unglaublich viele Indizes, viel mehr als Aktien, Anleihen oder Rohstoffe übrigens. Denn die Indexanbieter sind extrem kreativ. Klingt es nicht völlig verrückt, dass es fast 50-mal so viele Indizes gibt wie Aktien? Weltweit mehr als drei Millionen Indizes zählt der Branchenverband Index Industry Association (IIA). Anleiheindizes machen davon nur einen geringen Teil aus; die allermeisten Indizes bilden Aktien ab. Aber es gibt laut World Federation of Exchanges aktuell »nur« knapp 60.000 börsengelistete Unternehmen weltweit. Selbst bei Experten sorgt das mitunter für Kopfschütteln. Klar, jede Aktie ist in mehreren Indizes: Land, Branche, Thema, Region,

Kontinent, Anlagestile. Vor allem die größten Unternehmen der Welt begegnen uns ständig, wenn wir uns Indizes näher anschauen.

Als Privatanleger brauchen Sie diese Flut an Indizes sicher nicht. Sie können sich auf einige wenige Indizes konzentrieren, in der Regel die großen, marktbreiten und damit bekanntesten Börsenbarometer. Der ganze Rest ist lediglich für institutionelle Anleger relevant, die sehr viele Indizes benötigen, beispielsweise als Benchmark für ihre Strategien. In den vergangenen Jahren kamen auch viele nachhaltige Barometer dazu. Mittlerweile sind es weltweit mehr als 50.000 solcher ESG-Indizes. Kein Wunder: Nachhaltige Investments werden immer beliebter.

Die Flut an Indizes ist keine Übung in Sinnlosigkeit, wie es manchmal den Anschein hat. Übertrieben ist sie aber sicher trotzdem. Häufig heißt es übrigens, der Index-Wahnsinn werde vom Wachstum der Exchange Traded Funds (ETFs) befeuert. Doch die sind nur für einen Bruchteil verantwortlich. Nicht jeder der drei Millionen Indizes wird über einen ETF abgebildet. Davon gibt es in Deutschland knapp 2000. Fast jeder Anbieter hat einen ETF auf den Dax oder den Weltaktienindex MSCI World im Angebot. Das ist quasi das Brot-und-Butter-Geschäft. Entsprechend viele sehr vergleichbare Indexfonds gibt es auf die bekanntesten und gefragtesten Indizes. Manche ETF-Anbieter sind aber auch auf Themen- oder Branchen-ETFs spezialisiert. Zum Glück helfen Suchen auf den Seiten der Börsen, Onlinebanken, Broker und Medien, die entsprechenden ETFs zu finden. Denn die Indizes, die vor allem den Themen-ETFs zugrunde liegen, kennen wohl die wenigsten.

Nur wenige Börsenbarometer sind für Privatanleger relevant

Privatanleger brauchen die Indexflut also nicht. Es reichen eigentlich ein paar der bekannteren Indizes. Das wären beispielsweise Dax, S&P 500, MSCI World, Stoxx 600 und einige Anleihe-Indizes mit leider recht komplizierten Namen. Dann vielleicht noch ein paar Branchenindizes oder Sub-Indizes, mit denen wir Investmentstile abbilden können. Also beispielsweise den MSCI World Value für die Substanzaktien aus dem MSCI World oder den DivDax, der die 15 größten Dividenden-Zahler aus dem Dax beinhaltet. Dann vielleicht noch den einen oder anderen Themenindex.

Für die meisten Indizes gilt: Die wertvollsten Unternehmen haben das größte Gewicht. Aber ist diese Konstruktion überhaupt noch sinnvoll? Kritik an der Marktkapitalisierung als Hauptkriterium für die Index-Zusammenstellung gibt es immer mal wieder. Vor allem das extreme Übergewicht der Technologie-Giganten in vielen Börsenbarometern war vielen Investoren in jüngerer Vergangenheit dann doch zu viel des Guten. Vor allem als die Tech-Aktien 2022 mächtig waren und stärker als der Gesamtmarkt abstürzten, wurde die Diskussion über den Sinn (oder Unsinn) der gängigen Indexkonstruktion wieder lauter. Die Kritik: Die Gewinner der Vergangenheit, die wertvollen Unternehmen, bekommen zu viel Aufmerksamkeit, in sie fließt zu viel Kapital. Die Gewinner der Zukunft hingegen werden kaum beachtet. Ein Argument dabei ist immer wieder, wie stark sich die Wirtschaft doch in den vergangenen Jahrzehnten gewandelt hat. Viele Unternehmen verschwinden, neue rücken nach. Stolze 52 Prozent der Unternehmen, die vor 30 Jahren im S&P 500 gelistet waren, gibt es heute nicht mehr. Einige haben sich von der Börse verabschiedet, andere haben fusioniert. Mache sind auch pleite gegangen. Man muss sich nur die Top-Werte in den Indizes anschauen oder die jeweils wertvollsten börsengelisteten Unternehmen der Welt. Womit wir wieder bei den Einzelaktien wären, Einzelaktien, die in unseren Depots mitunter für einen Extra-Kick, für eine Überrendite sorgen. Oder auch für das Gegenteil, so ehrlich muss ich leider sein. Sie erinnern sich: das stete Spiel zwischen Chance und Risiko.

Die wertvollsten Unternehmen der Welt

Amerikanische Konzerne dominieren die Schlagzeilen und die Kapitalmärkte. Sie führen seit vielen Jahren die Rangliste der wertvollsten Unternehmen der Welt nach Börsenkapitalisierung an. An der Spitze gab es seit Beginn des Jahrtausends allerdings ein ziemliches Stühlerücken. Führten früher die Energiekonzerne die Rangliste an, wurden die Technologiekonzerne mit den Jahren immer größer. Das spiegelt eben auch die Trends in der Wirtschaft und die Vorlieben der Anleger wider. Im Jahr 2000 war der Energiekonzern General Electric (GE) das wertvollste Unternehmen der Welt. Auf den Plätzen dahinter folgten mit Intel, Cisco Systems und Microsoft drei Technologiekonzerne. Platz fünf ging an den Pharmariesen Pfizer. 2005 sah die Welt schon etwas anders aus. Nach dem Platzen der Internetblase schaffte es nur Microsoft, seine Top-Platzierung zu behaupten. Die Rangliste führte weiterhin GE an, gefolgt von Exxon Mobil, Microsoft, Citigroup und Royal Dutch Shell – ein ziemliches Energie-Übergewicht. Die Mischung änderte sich 2010 ein wenig: Exxon Mobil verwies GE auf seinen Platz, gefolgt von Petrochina, Apple, Industrial and Commercial Bank of China und Microsoft. Dann folgte der unaufhaltsame Aufstieg der Industrieunternehmen. 2015 führten Apple, Google und Microsoft die Liste an, gefolgt von Exxon Mobil und Warren Buffetts Investmentholding Berkshire Hathaway. Dann kam im Jahr 2018 der Börsengang von Saudi Aramco und es katapultierte die derzeit größte Erdölfördergesellschaft der Welt mit Sitz in Saudi-Arabien an die Spitze des 2020er-Rankings. Es folgten Apple, Microsoft, Amazon und die Google-Mutter Alphabet.

Zwischenzeitlich waren auch mal ein paar chinesische Unternehmen ziemlich viel wert. Unter den Top 10 gibt es seit 2000 übrigens kaum Europäer. Royal Dutch Shell aus Großbritannien, 2000 noch Nokia, HSBC, Nestlé ab 2010 und Roche ab 2020 sind die Ausnahmen. Deutsche Unternehmen sucht man vergebens. Natürlich sind vor allem die Gewinner der jüngsten Vergangenheit und der Gegenwart in den Indizes hoch gewichtet. Denn nicht umsonst sind sie so wertvoll. Wenn sich das aber ändert, verlieren sie an Indexgewicht, steigen sogar ab oder verschwinden eben ganz. Andererseits steigen aber auch neue Gewinner auf.

Diskussion hin oder her, noch sind die meisten Indizes der Welt kapitalmarktgewichtet, zumindest in ihrer gängigen Version. Einige Indizes werden mittlerweile aber auch noch anders berechnet. Es gibt quasi eine zusätzliche Variante. »Equal Weight« ist das Stichwort oder auch der Zusatz beim Index und damit auch beim ETF. Die Einzeltitel sind dann gleichgewichtet. Jede Aktie hat ein gleich hohes oder niedriges Gewicht im Index. Die Befürworter argumentieren, dass dieser Ansatz hilft, die Schwächen der nach Marktkapitalisierung gewichteten Indizes zu beseitigen: Das Klumpenrisiko wird vermieden, dass also einzelne Werte oder Branchen ein viel zu großes Gewicht haben. Und der Small-Cap-Effekt, zu dem wir später noch kommen, wird auch besser ausgenutzt. Letzterer wurde in vielen Studien nachgewiesen und besagt, dass kleinere Unternehmen aufgrund ihrer Wachstumsdynamik langfristig im Schnitt besser performen als sogenannte Standardwerte, also die ganz großen Unternehmen. Leider haben wir als Anleger nicht immer die Wahl, ETFs auf gleichgewichtete Indizes sind noch rar. Aber es gibt sie. Und vielleicht sind sie einen Blick wert.

Das »Problem« mit den extremen Schwergewichten

Das Klumpenrisiko ist ein großes Thema bei vielen Indizes und oft dann auch ein Kritikpunkt. Zu Recht oder zu Unrecht? Es kommt darauf an, wie so oft. Mehr als 60 Prozent des MSCI World machen US-Aktien aus. Das ist viel. Aber ist es auch ein Problem? Fast 70 Prozent machen im Euro Stoxx 50 die Papiere aus

Frankreich und Deutschland aus. Zu viel? Am Ende muss jeder Anleger selbst entscheiden, ob der Index »passt«. Wichtig ist aber, die Zusammensetzung zu kennen – zumindest grob. Niemand muss die Zusammensetzung auswendig lernen. Niemand muss die zehn größten Werte nennen oder gar die Branchengewichtung runterbeten können. Aber grob sollten wir wissen, in was wir konkret investieren. Deshalb lohnt immer ein Blick in die entsprechenden Indizes, vor allem für ETF-Anleger. Fonds-Anleger schauen sich dann eben das Factsheet des Fonds an. Dazu später mehr.

Die ganze Welt im Depot: Aktien aus Industrie- und Schwellenländern

Wie sich die Weltbörsen entwickeln, können wir an drei Indizes ablesen: dem MSCI World für die Industrieländer, dem MSCI Emerging Markets für die aufstrebenden Schwellenländer und dem MSCI All Country World für wirklich die ganze Welt. Der MSCI World ist einer der bekanntesten Indizes und wird auch Weltaktienindex genannt. Eigentlich ist der MSCI World aber gar kein Weltaktienindex. Denn er enthält nicht die Aktien aus der ganzen Welt, es fehlen die börsengehandelten Unternehmen aus den aufstrebenden Schwellenländern. Die sind im MSCI Emerging Markets gelistet. Der eigentliche und damit echte Weltaktienindex wäre deshalb der MSCI All Country World. Wird aber vom Weltaktienindex gesprochen, ist der MSCI World gemeint. Auf ihn laufen besonders viele ETF-Sparpläne. Er ist Benchmark für extrem viele Fonds.

In der täglichen Börsenberichterstattung spielen diese Indizes übrigens so gut wie keine Rolle. Sie werden selten lesen, dass der MSCI World 2 Prozent zugelegt oder verloren hat oder dass Alibaba die Gewinnerliste des MSCI Emerging Markets anführt. Solche tagesaktuelle Berichterstattung gibt es nur über den jeweiligen

Heimatindex, in Deutschland also über den Dax. Manchmal steht in der Tageszeitung und sehr oft in den Wirtschaftsmedien, wie sich der S&P 500 oder die Nasdaq gestern entwickelt haben. Über den MSCI World wird in Fachmedien zwar ebenfalls berichtet, allerdings vor allem dann, wenn es um Anlagestrategien geht oder wenn er als Benchmark herhalten muss.

Der MSCI World

Der Weltaktienindex ist nicht unumstritten. Es gibt immer wieder Kritik am MSCI World: zu amerikanisch, zu technologielastig. Und überhaupt sei er eine Mogelpackung, weil ja schließlich die Aktien aus den aufstrebenden Schwellenländern, den sogenannten Emerging Marktes, fehlen. Diese Kritik ist nicht ganz unberechtigt.

Im MSCI World sind die größten Aktien aus den Industrieländern notiert: fast 1600 Einzeltitel aus 23 Ländern. Die größten Positionen sind die bekannten Technologie-Giganten von der Wall Street, also Apple, Microsoft, Amazon, Nvidia und Google-Mutter Alphabet. Auf den Plätzen folgen Tesla, Facebook-Konzern Meta, Berkshire Hathaway und Exxon Mobil. Mal ist das eine Unternehmen mehr wert, mal das andere. Die zehn größten Positionen im Index haben einen Anteil von etwa einem Fünftel.

Auch mit Blick auf die Branchenzusammensetzung gibt es einen klaren Schwerpunkt. Unternehmen aus der IT-Branche (»Information Technology«) machen nämlich gut ein Fünftel des Indizes aus. Die Finanz- und die Gesundheitsbranche kommen auf knapp 15 und etwa 13 Prozent und sind damit deutlich niedriger gewichtet. Konsum, Industrie, auch Energie oder Immobilien sind sehr viel weniger stark vertreten.

Ein echtes Klumpenrisiko springt uns aber beim Blick auf die Länderzusammensetzung entgegen. Amerikanische Aktien kommen auf fast 70 Prozent Gewichtung im Weltaktienindex. Wenn mehr als zwei Drittel der MSCI-World-Aktien auf die USA entfallen, heißt das natürlich auch, dass das restliche Drittel sich auf 22 andere Staaten verteilt. Dabei ist Japan mit gut 6 Prozent noch am höchsten gewichtet, es folgen Großbritannien und Kanada. Die USA sind zwar die größte Volkswirtschaft der Welt und mit fast 330 Millionen Einwohnern ein bevölkerungsstarkes Land, jedoch sind das nur 4,2 Prozent der Weltbevölkerung. Aber das alles zählt nicht, es zählt eben die Größe des Kapitalmarktes. Der amerikanische Technologiekonzern Microsoft hat mittlerweile ein Gewicht von fast 4 Prozent im MSCI World – ist also allein so hoch gewichtet wie die Aktien aus dem Vereinigten Königreich, und deutlich höher als alle deutschen Aktien, die nur auf etwas über 2 Prozent kommen.

Diese Unwucht ist ein Schwachpunkt des Indizes. Und diese Unwucht gab es schon einmal: Anfang der 1990er-Jahre war Japan mit einem Gewicht von etwa 40 Prozent noch die dominierende Nation im MSCI World. 1990 stammten die sieben größten börsennotierten Unternehmen der Welt aus Japan. Doch schon 20 Jahre später war keines mehr davon auch nur ansatzweise in der Nähe der großen Player. Natürlich sind die USA hoch gewichtet, natürlich ist auch der Anteil der Technologieaktien üppig. Aber das ist der Tatsache geschuldet, dass der amerikanische Aktienmarkt der größte der Welt ist und dass die großen Technologie-Unternehmen die wertvollsten börsennotierten Unternehmen der Welt sind. Da der MSCI World wie die meisten anderen Indizes nach der Marktkapitalisierung gewichtet ist, kommt es zu den vermeintlichen Übergewichtungen. Aber das muss nicht schlecht sein, schließlich sind die Flaggschiffe der Wall Street auch ziemlich erfolgreiche Unternehmen; nicht umsonst sind sie so viel wert.

Das alles ändert aber nichts daran, dass der MSCI World ein guter Index ist. Er ist übrigens im Grunde auch keine Mogelpackung. Denn die in ihm versammelten fast 1600 Werte aus den 23

Industrienationen entsprechen mehr als 70 Prozent der globalen Marktkapitalisierung. Außerdem hat es einen historischen Grund, dass im Index nur Aktien aus den Industrienationen gelistet sind. Als der MSCI World nämlich im März 1986 an den Start ging, bildete der Index sehr wohl den Weltaktienmarkt ab. In China und anderen Emerging Markets existierten damals keine Börsen. Die Aktienmärkte anderer Schwellenländer waren wegen ihrer geringen Größe gemessen am Börsenwert bedeutungslos. Bei seiner Gründung bildete der MSCI World rund 85 Prozent der globalen Marktkapitalisierung ab und war damit ein sehr repräsentativer Weltindex. Auch wenn es heute »nur« noch gut 70 Prozent sind, ist das Börsenbarometer nach wie vor ein Weltaktienindex. Allerdings gibt es inzwischen umfassendere Konzepte – auch aus dem Hause MSCI, jedoch erst seit 2001. Damals wurde der Index für Schwellenländer, der MSCI Emerging Markets, aufgelegt. Gleichzeitig erblickte der MSCI All Country World Index (MSCI ACWI) das Licht der Börsenwelt.

Der MSCI Emerging Markets

Schwellenländer-Aktien sind aus vielen Depots heute nicht mehr wegzudenken. Ob als Fonds oder ETFs – Aktien aus China, Brasilien, Indien oder Taiwan sind keine Exoten mehr. Das war nicht immer so. Viele dieser Länder hatten lange keine gut funktionierenden Kapitalmärkte; Ausländern war ein Investment oft gar nicht möglich. Nachdem viele der Schwellenländer-Börsen endlich eine ausreichende Größe erreicht hatten, für Ausländer zugänglich waren und eine gewisse Rechtssicherheit boten, legte MSCI im Jahr 2001 seinen Index für Schwellenländer auf, den MSCI Emerging Markets (MSCI EM). Emerging Markets sind aufstrebende Märkte, die auf dem Weg vom Entwicklungsland zur Industrienation sind und dort sozusagen an der Schwelle stehen. Damit ein Land als

Schwellenland gilt, werden bestimmte volkswirtschaftliche Indikatoren zur Bewertung benutzt. Dazu zählen beispielsweise eine hohe Arbeitsproduktivität bei niedrigem Lohnniveau, das Pro-Kopf-Einkommen, die durchschnittliche Lebenserwartung, überdurchschnittliche Wachstumsraten und die Entwicklung der Infrastruktur.

Aktien von Unternehmen aus diesen Ländern bieten Anlegern hohe Wachstumschancen, allerdings unter höheren Risiken. Denn natürlich treffen Krisen und steigende Rohstoffpreise auch die Schwellenländer, teilweise sogar stärker als die Industrienationen. Aber die Wachstumspotenziale sind langfristig stabil. Auf kurze Sicht übertreffen viele Schwellenländer sogar die Konjunkturerwartungen der westlichen Industrienationen. Doch die Risiken sind hoch und es gibt einige davon. Vor allem politische Risiken spielen eine Rolle. Viele Schwellenländer sind aus westlicher Perspektive keine vollständig entwickelten Demokratien. Das Risiko gesellschaftlicher und wirtschaftlicher Verwerfungen ist grundsätzlich höher als in den Industrienationen. Zudem gibt es höhere Liquiditäts-, Währungs-, Regulierungs- und Rechtsrisiken. Auch die Zinswende könnte viele hoch verschuldete Schwellenländer in Schwierigkeiten bringen. Und ein stärkerer US-Dollar sowie eine geringere globale Risikobereitschaft könnte sich ebenfalls negativ auf sie auswirken.

Der wohl relevanteste Index, ob nun als Basis für einen ETF oder als Vergleichsindex für die entsprechenden Fonds, ist der MSCI Emerging Markets. Das Börsenbarometer setzt sich aus knapp 1400 Unternehmen aus 24 Schwellenländern zusammen. Dabei ist der Index ausgeglichener zusammengesetzt als der sehr US-lastige MSCI World: Fast ein Drittel der Aktien stammen aus China, mit deutlichem Abstand folgen Indien, Taiwan und Südkorea. Damit dominiert natürlich China den Index, was mitunter ein Problem sein kann. Das war 2022 gut zu beobachten. Durch die chinesische

Null-Covid-Politik und die Aggressionen gegenüber Taiwan geriet der chinesische Aktienmarkt unter Druck und mit ihm der MSCI Emerging Markets. Aber Chinas Übergewicht ist trotzdem deutlich kleiner als das der USA im MSCI World. Asiatische Schwellenländer insgesamt haben allerdings mit mehr als 50 Prozent einen ziemlich hohen Anteil im MSCI Emerging Markets.

Dass China immer noch als aufstrebendes Schwellenland gilt, mag Sie überraschen. Schließlich ist die Volksrepublik die zweitgrößte Volkswirtschaft der Welt. Aber China erfüllt einige Kriterien der Indexanbieter nicht, die es braucht, um als Industrienation zu gelten. Es sind Kriterien wie der Free Float, aber auch die Liquidität und die Handelbarkeit. Wie gut oder einfach ist der Marktzugang für ausländische Investoren? Es geht um stabile rechtliche Rahmenbedingungen. Bei vielen dieser Punkte hat China im Vergleich zu den Ländern im Industrieländerindex MSCI World noch kräftig Nachholbedarf und deshalb bleibt China bis auf weiteres im MSCI Emerging Markets. Auch die Anforderungen hinsichtlich des Bruttoeinkommens pro Kopf, wie im MSCI World gefordert, erfüllt das Land noch nicht.

Doch zurück zum MSCI Emerging Markets. Die größten Positionen kommen mit dem Halbleiterkonzern Taiwan Semiconductor, dem chinesischen Kommunikationsgiganten Tencent, dem Elektronikriesen Samsung und dem asiatischen Amazon-Pendant, nämlich Alibaba, wenig überraschend ebenfalls aus Asien. Es folgen hierzulande wahrscheinlich weniger bekannte Unternehmen wie der chinesische Konsumgüter-Hersteller Meituan, der indische Industriekonzern Reliance Industries und der brasilianische Bergbaukonzern Vale.

Obwohl auf der Liste der Top-Konzerne noch keine Banken und Versicherer stehen, machen Finanzunternehmen gut ein Fünftel im MSCI Emerging Markets aus. Die IT-Branche ist nur etwas weniger stark gewichtet. Auf den Plätzen dahinter folgen mit einigem

Abstand diskretionärer Konsum, also die Hersteller von zyklischen Konsumgütern, Autos, Kleidung, Medien etc. und schließlich Kommunikationsdienstleister und Rohstoffkonzerne.

Eine Alternative zum MSCI Emerging Markets könnte der FTSE Emerging Index sein, der von FTSE Russel herausgegeben wird. Er ist weniger bekannt. Einen Blick ist er aber auf jeden Fall wert. Der FTSE Emerging Index umfasst mit den Aktien von knapp 2000 Unternehmen aus 24 Schwellenländern deutlich mehr Werte als der MSCI Emerging Markets. Trotzdem lassen die Eckdaten der beiden Indizes auf den ersten Blick kaum einen Unterschied erkennen. Doch es gibt leichte Abweichungen bei den Ländergewichtungen. Das liegt vor allem daran, dass im FTSE Emerging auch Island und Rumänien enthalten sind, während Südkorea und Polen nur im MSCI Emerging Markets vertreten sind. Apropos MSCI: Der Schwellenländer-Index existiert noch in einer weiteren Variante, und zwar als MSCI Emerging Markets IMI. Er umfasst zwar dieselben Länder, es sind aber mehr als 3200 Aktien im Index, und damit eben auch Unternehmen mit einer geringeren Marktkapitalisierung.

Der MSCI ACWI

Der MSCI All Country World ist der wahre Weltaktienindex, auch wenn er so nicht genannt wird. Das Marktbarometer enthält nämlich sowohl Industrie- als auch Schwellenländer und deckt heute 85 Prozent des investierbaren Weltaktienmarktes ab. Er ist eine Kombination aus MSCI World und MSCI Emerging Markets. Da die Börsen der Emerging Markets gemessen an ihrer Marktkapitalisierung allerdings noch immer mickrig sind, kommen sie nur auf einen Indexanteil von etwa 10 Prozent. Zu 90 Prozent besteht das Börsenbarometer damit aus Wertpapieren aus den Industrienationen. Fast 2900 Aktien sind im Index. Auch im MSCI ACWI sind, wenig überraschend, die größten Einzelpositionen die amerikanischen Technologie-Giganten, genau wie im MSCI World. Die Unternehmen sind eben die größten der Welt und dieser Index ist ebenfalls kapitalmarktgewichtet. Auch hier ist die IT-Branche mit 20 Prozent am stärksten gewichtet. Die Finanzbranche folgt mit gut 15 Prozent, Gesundheitsversorgung kommt auf gut 13 Prozent und zyklische Konsumgüter auf gut 10 Prozent. Amerikanische Aktien haben »nur« einen Anteil von 60 Prozent, Japan kommt auf knapp 6 Prozent, das Vereinigte Königreich auf fast 4 Prozent und dann mit einem minimal kleineren Anteil auch mit China schon das erste Schwellenland.

In den vergangenen Jahren liefen die Börsen der Industrieländer oft besser als die der Schwellenländer. Das liegt aber vor allem an der Rally, die die großen US-Konzerne jahrelang auf das Parkett gelegt haben. Es gibt jedoch immer wieder Jahre, in denen die Emerging Markets sehr viel besser laufen als die Börsen der Industrieländer. Im Jahr 2021 war es allerdings anders herum: Der MSCI World legte 20 Prozent zu, der Schwellenländerindex verlor sogar fast 5 Prozent. Das war der schlechten Kursentwicklung chinesischer Aktien geschuldet. Die Wirtschaft des Landes und damit seine Unternehmen ächzten unter der Null-Covid-Politik der Regierung. Auch im Krisenjahr 2022 verloren die Schwellenländer ein bisschen mehr als die Industrieländer, denn die Zinswende belastete sie extrem stark. Investoren zogen zudem Geld ab, um es in die sogenannten sicheren Häfen zu transferieren – dazu zählt eben auch der Dollar, der im Zuge der Zinswende erstarkte.

Eine Alternative zum MSCI All Country World, die aber nicht so bekannt ist, bietet einmal mehr der Anbieter FTSE Russel mit dem FTSE All World. Der Index enthält Aktien von großen und mittelgroßen Unternehmen aus entwickelten Staaten, also Industrie- und Schwellenländern. Fast 4000 Aktien aus 25 Industriestaaten und 24 Schwellenländern sind im Index, und damit deutlich mehr als im MSCI ACWI. An den Länder- und Branchengewichtungen ändert das aber wenig: Aktien aus Nordamerika sind in diesem Index mit gut 60 Prozent gewichtet, gefolgt von Asien und Europa, die aber jeweils nur auf unter 20 Prozent kommen. Deutschland erreicht auch hier nur mickrige 2 Prozent. Selbst die Schweiz ist mit knapp 3 Prozent höher gewichtet. Aber das ist in den MSCI-Indizes nicht anders. Auch im FTSE All World ist die Technologiebranche mit etwas weniger als 20 Prozent das große Schwergewicht, inklusive der üblichen Verdächtigen bei den Einzelaktien, nämlich Apple, Microsoft, Amazon, Alphabet und Co. Stark gewichtet sind zudem die Finanzbranche und das Gesundheitswesen, gefolgt von der Industrie.

Warum es so viele ETFs auf den MSCI World gibt

Der MSCI World ist der bekannteste Index, er dient vielen Fonds als Benchmark und ist vor allem bei ETF-Anlegern sehr bliebt. Der Index führt die Handelsstatistik der Deutschen Börse regelmäßig an, ebenso wie die Sparplan-Statistiken der Onlinebroker. Und er ist in der Tat ein gutes Basisinvestment. Kein Wunder, dass fast alle Emittenten einen oder sogar mehrere ETFs auf den MSCI World im Programm haben. Der MSCI World gehört zum Standard-Repertoire der großen ETF-Anbieter. Auf diesen Beststeller will niemand verzichten.

Gibt man »MSCI World« ins Suchfeld auf Websites wie extra-ETF.com ein, dann gibt es sogar mehr als 100 Treffer. Das liegt daran, dass es noch jede Menge Subindizes gibt. Dazu zählen beispielsweise der MSCI World Quality oder der MSCI World Value, dazu diverse Branchenindizes. Auch gibt es gleich mehrere nachhaltige Varianten. ESG oder SRI? »Screened«, »universal« oder »enhanced«? ESG-Leaders oder Climate Change? Es gibt unzählige Indizes mit diversen »Zusätzen«. Das Original, also den »puren« MSCI World, gibt es an der Börse Frankfurt gleich 17 Mal. Anleger haben also die Qual der Wahl.

Dicker Dampfer oder wendiges Schnellboot? Standard- und Nebenwerte

Neben den großen Indizes für Industrienationen, Schwellenländer und eben wirklich die ganze Welt gibt es jede Menge regionale Indizes und Länderindizes. Dabei müssen Sie sich als Anleger immer die Frage stellen, ob Sie in einen kompletten Markt investieren oder bewusst nur auf die großen Standardwerte oder die kleineren Nebenwerte setzen möchten. Es ist wie immer eine Frage von Chancen und Risiken und natürlich eine Frage Ihrer persönlichen Strategie.

Aber was sind denn überhaupt Standard- oder Nebenwerte? Im Englischen sprechen wir von Large Caps, wenn es um die dicken Dampfer geht, und von Mid Caps und Small Caps, wenn mittelgroße und die kleinen Werte gemeint sind. Der Begriff »Cap« ist die englische Kurzform für die Kapitalisierung (Capitalization), denn wie immer geht es um die Marktkapitalisierung. Die Large Caps sind die Unternehmen mit dem höchsten Börsenwert. Sie haben in der Regel eine Marktkapitalisierung von zwei Milliarden Euro oder Dollar und mehr. Etwa 40 Prozent der Unternehmen weltweit zählen zu dieser Kategorie, repräsentieren aber immerhin rund 80 Prozent der globalen Marktkapitalisierung. Es sind die »Global Player«, die jeder kennt – und leider auch glaubt, einschätzen zu können –, also der Autobauer BMW und der Chemiekonzern Bayer aus Deutschland, der Konsumgüterhersteller Nestlé aus der Schweiz und der Luxusgüterkonzern LVMH aus Frankreich. Zu den bekannten amerikanischen Dickschiffen zählen Apple,

Microsoft und Coca-Cola – allesamt Unternehmen, die nicht nur Börsianer oder an Wirtschaft interessierte Menschen kennen, sondern eigentlich jeder.

Wann und wie Großkonzerne ihre Marktmacht ausspielen

Diese Großkonzerne haben starke Marken, meistens auch eine starke Marktmacht. Neuere oder kleinere Wettbewerber können ihnen kaum etwas anhaben, geschweige denn, sie vom Markt verdrängen. Standardwerte sind also Aktien von recht soliden Unternehmen, oft mit hoher Substanz und Ertragsstärke. Auch bringen die meisten Standardwerte regelmäßige Dividenden. Sie gelten als krisenfester als Nebenwerte und sind deshalb eine gute Basisanlage. Aber was heißt »krisenfest« denn eigentlich genau? Man sagt (Groß-)Konzernen mit starker Marktmacht unter anderem nach, dass sie besser mit einer kräftig steigenden Inflation klarkommen als kleinere Unternehmen. Das stimmt auch, das haben sie 2022 und 2023 mehr als eindrucksvoll bewiesen. Sie konnten die stark gestiegenen Preise von Rohstoffen und vielen anderen Materialien einfach an ihre Kunden weitergeben. Ihre Gewinne blieben überraschend stabil, stiegen teilweise sogar. Natürlich gibt es Grenzen; die Kunden machen nicht alles mit. Aber Konzerne mit großer Marktmacht haben einen größeren Spielraum. Auch tiefere und längere Rezessionen überstehen Standardwerte besser, denn ihr Finanzpolster ist in der Regel höher als das der kleineren Unternehmen. Die Dickschiffe sind meistens international aktiv und haben überall auf der Welt ihre Standorte. Sie können heimische Krisen besser wegstecken, weil sie (hoffentlich) am anderen Ende der Welt gute Geschäfte machen. Insgesamt sind Großkonzerne nicht so gefährdet wie kleinere, lokal stark konzentrierte Unternehmen – das gilt für Wirtschaftskrisen, Katastrophen und sogar Kriege. Ein weiterer Vorteil für uns Aktionärinnen und Aktionäre:

Standardwerte sind sehr liquide und werden mehr oder weniger rund um die Uhr irgendwo auf der Welt gehandelt.

All das mag für Standardwerte sprechen, aber auch Nebenwerte sollten in keinem Depot fehlen. Doch was charakterisiert einen Nebenwert? Wir unterscheiden zwischen den mittelgroßen und den kleinen Aktien. Mid Caps sind Unternehmen mit einem Börsenwert zwischen 500 Millionen und zwei Milliarden Euro und Small Caps kommen nur auf eine Marktkapitalisierung unter einer halben Milliarde Euro. Neben dem Dax gibt es deshalb noch den MDax für die mittelgroßen Werte und den SDax für die kleinen. Solche Nebenwerte-Indizes finden Sie auch in anderen Ländern, Regionen und eigentlich auf der ganzen Welt. Allerdings läuft die Abgrenzung nicht immer genau entlang der genannten Werte.

Während die Standardwerte alteingesessene Unternehmen sind, mit erprobten und relativ krisenfesten Geschäftsmodellen, sind die mittleren und kleineren Unternehmen oft weniger etabliert. Aber das gilt nicht für alle. Mitunter verstecken sich auch echte Weltmarktführer in der zweiten und dritten Börsenreihe. Der Faktor »Size«, die Größe, gilt nicht nur deshalb als echter Renditebringer. Denn es sind oft die kleinen und nicht die großen Unternehmen, die sich an der Börse extrem gut, auf jeden Fall aber besser als die Large Caps entwickeln. Das gilt natürlich nicht in jeder Börsenphase, aber langfristig eben doch. Dass Nebenwerte sich an der Börse glänzend entwickeln, zeigen Berechnungen der Credit Suisse. Auch wenn die Studie der Schweizer Investmentbank schon ein paar Jahre alt ist, sind die Erkenntnisse interessant und gelten noch heute. Die Schweizer untersuchten den Zeitraum von 1926 bis 2013 und zeigten, dass die durchschnittliche Rendite pro Jahr für Small Caps in den USA mit 12,4 Prozent vor denen der Large Caps mit 9,9 Prozent lag. In Großbritannien übertrumpfen die kleineren Unternehmen mit einer Rendite von 15,5 Prozent die Großen, die »nur« auf 12,6 Prozent kamen. Das zeigt nicht nur, dass sich Small Caps gegenüber Large Caps oft durchsetzen. Es ist eigentlich auch egal, welchen Markt wir dabei betrachten. Ob nun in den USA, in Großbritannien oder Europa, insgesamt ist eine Small-Cap-Prämie laut Credit Suisse in mehr als 20 Ländern nachzuweisen. Klein, aber fein – der Faktor »Size« ist ein echter Renditebooster fürs Depot.

Nebenwerte sind wahre Wachstumsbringer, aber riskanter

Es ist, wie immer an den Kapitalmärkten, das Zusammenspiel von Chance und Risiko. Langfristig schneiden Nebenwerte besser ab als die großen Standardwerte, aber sie sind auch riskanter. Als Anleger kassieren Sie eine Prämie dafür, dass Sie ein bisschen mutiger sind. Auf kleine Unternehmen zu setzen ist vor allem deshalb gefährlicher, weil die in Krisenzeiten anfälliger sind. Die Börsenzwerge kommen außerdem schwerer an Kapital als die Börsenriesen. Die häufig zu beobachtende Renditekraft kleinerer Unternehmen hat aber natürlich noch andere Ursachen. Sie sind wahre Wachstumsbringer, vor allem sind sie extrem wendig. Auch deshalb weisen sie im Vergleich zu multinationalen Konzernen, also den Dickschiffen am Aktienmarkt, eine viel bessere Ertragsdynamik auf. Sie sind häufig noch in der Wachstumsphase des Unternehmenszyklus. Sie müssen deshalb viel innovativer sein, wenn sie künftig erfolgreich sein wollen. Um ihre Existenz zu sichern und um sich im Wettbewerb zu behaupten, sind die Börsenzwerge außerdem viel innovativer und effizienter. Sie können zudem schneller und flexibler auf neue Situationen reagieren als bürokratische und schwerfällige Großkonzerne.

Das führt dazu, dass sie im Gegensatz zu den Börsenriesen langfristig schneller wachsen. Ihnen stehen gerade am Beginn des Unternehmenszyklus viele Märkte offen, in die sie expandieren können. Im Gegensatz dazu können Dax oder Stoxx-50-Konzerne häufig nur durch Zukäufe wachsen, weil sie ihre Produkte bereits in der gesamten Welt anbieten und der Markt gesättigt ist. Das ist der ganz normale Verlauf, der Unternehmenszyklus. Bei jungen Unternehmen steigt die Wachstumskurve zuerst stark an, flacht dann aber ab, wenn eine gewisse Größe erreicht ist.

Kleine Unternehmen sind oft bodenständiger als Großkonzerne und extrem wichtig für eine Volkswirtschaft. Der Mittelstand ist das Herzstück und Rückgrat der deutschen Wirtschaft. Wir haben viele sehr erfolgreiche mittelständische Unternehmen. Diese Firmen sind auf eine Dienstleistung oder ein Produkt spezialisiert, glänzen mit Innovationen und sind in ihrem Segment sogar Marktführer, wenn nicht gar Weltmarktführer. Man nennt sie »Hidden Champions«. Versteckte Meister ihrer Klasse, die im Verborgenen wachsen, Unternehmen, die zumindest auf den ersten Blick wenig spektakulär sind. Damit verbunden sind hohe Margen, denn die Kleinen bedienen oft Nischenmärkte. Und aufgrund ihrer Spezialisierung sind die Geschäftsfelder und die Unternehmensentwicklung für Anleger leichter nachvollziehbar. Außerdem profitieren kleine Firmen überdurchschnittlich stark in wirtschaftlichen Boomzeiten. Gerade wenig beachtete Werte sind an der Börse oft unterbewertet und daher für uns als Investoren attraktiv und preiswert.

Viele dieser oft mittelständischen Unternehmen werden von ihren Eigentümern geführt. Und die denken nicht nur von Quartalszahlen zu Quartalszahlen, wie viele angestellte Manager von Großkonzernen, die nur vier- oder fünfjährige Arbeitsverträge haben und nur wenige Anteile am Unternehmen halten. Eigentümer denken in erster Linie an die Zukunft ihrer Firma, haben echten Unternehmergeist und tätigen deshalb auch Inventionen, die sich erst in zehn oder mehr Jahren bezahlt machen. Sie haben ein oft gutes und sogar enges Verhältnis zu ihren Mitarbeitern, stehen nicht so sehr unter dem Druck der Gewerkschaften. All das zahlt sich langfristig aus. Für zusätzlichen Schub können mitunter auch Übernahmefantasien sorgen: Gerade in Phasen konjunktureller Erholung steigt das Interesse an Zukäufen bei den Schwergewichten, die auf der Suche nach weiterem Wachstum sind. Dabei geraten naturgemäß vor allem kleinere Wettbewerber ins Visier, was diesen zusätzliche Attraktivität verleiht.

Der lange Atem zahlt sich auch bei Small Caps aus

Auf lange Sicht macht sich die Überrendite der kleineren und mittleren Werte besonders bemerkbar. Der europäische Aktienindex MSCI Europe beispielsweise hat in den vergangenen zehn Jahren im Schnitt 4,4 Prozent pro Jahr zugelegt. Anleger, die aber auf europäische Nebenwerte gesetzt haben, können sich über ein bisschen mehr freuen. Der MSCI Europe Small Caps ist im Schnitt um 4,8 Prozent pro Jahr geklettert. Das klingt erstmal nicht nach viel, macht langfristig aber eine Menge aus. Aber leider schneiden die Börsenzwerge nicht immer besser ab als die Riesen. Im Jahr 1991 beispielsweise hat der Dax ein Plus von fast 13 Prozent eingefahren, der MDax aber ein Minus von fast 7 Prozent. Auch im Krisenjahr 2008 schnitt der MDax mit einem Verlust von etwas mehr als 43 Prozent schwächer ab als der Dax, der 40 Prozent verlor. Das zeigt einmal mal: In der Krise trauen Investoren den Dickschiffen mehr zu. Doch in der Hälfte der Jahre schneidet der MDax besser ab, teilweise sogar deutlich. Im Schnitt liegt die Rendite der Nebenwerte langfristig 2 Prozent höher als die der Standardwerte – und das bei geringeren Schwankungen, also geringerem Risiko. Aber die Titel können eben nicht in allen Marktphasen überzeugen und entwickeln sich während einer Rezession oft schlechter als der Gesamtmarkt. Ein Grund ist auch die abnehmende Risikobereitschaft vieler Investoren während solcher Phasen. Denn dann wird Liquidität zunehmend wichtiger. Anleger bevorzugen hier

Werte mit höherer Marktkapitalisierung – also auch hoher Liquidität – in der Erwartung, dass sie diese im Zweifel schneller wieder verkaufen können. Das Jahr 2023 war ein gutes Beispiel dafür. In Zeiten stark steigender Zinsen setzten Investoren lieber auf Standardwerte, auch wenn die Nebenwerte zum Jahresende eine Aufholjagd starteten – der Hoffnung auf sinkende Zinsen im Jahr 2024 sei Dank. Unter dem Strich liefen die Large Caps aber deutlich besser.

Natürlich sind die wachstumsstarken Werte riskanter als die langfristig relativ stabilen Blue Chips. Es besteht – gerade bei jungen Unternehmen – jederzeit die Gefahr, dass sie mit ihrem Geschäftsmodell scheitern. Kleine Unternehmen sind weniger standfest und oft krisenanfälliger, weil sie keine so breite Basis haben wie Großbetriebe, die eine vielfältigere Produktpalette haben und oft auch in verschiedenen Branchen oder Geschäftsfeldern aktiv sind. Aber die Chancen sind eben auch deutlich höher. Es könnte das nächste Amazon, Apple oder Microsoft unter den Small Caps schlummern. Denn auch diese Multis haben mal ganz klein angefangen, auch an der Börse. Den nächsten »Hauptgewinn« zu erwischen, ist aber nicht ganz so einfach. Es könnte auch eine Niete sein.

Wenn wir also als Anleger von den vielen Vorzügen von Nebenwerten profitieren wollen, ohne dabei schwer kalkulierbare Risiken einzugehen, gibt es nur eine Lösung: breit streuen! Wir sollten nicht in 10 oder 20 Einzeltitel investieren, sondern in 100 oder 200. Und das geht nur über Fonds. Wenn dann eine Firma gar ausfällt, hält sich bei einem geringen Anteil eines Einzeltitels von unter 1 Prozent der Verlust in Grenzen. Es lohnt sich, der Erfolg der Börsenzwerge lässt sich langfristig an ihrer Kursentwicklung ablesen. Aber Vorsicht: Sich deshalb das Depot bis zum Anschlag mit Börsenzwergen zu füllen, wäre auch ein Fehler. Trotzdem sind sie ein wertvoller Baustein, der fünfte, für unser Depot. Standardwerte, Nebenwerte oder beides? Auf den folgenden Seiten stelle ich Ihnen die bekanntesten Indizes auf Standard- und Nebenwerte vor, ohne Anspruch auf Vollständigkeit.

Der S&P 500 für den breiten amerikanischen Markt

Los geht es wenig überraschend mit den USA. Der amerikanische Kapitalmarkt ist schließlich der größte der Welt. Einer der bekanntesten und meist beachteten Aktienindizes der Welt, wenn nicht der wichtigste, ist sicherlich der S&P 500. Der Index deckt den breiten amerikanischen Markt ab. S&P steht für Standard & Poor's, der Name des Indexanbieters, und die 500 für die Anzahl der enthaltenen Werte. Es sind die 500 größten börsennotierten amerikanischen Unternehmen, gewichtet nach ihrem Börsenwert, also der Marktkapitalisierung. Der S&P 500 ist ein Kursindex, Dividendenzahlungen werden bei seiner Berechnung nicht berücksichtigt. Der S&P 500 gilt als Indikator für die Entwicklung des gesamten amerikanischen Aktienmarktes. Er ist im Vergleich zum Dow Jones Industrial Average (kurz: Dow Jones), dem Standardwerte-Barometer, der modernere Index und repräsentiert rund 75 Prozent der amerikanischen Börsenkapitalisierung.

Obwohl im Index immerhin 500 Unternehmen gelistet sind, machen die zehn größten Konzerne stolze 30 Prozent aus. Sie stehen damit auch für 30 Prozent der Kursentwicklung. Wenig überraschend sind die größten Positionen die bekannten Tech-Giganten Microsoft, Apple und Amazon, gefolgt von Nvidia, der Google-Mutter Alphabet, dem Facebook-Konzern Meta Platforms, dann Warren Buffetts Berkshire Hathaway, Tesla und der United Health Group. Noch weniger überraschend, dass die Technologie-Branche auf einen Anteil von 31 Prozent kommt. Gesundheit kommt auf gut 13 Prozent, nichtzyklische Konsumgüter auf knapp 11 Prozent und Finanzdienstleistungen machen gut 10 Prozent aus. (Stand: Januar 2024)

Der S&P ist damit ziemlich techlastig. Das ist aber kein Wunder, denn die größten Technologie-Unternehmen der Welt kommen eben aus den USA und sie sind börsennotiert.

Der Dow Jones für die Standardwerte

Weniger relevant für Privatanleger, aber trotzdem in den Medien sehr präsent ist der Standardwerte-Index Dow Jones, abgekürzt einfach nur mit Dow. Er ist der älteste Börsenindex, der heute noch berechnet wird. Der Index wurde bereits 1884 von den Gründern des Wall Street Journals und des Unternehmens Dow Jones, Charles Dow und Edward Jones, entwickelt. In seiner heutigen Form, als Kursindex mit 30 der größten US-Konzerne, gibt es ihn seit 1928. Bis heute sind der Dow Jones Industrial Average ebenso wie die »Familien-Indizes« Dow Jones Utility Index und Dow Jones Transportation Index untrennbar mit der Wall Street verbunden.

Der Dow ist übrigens ein Sonderling, denn die Gewichtung erfolgt nach Aktienpreisen und nicht nach Marktkapitalisierung. Das heißt, je höher der Kurs einer Aktie notiert (also nominal, in Dollar und Cent), desto mehr beeinflusst sie den Index. Das unterscheidet den Dow von den meisten heute gängigen Aktienindizes, was oft kritisiert wird. Ein weiterer Kritikpunkt: Die Indexzusammensetzung wird von einem Komitee bestimmt. Während bei den meisten gängigen Indizes sehr leicht nachvollziehbar ist, unter welchen Voraussetzungen eine Aktie aufgenommen wird, gibt es solche festen Regeln beim Dow nicht. Es sind also nicht zwangsläufig die absolut größten börsengelisteten 30 Unternehmen der USA im Index. Auch der Ruf eines Konzerns kann ein Argument sein, genauso wie andere eher weiche Faktoren. Mitunter wird die Entscheidung des Komitees in den Medien daher hitzig diskutiert. Und deshalb herrscht relative Einigkeit unter Börsenexperten, dass der Dow Jones kein geeignetes Barometer für den Zustand der US-Wirtschaft ist, auch wenn er sich langfristig relativ ähnlich wie der S&P 500 entwickelt.

Die Nasdaq für die Technologie

Der S&P 500 mag mächtig techlastig sein. Noch viel mehr davon finden Investoren an der US-Technologiebörse Nasdaq. Im Nasdaq Composite sind mehr als 3000 Unternehmen gelistet – überwiegend Tech-Konzerne, aber nicht nur. Neben IT-Konzernen finden sich auf dem Kurszettel Kommunikationsunternehmen, was natürlich nicht überrascht. Aber auch Konsumgüter- und Industriekonzerne sind vertreten. Klingt erstmal komisch? Wenn man bedenkt, dass Amazon nicht zu den Internet- und damit Technologiekonzernen zählt, sondern der Branche »zyklische Konsumgüter« zugerechnet wird, ist es das nicht. Auch bei Elektroautobauer Tesla würden viele Anleger zuerst an all die Technologie denken, die in den Autos steckt. An der Börse aber heißt es wieder: zyklischer Konsum. Weniger überraschend ist sicherlich, dass auch viele Biotechnologie-Unternehmen an der Technologiebörse gelistet sind. Den mit Abstand größten Anteil am Index haben aber natürlich die klassischen IT- und Kommunikationskonzerne – allen voran Apple und Microsoft.

Neben dem Nasdaq Composite gibt es noch einen Auswahlindex, in dem lediglich die 100 Nasdaq-Aktien mit der höchsten Marktkapitalisierung vertreten sind. Der Nasdaq 100 ist auch der populärere Index. Wenn von »der Nasdaq« die Rede ist, dann ist natürlich nicht nur die Computerbörse selbst gemeint, sondern meistens eben dieser Index. Auf ihn gibt es auch jede Menge ETFs. An der Risikostreuung hapert es in diesem Börsenbarometer allerdings ein wenig. Denn obwohl 100 Aktien im Index sind, machen die zehn größten Positionen stolze 50 Prozent aus. Apple kommt auf 11 Prozent und Microsoft auf gut 10 Prozent, damit machen die beiden Dickschiffe gemeinsam mehr als ein Fünftel des

Index aus. Es war sogar schon mal etwas mehr. Vor allem ETF-Anleger sollten das wissen. Die Technologie-Branche kommt wenig überraschend auf fast 50 Prozent, Telekommunikation macht knapp 16 Prozent aus und zyklischer Konsum folgt unmittelbar dahinter.

Der Russell 2000 für Nebenwerte

Spannend sind auch amerikanische Nebenwerte. Der passende Index heißt Russell 2000. Unter deutschen Privatanlegern ist er kaum bekannt. Es lohnt sich aber ein Blick auf dieses Börsenbarometer. Es gibt eine ganze Russell-Familie. Wie so oft gibt die Zahl im Namen einen Hinweis auf das, was in dem jeweiligen Index steckt. Im Russell 2000 sind die 2000 kleinsten amerikanischen Unternehmen des Russell 3000 gelistet, in dem eben auch die nach Marktgewichtung 1000 viel größeren Firmen notiert sind. Der Russell 3000 spiegelt damit einen noch größeren Teil des US-Aktienmarktes wider als der S&P 500. Der Russell 2000 aber ist der Index für die Nebenwerte. Seine Risikostreuung ist sehr groß. Die zehn größten Positionen im Russell 2000 haben nämlich nur ein Gesamtgewicht von gut 3 Prozent. Es gibt also keine Klumpenrisiken oder Übergewichtungen. Mehr Risikostreuung geht kaum. Die Werte selbst sind wenig bekannt. Ich zumindest hatte von Super Micro Computer, Chart Industries, Matador Resources noch nicht gehört, bevor ich mir den Index angeschaut habe. Das sind nämlich die drei größten Werte im Index. Die drei größten der kleinen, also die am höchsten gewichteten Nebenwerte im Index, kommen auf einen Anteil von 0,31 bis 0,54 Prozent. Angesichts solcher Zahlen fällt es nun wirklich gar nicht ins Gewicht, falls mal ein Unternehmen in Schieflage gerät und an der Börse abgestraft wird. Der Russell 2000 ist maximal breit diversifiziert. Auch bei den Branchen gibt es keine extremen Gewichtungen.

Eine Alternative zum Russell 2000 wäre der MSCI USA Small Cap Index. Im Index sind fast 2000 Unternehmen aus zehn Branchen. Auch hier ist die Gewichtung der Einzeltitel extrem gering und die Risikostreuung damit extrem hoch. Der am höchsten gewichtete Wert ist der Immobilienkonzern Federal Realty Investment Trust, der noch nicht mal auf 1 Prozent kommt. Überhaupt haben die zehn »größten« Werte gerade mal einen Anteil am Index von gut 5 Prozent. Apropos: Natürlich gibt es auch einen MSCI USA, der den breiten amerikanischen Markt abdeckt. Er kann eine Alternative zum S&P 500 sein.

Europa oder die Eurozone

Kontinent oder Währungsgemeinschaft – bei den Indizes, aber auch bei Fonds und ETFs gilt es zu unterscheiden, ob sie ganz Europa abbilden oder nur die Eurozone. Das macht nämlich einen entscheidenden Unterschied. Das Tückische: Die Namen der Indizes klingen fast gleich. Einige der größten und erfolgreichsten europäischen Unternehmen kommen nicht aus einem Land der Eurozone. Denn Länder wie die Schweiz mit ihren börsennotierten Großkonzernen wie Nestlé oder Roche und Großbritannien (nach dem Brexit) gehören eben nicht zur Europäischen Union und erst recht nicht zur Eurozone. Entsprechend sind die jeweiligen Indizes zusammengestellt. Ein wirkliches Stimmungsbild von den Märkten des Kontinents liefern deshalb nur die Indizes ohne das »Euro« (nicht zu verwechseln mit Europa beziehungsweise dem englischen Europe) im Namen.

Zwei Indizes für europäische Standardwerte

Der Euro Stoxx 50 ist das europäische Pendant zum Dax oder CAC 40. Er enthält die 50 größten börsennotierten Unternehmen der

Eurozone. Zu den größten Einzelwerten zählen der französische Luxusgüter-Konzern LVMH, der niederländische Halbleiterhersteller ASML Holding, der französische Konsumgüterhersteller L'Oréal, die deutsche Software-Schmiede SAP, aber auch der Energiekonzern Total Energies und der Versicherungsriese Allianz. Finanzwerte und Aktien aus dem Bereich zyklischer Konsumgüter sind mit jeweils fast einem Fünftel des Indizes am stärksten vertreten. Es folgen Industriewerte und Technologieaktien

Zwei Länder dominieren das Börsenbarometer: Frankreich mit rund 40 Prozent und Deutschland mit fast 26 Prozent. Zwei Drittel des Index entfallen auf diese beiden Länder, das ist viel. Verglichen mit dem MSCI World, in dem allein die USA einen Anteil von etwa 70 Prozent haben, aber auch wieder nicht. Wie die meisten Indizes der Welt ist auch dieser Index kapitalmarktgewichtet. Und die Unternehmen der Eurozone mit dem größten Börsenwert kommen eben aus Frankreich und Deutschland.

Der Stoxx Europe 50 für ganz Europa

Ganz Europa, also nicht nur die Eurozone, repräsentiert der Stoxx Europe 50. Auch Schwergewichte aus Nicht-Euroländern wie der Schweiz oder Großbritannien sind in diesem Index. Dazu zählen unter anderem der Nahrungsmittelriese Nestlé, die Gesundheitskonzerne Roche Holding, AstraZeneca und Novo Nordisk sowie das Finanzhaus HSBC Holdings. Die Branchengewichtung verschiebt sich dadurch im Vergleich zum Euro Stoxx 50. Gesundheitskonzerne machen fast 24 Prozent des Index aus, während sie im Eurozonen-Index nur ein Gewicht von 7 Prozent haben. Basiskonsumgüter kommen im Stoxx Europe 50 auf gut 16 Prozent. Die Finanzbranche folgt mit knappem Abstand, mit etwas größerem Abstand dann die in Deutschland so starke Industrie. Drei Länder dominieren dieses Branchenbarometer. Aktien aus dem

Vereinigten Königreich machen ein Viertel des Indizes aus, dicht gefolgt von Frankreich und der Schweiz. Erst dann folgt Deutschland mit einigem Abstand. Da der Stoxx Europe 50 aber eben auch europäische Länder außerhalb der Eurozone abbildet, bringt er ein Währungsrisiko mit sich. Sowohl Euro Stoxx 50 als auch der Stoxx Europe 50 sind Standardwerte-Indizes, darin notieren die größten börsennotierten Konzerne aus der Eurozone beziehungsweise aus ganz Europa.

Indizes für den breiten europäischen Markt

Den breiten europäischen Markt bildet der Stoxx Europe 600 ab. In seinem Ländermix spielen auch Aktien aus Großbritannien und der Schweiz eine wichtige Rolle. Es sind unter den 600 Aktien auch rund 20 Prozent Nebenwerte. Eine Alternative ist der MSCI Europe. Auch er enthält neben Unternehmen mit sehr hoher Marktkapitalisierung, den sogenannten Standardwerten, Nebenwerte mit mittlerer oder niedriger Marktkapitalisierung. Die größten Positionen im Stoxx Europe 600 sind dieselben wie im Stoxx Europe 50. Die Branchenschwerpunkte verschieben sich aber teilweise deutlich. Gut 17 Prozent entfallen auf die Finanzbranche, dann folgen Gesundheitsversorgung und Industrie (jeweils gut 15 Prozent) sowie nichtzyklische und zyklische Konsumgüter (jeweils etwa 11 Prozent).

Fast ein Viertel der Marktkapitalisierung des Euro Stoxx 600 entfällt auf britische Unternehmen, dann folgen Frankreich und die Schweiz mit etwas geringeren Gewichtungen. Wie der Stoxx Europe 50 bildet auch der Stoxx Europe 600 Aktien aus europäischen Ländern außerhalb der Eurozone ab und birgt daher ein Währungsrisiko. Dasselbe gilt für die Alternative aus dem Hause MSCI. Im MSCI Europe sind weniger Aktien notiert, nämlich 430 aus 15 europäischen Ländern. Er deckt etwa 85 Prozent des europäischen Aktienuniversums ab. Die Top-Positionen decken sich mit denen des Stoxx Europe 600. Auch fällt die Branchengewichtung relativ ähnlich aus. Bei den Ländergewichtungen unterscheidet sich der MSCI Europe ebenfalls kaum vom Stoxx Europe 600.

Europäische Nebenwerte

Die passenden Indizes für europäische Nebenwerte wären der Stoxx Europe Small 200 und MSCI Europe Small Cap. Sie unterscheiden sich in ihrer Zusammensetzung recht deutlich. Der Anteil britischer Aktien ist zwar in beiden Indizes am höchsten, im Stoxx Europe Small Cap 200 sind es allerdings »nur« knapp 21 Prozent, während es im MSCI Europe Small Cap mehr als 27 Prozent sind. Im Nebenwerte-Index aus dem Hause Stoxx folgen mit etwas Abstand Frankreich, Schweden, Deutschland und die Schweiz. Von den meisten Unternehmen werden Sie noch nie gehört haben. Ich kenne sie zumindest nicht. Scor, ein Finanzunternehmen aus Frankreich? Ipsen aus dem Gesundheitswesen, ebenfalls aus Frankreich? Oder die britische Games Workshop Group aus dem Bereich zyklischer Konsumgüter? Es sind eben Nebenwerte, und über sie wird relativ wenig berichtet, wenn es um die Börse geht. Auch im Wirtschaftsteil unserer Tageszeitung finden wir diese Unternehmen nur sehr, sehr selten. Der Stoxx Europe Small 200 besteht zu gut 20 Prozent aus Industriekonzernen, dicht gefolgt von der Finanzbranche und dann mit etwas Abstand zyklische Konsumgüter und Gesundheitswesen.

Im MSCI Europe Small Cap folgen auf Großbritannien dann Deutschland, Schweden und die Schweiz, allesamt mit mehr als 9 Prozent. Hier gibt es also deutliche Verschiebungen. Wie übrigens auch bei den Top-Werten: Banco BPM aus Italien ist der größte Wert, kommt aber nur auf einen Anteil von gut 0,6 Prozent.

Ebenso wie B&M European Value Retail und Banco de Sabadell, dann geht es mit noch geringeren Gewichtungen weiter. Bei den Branchen sind die Indizes sich dann wieder relativ ähnlich. Es lohnt sich aber, die beiden Indizes zu vergleichen.

Asiatische Aktienindizes

Die bekanntesten Börsenbarometer des Kontinents sind der japanische Nikkei und der chinesische Shanghai Composite. Aber natürlich gibt es auch Indizes, die die Stimmung an den Börsen des gesamten Kontinents abbilden, allerdings oft »ex Japan«. Europäische Anleger investieren jedoch oft via MSCI World und MSCI Emerging Markets auf diesem Kontinent. Aber vielleicht interessiert Sie ja eine größere Beimischung, weil Sie der Region oder einem Land viel zutrauen? Dann könnten Sie sich einen der folgenden Indizes näher anschauen.

Ein reiner Asienindex ist der MSCI AC Asia ex Japan. Warum ex Japan? Das liest man im Namen vieler Indizes, die diese Region abbilden. Das Land und vor allem sein Kapitalmarkt sind hochentwickelt. Oft heißt es, dass es deshalb aus den Indizes ausgeschlossen wird. Zugegeben, das ist eine etwas merkwürdige Argumentation. Im Index sind die Aktien von gut 1200 Unternehmen aus elf Ländern Asiens, des Nahen Ostens und der Pazifik-Region, drei asiatische Industrieländer sowie acht asiatische Schwellenländer, aber eben ohne Japan. Mehr als 900 Aktien sind im Index. Die größten Unternehmen sind Taiwan Semiconductor, Tencent, Samsung und Alibaba. Wieder sind viele Technologie- und Kommunikationsunternehmen im Index, aber auch die Finanzbranche sowie die Hersteller zyklischer Konsumgüter sind stark vertreten.

Ähnlich aufgestellt ist der MSCI AC Far East ex Japan. Der Index bildet die Entwicklung von entwickelten und aufstrebenden Volkswirtschaften Ostasiens ab, wieder ohne Japan. Außerdem gibt es noch den MSCI Pacific ex Japan. Dieser Index bildet die Wertentwicklung der Aktienmärkte der Industrieländer im pazifischen Raum (ohne Japan) ab, nämlich Australien, Hongkong, Neuseeland und Singapur. Der Index setzt sich aus 147 Aktien zusammen und deckt damit rund 85 Prozent der Marktkapitalisierung des Aktienmarktes der Pazifik-Region ab.

Viele asiatische Staaten zählen zu den aufstrebenden Schwellenländern, den sogenannten Emerging Markets, allen voran China. Die asiatischen Schwellenländer haben, wie bereits erwähnt, mit mehr als 50 Prozent einen ziemlich hohen Anteil im MSCI Emerging Markets. Japan hingegen ist eine Industrienation und im MSCI World vertreten. Und natürlich hat jedes Land seinen eigenen Index, oft sogar mehrere. Die Auswahl von ETFs, die auf asiatische Aktien setzen, ist üppig. Die Suche auf extraETF.com spuckte im Herbst 2023 immerhin 179 ETFs aus. Darunter neben Indizes, die die Region in verschiedenen Zuschnitten repräsentieren, auch viele Länderindizes.

Jedem Land sein(e) Börsenbarometer

Apropos Länderindizes: Wen interessiert, wie die Stimmung am Kapitalmarkt und damit auch in der Wirtschaft in Deutschland, der Schweiz oder Großbritannien ist, der schaut auf die jeweiligen Länderindizes. Während wir in Deutschland vor allem auf den Dax schauen, liegt der Fokus der Schweizer auf dem SMI, und die Briten interessieren sich vor allem für den FTSE 100, während die Franzosen gebannt auf den CAC-40 schauen. Der FTSE 100 weist übrigens für einen Länderindex mit seinen 100 Unternehmen eine relativ gute Risikostreuung auf, ganz im Gegensatz zum Dax und dem CAC-40 mit ihren jeweils 40 Einzelaktien oder gar dem SMI mit nur 20 Werten. Jedes Land hat sein eigenes Börsenbarometer für Standardwerte und in der Regel auch für Nebenwerte. Außerdem bietet MSCI jede Menge Länderindizes an. Sie alle vorzustellen ginge zu weit.

Der mit Abstand prominenteste Index in Deutschland ist der Deutsche Aktienindex, besser bekannt als Dax. Ihn sollten wir ein bisschen näher anschauen. Der Dax ist ein Sonderling, denn er ist ein Performance-Index. Das bedeutet, Dividenden, zusätzliche Ausschüttungen und auch Bezugsrechte werden rein rechnerisch wieder in die Aktien des Index investiert. Normalerweise sind fast alle Börsenbarometer Kursindizes, nur die Entwicklung des Aktienkurses der einzelnen Indexmitglieder entscheidet über den Indexstand. Wenn über den Dax berichtet oder gesprochen wird, dann ist allerdings fast immer der Perfomance-Index gemeint. Es lohnt sich aber der Vergleich beider Dax-Varianten, denn der zeigt sehr genau: Dividenden machen den feinen Unterschied. Es gibt unseren heimischen Leitindex nämlich auch als Kursindex. Gestartet wurden beide Indizes am Ende 1987 bei 1000 Punkten. Während beim Dax-Performance-Index Anfang Januar 2024 etwa 16.700 Punkte auf der Anzeigetafel an der Frankfurter Börse stehen, notiert sein Pendant bei 6600 Punkten. Ein deutlicher Unterschied, auch bei der Performance.

Der Vollständigkeit halber noch ein paar Sätze zu seiner Zusammensetzung: Im Dax sind die 40 größten, börsennotierten Aktiengesellschaften Deutschlands gelistet – darunter bekannte Namen wie Allianz, BMW, BASF, SAP und Siemens. Wer welchen Anteil hat, das entscheidet auch hier die Marktkapitalisierung. Lange war Linde der am höchsten gewichtete Wert im Dax, mittlerweile ist das Unternehmen aber nur noch an der New Yorker Wall Street gelistet. Im Januar 2024 war es das Softwareunternehmen SAP mit gut 10 Prozent Anteil, gefolgt vom Industriekonzern Siemens und dem Versicherer Allianz. Der Dax ist mit gut 23 Prozent recht industrielastig, was immer wieder kritisiert wird. Einen hohen Anteil an Industriekonzernen haben aber auch andere Indizes.

Schwerer wiegt wahrscheinlich, dass die deutschen Top-Konzerne extrem exportorientiert sind und einen Großteil ihrer Geschäfte im Ausland machen. Das kann ein Vorteil sein, wenn die heimische

Konjunktur lahmt. Es kann aber auch ein Nachteil sein. Wenn nämlich die Weltkonjunktur ins Stottern gerät, stützt beispielsweise die extrem starke Binnennachfrage viele amerikanische Konzerne und damit die Börsenkurse. Aber zurück zur Branchenzusammensetzung: Auch Finanzkonzerne sind mit etwa einem Fünftel des Indizes hoch gewichtet – Allianz, Munich Re und die deutschen Großbanken lassen grüßen. Mit etwas Abstand folgen dann zyklischer Konsum, Technologie und das Gesundheitswesen. Technologiewerte kommen überhaupt nur auf gut 13 Prozent, aber es gibt eben auch nur SAP und Infineon im Dax. Große Tech-Konzerne sucht man in Deutschland und Europa vergebens, sie finden wir an der Wall Street und immer öfter in Asien. Auch deshalb ist es so wichtig, international zu investieren.

Wie bei fast allen Indizes gibt es auch beim Dax eine ganze »Familie«: Es gibt nicht nur das Standardwerte-Barometer, sondern auch Nebenwerte-, Branchen- und Dividenden-Indizes. Weitere Mitglieder der Indexfamilie sind der MDax für die 50 mittelgroßen Werte, die nach Marktkapitalisierung auf die Standardwerte im Dax folgen, und der SDax für 70 kleinere Werte. Außerdem gibt es einen TecDax für Technologieaktien, einen DivDax für die Aktien mit der höchsten Dividendenrendite, einen ESG Dax für die nachhaltigsten und natürlich jede Menge Branchenindizes. Das ist aber nichts Besonderes, auch vom MSCI World oder dem Stoxx Europe gibt es viele Varianten. Während es auf den Dax viele ETFs gibt, wird die Auswahl bei MDax oder SDax schon deutlich kleiner.

Substanz versus Wachstum: Value oder Growth (oder Growth und Value)

Es sind zwei Klassiker unter den Anlagestrategien: Value und Growth. Die Frage, welcher der beiden Investmentstile nun sinnvoller oder erfolgversprechender ist, ist gefühlt so alt wie die Börse selbst. Warum überhaupt die beiden »Lager«? Die meisten an der Börse gehandelten Unternehmen lassen sich grob als Wachstumstitel (Growth) oder Substanzaktien (Value) einordnen. Allerdings lässt sich die Zuordnung nicht immer ganz eindeutig treffen, manche Aktien sind auch beides. Aber das wollen die Value-Jünger und die Growth-Fans eigentlich nicht hören. Schauen wir uns also die beiden scheinbar konkurrierenden Anlagestrategien an. Beide laufen nicht immer gleich gut. Im Gegenteil: Es gibt Börsenphasen, da geht Wachstum scheinbar über alles und Growth läuft sensationell. Aber es gibt auch Börsenphasen, in denen Substanz zählt. Dann hat die Stunde der Value-Anleger geschlagen. Das heißt aber nicht, dass Sie mit Value Verluste machen, wenn Growth gerade gefragt ist, oder umgekehrt. Dem allgemeinen Trend an den Märkten können sich beide Strategien nicht entziehen, es geht dann nur darum, was besser läuft als der breite Markt. Und das ist eben mal Value und mal Growth.

Investieren wie Warren Buffett

Warren Buffett ist der wohl bekannteste Value-Anleger. Ihn hat diese Strategie zu einem der reichsten Menschen der Welt gemacht. Er kauft unterbewertete Aktien von qualitativ hochwertigen Unternehmen und wartet darauf, dass der Markt diese Qualität erkennt. Warren Buffett hat das »Value Investing« perfektioniert, und es hat ihn zu einem der erfolgreichsten, wenn nicht dem erfolgreichsten Investor der Welt gemacht. Die Value-Strategie lieferte einige Jahrzehnte lang sehr zuverlässig überdurchschnittliche Renditen. Doch viele Jahre lief Value nicht mehr besonders gut. Oder zumindest lief Growth – sozusagen der Gegenentwurf – besser, viel besser.

Die 2010er-Jahre waren das erste Börsenjahrzehnt überhaupt, in dem Value keine Überrenditen mehr lieferte. Eine solche Phase der Underperformance gab es noch nie. Seit der Finanzkrise fiel es auch Buffett schwer, den S&P 500 zu schlagen. Das heißt aber nicht, dass Value gar nicht mehr funktionierte, nur eben etwas schlechter. Doch spätestens mit der Zinswende, der drohenden Rezession und den Kursrückgängen an der Börse läuft Value wieder blendend. Die Value-Strategie mag nicht immer gleich gut funktionieren, manchmal funktioniert sie auch gar nicht, aber in wirtschaftlich schwierigen Zeiten mit schwacher Börsenentwicklung laufen die Value-Investoren zur Hochform auf. Deshalb gilt Value auch als Strategie für eher konservative Börsianer. Denn Substanzwerte sollten in stürmischen Zeiten eine gewisse Ruhe ins Depot bringen.

Schauen wir uns also an, wie die Strategie funktioniert, wie Sie sie einfach mit ETFs und Fonds nachbilden können. Es stellt sich zudem die Frage, ob Sie nicht auch die Buffett-Aktie Berkshire Hathaway kaufen könnten. Value-Investing wird mitunter recht unterschiedlich definiert. Das grundlegende Prinzip ist aber immer dasselbe: Es geht darum, günstig, also unter Wert, zu kaufen und teuer zu verkaufen. Nämlich dann, wenn die Börse den fairen Wert eines Unternehmens erkannt hat. Doch »den« einen Value-Stil gibt es nicht. Manche Investoren gehen strikt nach dem Buchwert eines Unternehmens. So hat es übrigens auch Benjamin Graham gemacht. Der amerikanische Wissenschaftler gilt als Vater der Value-Strategie. Sein 1934 erschienenes Buch *Security Analysis* gilt unter Anlegern noch heute als eine Art Bibel. Dann gibt es Investoren, und dazu zählt Warren Buffett, die auch andere Überlegungen in ihre Bewertungsmodelle einbeziehen. Der Superinvestor hat die Methoden seines berühmten Lehrmeisters verfeinert. Während Graham relativ emotionslos nach unterbewerteten Aktien Ausschau hielt, ist für Buffett der dauerhafte Wettbewerbsvorteil einer Aktiengesellschaft das ausschlaggebende Kriterium.

Graham hat nicht zwischen Unternehmen mit einem oder ohne einen langfristigen Wettbewerbsvorteil gegenüber ihren Konkurrenten unterschieden. Ihn interessierte lediglich, ob das Unternehmen genügend Ertragskraft besaß, um aus den wirtschaftlichen Problemen herauszukommen, die seinen Aktienkurs hatten fallen lassen. Wenn die Aktie nach zwei Jahren nicht gestiegen war, verkaufte er sie. Ein Unternehmen 10 oder gar 20 Jahre lang zu halten, interessierte ihn nicht. Buffett hingegen erkannte, dass Unternehmen mit einem langfristigen Wettbewerbsvorteil das bessere Investment sind und ihn umso reicher machen würden, je länger er sie halten würde. Wichtig ist Warren Buffett vor allem, dass das Unternehmen langfristig erfolgreich ist. Der Superinvestor hat viele Aktien schon seit Jahrzehnten im Depot.

Value-Anleger vertrauen auf Unternehmen mit Substanz. Der aus ihrer Sicht wahre Wert des Unternehmens wurde noch nicht erreicht. Das lässt es günstig erscheinen. Bei der Value-Strategie investieren Anleger insbesondere in marktkapitalstarke Unternehmen, die sich seit vielen Jahren mit einem bewährten Geschäftsmodell einen Namen gemacht haben. Der Value-Faktor steht also für Unternehmen, die am Kapitalmarkt besonders niedrig bewertet sind. Dahinter steckt die statistische Beobachtung, dass günstig bewertete Unternehmen in der Vergangenheit in bestimmten Perioden eine tendenziell höhere Rendite aufwiesen als der breite Markt. Die spezielle, wissenschaftlich begründete Beobachtung wird auch als »Faktor« bezeichnet.

Ermittelt wird der Value-Faktor in der Regel mit dem sogenannten »Kurs-Gewinn-Verhältnis«. Üblicherweise wird dazu der aktuelle Aktienkurs mit dem Gewinn der letzten Periode verglichen. Eine klassische Möglichkeit, unterbewertete Aktien zu identifizieren, ist das Kurs-Buchwert-Verhältnis. Auch fundamentale Kennzahlen wie Gewinnprognosen oder operativen Cashflow nutzen Anleger, um interessante Titel aus dem Anlageuniversum zu selektieren. Value heißt Substanz, und die gilt es zu ermitteln. Experten sprechen vom »inneren Wert« eines Unternehmens. Dieser kann durch den Buchwert, Cashflow, Gewinn und die Dividenden in Relation zum aktuellen Börsenkurs näherungsweise bestimmt werden. Liegt dieser »innere« oder »faire« Wert deutlich über dem Aktienkurs, ist ein Unternehmen von guter Qualität nach dieser ersten Betrachtung deutlich unterbewertet und potenziell attraktiv.

Value-Anleger investieren oft antizyklisch

Es ist aber leider kein Automatismus, dass günstige Aktien irgendwann im Wert steigen. Auf den Aktienkurs eines Unternehmens gibt es diverse Einflüsse, die den Kurs sinken oder steigen lassen. Wer die Value-Strategie verfolgt, muss lange Durststrecken einplanen, in denen die Rendite des Value-Portfolios schlechter ist die des breiten Marktes. Das müssen Anleger aushalten können, wenn sie diese Strategie umsetzen wollen. Überhaupt hat die Strategie ihre Tücken: Stark vereinfacht könnte man nämlich sagen, dass Value-Anleger kaufen, was keiner haben will, zumindest zu diesem Zeitpunkt nicht. Und das, so die Annahme der Buffett-Jünger, zu Unrecht, hat das Unternehmen doch einen deutlich höheren Wert und somit mehr Substanz, als in seinem Aktienkurs ausgedrückt ist. Value-Anleger kaufen deshalb antizyklisch. Die aktuellen Mode- oder gar Hype-Aktien interessieren sie nicht – zu teuer, zu hoch bewertet.

Antizyklische Anleger haben es nicht immer leicht. In Zeiten stark steigender Märkte, wie wir sie in den Jahren vor der Zinswende 2022/2023 erlebt haben, gibt es nur wenige Schnäppchen, die einen Blick wert sind. Anders sieht es in sehr schwachen Börsenjahren aus, dann rückt der Value-Anlageansatz in den Vordergrund. Das Jahr 2022 war ein solches Jahr. Zinswende, Inflation,

Rezessionsängste und dazu der kräftige Kurseinbruch an den Märkten – für sehr preisbewusste Anleger bietet ein solches Umfeld jede Menge Chancen. Aktien sind deutlich billiger zu haben als zuvor und können einen lohnenden Einstieg bieten. Eine der erfolgreichsten Anlagestrategien besteht darin, in einer Rezession niedrig bewertete Value-Aktien einzusammeln – antizyklisches Investieren pur. Es sind genau diese wirtschaftlich schwierigen Zeiten, die schwachen Börsenphasen, in denen Value besonders gut läuft.

Der Gegenentwurf zu Value ist Growth. Dieses Wachstum war in den vergangenen Jahren vor allem in der Technologiebranche zu finden. Tech lief bekanntlich jahrelang ausgezeichnet. Doch das hat sich 2022 geändert. Denn in Zeiten steigender Leitzinsen haben es Technologieaktien und andere Wachstumstitel schwer. Ihre Bewertungen beruhen auf Gewinnen, die in der Zukunft liegen. Bei steigenden Zinsen werden diese aber stärker abgezinst und verlieren an Wert. Value, also Substanz ist dann gefragt. Dazu zählen Energie, Industrie und Infrastruktur.

Das war in den Jahren nach der Finanzkrise anders. Während Substanzwerte kaum noch Rendite lieferten, konnten sich Anleger, die auf Wachstumswerte setzten, über hohe Gewinne freuen. Langfristig erzielten Value-Titel nach verschiedensten Studien eine deutliche Überrendite. Seit der Finanzkrise hinken Value-Titel jedoch deutlich Wachstumsaktien hinterher. Hier zeigt sich, dass Risikoprämien auch eine lange Durstrecke haben können. Dass Value als verlässliche Renditequelle ausgedient hat, glaubten Experten auch während dieser Phase nicht. Auch wenn viele andere Anlagestrategien besser funktioniert haben. Recht hatten sie! Überhaupt waren sie überzeugt: Langfristig ist die Prämie, in unterbewertete Unternehmen zu investieren, intakt, und die Idee dahinter ist ja auch bestechend. Aktien, die fernab von dem Interesse der Öffentlichkeit sind, die keinerlei Glamour aufweisen, haben ein größeres Potenzial als die Aktien, die ohnehin schon jeder hat. Aber Anleger brauchen eben Geduld.

Wachstum statt Value

Value ist ein bisschen langweilig, das zeigt ja auch der Blick auf die Branchen. Wachstumsunternehmen liefern die bessere Story, die Aktien sind »sexy«, locken mit hohen Kursgewinnen. Denken Sie nur an Amazon, Apple oder Tesla, selbst Microsoft. Diese Unternehmen zählen heute zu den wertvollsten der Welt, in den vergangenen Jahren und Jahrzehnten haben sie Wachstum pur geliefert, ihre Aktien habe wahre Kursraketen gezündet. Wer sie im Depot hatte, kann sich freuen. Wenn Sie auf ETFs und Fonds setzen, werden Sie zu diesen Aktionären gehören. Denn an den Tech-Giganten der Wall Street kommt kaum ein Index und erst recht kein Fondsmanager vorbei.

Spannender als die extrem erfolgreichen Tech-Giganten, die bereits den größten Teil der Ernte eingefahren haben sollten, sind jüngere Unternehmen. Sie haben viel mehr Wachstumspotenzial als die Dickschiffe. Erinnern Sie sich an die Standardwerte, zu denen Amazon oder Apple mittlerweile sich zählen, und die Nebenwerte. Growth-Investoren legen ihren Fokus stärker auf die Wachstumsaussichten ganzer Branchen und suchen gezielt nach Unternehmen mit frühzeitig erkennbarem Wachstumspotenzial. Entfaltet sich dieses Potenzial, sollte das auch den Aktienkurs beflügeln. Oft reicht sogar schon die bloße Fantasie, um den Kurs abheben zu lassen.

»Growth Investing« ist eine beliebte Anlagestrategie. Investoren suchen dabei gezielt nach künftigen Wachstumsmärkten und vor allem Wachstumsunternehmen. Die haben wir in den vergangenen Jahrzehnten auch in der Biotechnologie und der Medizintechnik gefunden. Im Grunde setzen Anleger auf Aktien von Unternehmen, bei denen in der Zukunft hohe Gewinne zu erwarten sind. Das kann ein noch recht unbekanntes Unternehmen sein, das auf Zukunftsthemen wie erneuerbare Energie, Künstliche Intelligenz, autonomes Fahren oder Robotik setzt. Growth-Anleger bevorzugen Firmen, die erfolgreich neuartige Produkte entwickeln, die innovative Geschäftsmodelle aufweisen, ganze neue Märkte erschließen und die schon erste Erfolge verbucht haben. Während Value-Investoren sich auf die Qualität des Unternehmens konzentrieren, interessieren Wachstumsanleger vor allem die prognostizierten Gewinne. Die Renditechancen bei Wachstumsaktien sind hoch, die Risiken aber auch. Wertorientierten Anlegern ist wichtig, was ein Unternehmen erreicht hat, welche Marktposition es erzielt und wie es finanziell aufgestellt ist – die klassischen Merkmale von Value. Bei Growth geht es um die Frage, was ein Unternehmen in Zukunft schaffen kann und wie Umsatz- und Gewinnwachstum sich entwickeln werden. Das Problem: Künftige Wachstumsraten vorherzusagen, ist äußerst spekulativ. Das Risiko, dass vor allem kleinere Unternehmen, noch dazu junge Firmen, die Wachstumserwartungen nicht erfüllen, ist groß. Noch schwieriger ist es, Firmen zu identifizieren, die in Zukunft durch ihre Innovationen und durch wirtschaftliche Trends stark wachsen werden. Das macht »Growth Investing« so schwierig. Es sollte deshalb nicht nur um Fantasie gehen. Natürlich gibt es auch einige wichtige Kennzahlen der Aktienanalyse, auf die Growth-Investoren achten. Zwei der wichtigsten Kennzahlen sind das Kurs-Gewinn-Verhältnis (KGV) und das Kurs-Gewinn-Wachstums-Verhältnis (Price/Earnings to Growth Ratio, kurz: PEG Ratio). Sie bieten zumindest eine gewisse Orientierung.

Die dominanteste Eigenschaft von Growth-Unternehmen ist also ihr Wachstum, das deutlich über dem Marktdurchschnitt liegt. Sie haben oft schon einen gewissen »Glamour Faktor«. In den Medien wird regelmäßig über sie berichtet, mitunter werden sie geradezu gefeiert. Da Growth-Aktien bei Investoren sehr beliebt sind und von steigenden Gewinnen ausgegangen wird, ist das KGV vergleichsweise hoch. Das hat in der Regel aber zwei Gründe: Zum einen ist ihr Aktienkurs tendenziell höher, weil sie sehr gefragt sind. Zum anderen sind ihre Gewinne oft noch niedrig. Bei den großen Tech-Giganten stimmt letzteres zwar meistens nicht, aber dafür sind die Aktienkurse dann eben noch viel höher. Rechnerisch läuft es auf dasselbe hinaus. Klassische Wachstumsunternehmen investieren sehr viel Geld in Forschung und Entwicklung, in das Erschließen neuer Geschäftsfelder und in das Vergrößern von Marktanteilen; eben in ihr Wachstum. Aus diesem Grund fallen die Gewinne häufig gering aus. Deshalb schütten sie oft keine Gewinne oder eben nur einen geringen Betrag aus. Folglich ist ihre Dividendenrendite null oder sehr niedrig.

Längst finden sich klassische Wachstumsaktien aus der Technologiebranche in den bekannten Value-Indizes und damit auch Fonds und ETFs. Zum einen, weil sich die Unternehmen weiterentwickeln, zum anderen, weil sie eben auch beides sein können: Value und Growth. Wann aber wird aus einer Substanzaktie eine Wachstumsaktie? Oder vielleicht sogar umgekehrt. Wie kann eine Aktie beides sein, Value und Growth? So eindeutig kann man das gar nicht mehr beantworten, wenn selbst Value-Päpste wie Warren Buffett eine Apple-Aktie im Depot haben. Auch in den Value-Indizes finden sich seit einigen Jahren relativ viele Technologiewerte, die doch eigentlich als Wachstumstitel gelten. Zwei Beispiele sind die klassischen Tech-Werte wie Intel und Cisco. In den entsprechenden Growth-Indizes sind sie aber ebenfalls gelistet. Verkehrte Welt? Nein. Es geht eben nicht immer nur um den Preis. Es geht bei Value im Grunde darum, die relativ zu ihren Potenzialen günstigsten Aktien auszuwählen. Dazu braucht es eine intensive Analyse der Geschäftsmodelle und Geschäftsumfelder sowie Branchentrends und Konjunkturaussichten. Manchmal hat eben auch eine klassische Wachstumsaktie verdammt viel Substanz.

Die passenden Indizes für Value- und Growth-Anleger

An der Börse Frankfurt sind 28 Aktien-ETFs gelistet, mit denen Anleger auf den Faktor Value setzen können, aber nur fünf, die auf den Faktor »Wachstum« setzen. Zählt man allerdings die ETFs hinzu, die auf Technologieunternehmen, die Nasdaq oder klare Wachstumstrends wie Digitalisierung setzen, dann sind es viele. Es ist allerdings etwas schwieriger, sie zu finden. Bei justETF.com sind es immerhin schon sechs Indexfonds, die Growth-Indizes abbilden – mit verschiedenen regionalen Schwerpunkten. Die Auswahl beim Thema »Technologie« ist mit mehr als 100 eine ganz andere. Auch das zeigt, dass diese Anlagestrategie nicht ganz so einfach zu greifen ist wie Value.

Da ist die ETF-Auswahl wirklich gut und viel einfacher. Die meisten ETFs bilden den MSCI World Value ab, es gibt aber auch Länderindizes wie beispielsweise den MSCI USA Value und sogar ETFs auf amerikanische Value-Nebenwerte. Der entsprechende Index wäre der MSCI USA Small Cap Value. Doch welche Werte sind in den Indizes?

Beispiel MSCI World Value: Die Value-Variante des MSCI World setzt sich aus 400 Wertpapieren aus 23 entwickelten Ländern zusammen. Die größten Werte sind die zwei Tech-Konzerne Intel und Cisco, gefolgt vom Autokonzern Toyota Motors und mit IBM einem weiteren Technologieriesen sowie dem Energiemulti Shell und dem Gesundheitskonzern Pfizer. Auch bei der Branchengewichtung fallen die Technologiewerte, die doch eigentlich Wachstumswerte waren, ins Auge. Die IT-Branche kommt auf stolze 22 Prozent im Index, gefolgt von Branchen, in denen man eher klassische Value-Kandidaten vermuten würde: Finanzwerte, Gesundheitsversorgung und Industrie sowie zyklischer und nichtzyklischer Konsum. Anders als im Weltaktienindex MSCI World ist das Übergewicht amerikanischer Aktien im Value-Ableger mit knapp 36 Prozent deutlich geringer, wenn auch noch immer hoch. Wer lieber europäisch investieren möchte, kann sich den MSCI Europe Value anschauen: Da es in Europa deutlich weniger börsennotierte Technologiekonzerne gibt als in den USA, fällt auch die Gewichtung im europäischen Value-Index anders aus. Es sind eher die Klassiker unter den Top-Ten-Werten zu finden, nichtzyklische Konsumgüterhersteller wie British American Tabacco, der größte Wert im Index übrigens, Stellantis und Mercedes, Gesundheits- und Chemieunternehmen wie Novartis, Sanofi und Bayer, Energiekonzerne wie Shell und Total Energies und Industriegiganten wie Siemens. Unter den Top 10 ist im Januar 2024 kein IT-Wert. Entsprechend sieht auch die Branchengewichtung aus. Mit fast 30 Prozent haben Aktien aus dem Vereinigten Königreich das höchste Gewicht, gefolgt von Frankreich und Deutschland mit gut 20 Prozent.

Aktiv gemanagte Value-Fonds gibt es sehr viele. Ihre Schwerpunkte sind mal global, mal auf einen Kontinent oder auch nur ein Land begrenzt. Bekannte Fonds stammen aus den Häusern Acatis, Keppler oder Rothschild. Amerikanische Aktien sind bei den globalen Portfolios oft übergewichtet. Gleiches gilt für aktiv gemanagte Fonds, die auf Wachstumswerte setzen. Die Auswahl ist groß, vor allem wenn man im Fondsnamen nicht nur das Wort »Growth« sucht, sondern eben auch nach Wachstumsbranchen und den entsprechenden Themen Ausschau hält.

Die Buffett-Aktie Berkshire Hathaway

Wer auf Value setzen möchte, stellt sich unweigerlich irgendwann die Frage, ob nicht auch die Buffett-Aktie ein lohnendes Investment sein könnte. Seit fast 60 Jahren führt Warren Buffett das Konglomerat Berkshire Hathaway aus Omaha im US-Bundesstaat Nebraska. Der Ort hat ihm seinen Spitznamen »Das Orakel von

Omaha« eingebracht, denn er liegt und lag oft richtig, erkannte und erkennt künftige Renditebringer sehr früh. Oft schon dann, wenn sie sonst niemand haben wollte, und dies macht ja den Grundgedanken des Value-Investments aus: Was niemand will, ist in der Regel unterbewertet.

Buffetts Investment-Gesellschaft Berkshire Hathaway ist selbst börsennotiert. Zu dem Konglomerat gehören eine große Versicherungs- und Rückversicherungssparte, genauso wie eine Industrie- und eine Energietochter. Hinzu kommen rund 80 kleine und mittelständische Unternehmen wie der Textilhersteller Fruit of the Loom, der Fertighausanbieter Clayton Homes und der Privatjetvermieter Net Jets. Außerdem verwaltet Buffett ein mehr als 300 Milliarden Dollar schweres Aktienportfolio, in dem Beteiligungen an Apple, Bank of America und Buffetts Lieblingsaktie Coca-Cola liegen.

Wer also als Investor auf Berkshire Hathaway und damit die Buffett-Aktie setzt, kauft ein breit diversifiziertes Portfolio. Es gibt übrigens zwei Buffett-Aktien: Der Anteilsschein der Klasse A ist quasi das Original, kostet aber mehrere 100.000 Dollar. Im Herbst 2023 waren es fast 520.000 Dollar. Wer es etwas »günstiger« mag, für den eignet sich die Aktie der Klasse B. Sie hat nur ein Zehntausendstel der Stimmrechte im Vergleich zum Original und kostet mit gut 340 Dollar auch deutlich weniger.

Experten betonen immer wieder, die Berkshire-Aktie sei vor allem für Investoren geeignet, die auf Sicherheit setzen würden. Nennenswerte Kurssprünge sind nicht zu erwarten, denn dafür ist der Konzern mittlerweile einfach zu groß. Dafür sorgt die Aktie in unruhigen Phasen für Ruhe im Depot. Das hat sich auch 2022 wieder gezeigt. Während es mit den meisten Aktien abwärts ging, schaffte die Berkshire-Aktie es mit einem – wenn auch sehr kleinen – Plus über die Ziellinie.

Ausschüttungen als Rendite-Turbo: Dividendenaktien

Die Dividendenstrategie ist extrem beliebt und sehr erfolgreich. Die Dividenden sprudeln in manchen Monaten nur so. Im Jahr 2023 konnten sich Aktionäre über so hohe Dividenden freuen wie noch nie. Das britische Fondshaus Janus Henderson prognostizierte weltweite Gewinnausschüttungen in Höhe von 1,64 Billionen US-Dollar – ein Rekord und ein Plus von mehr als 5 Prozent gegenüber 2022. Das zeigt sich auch bei den Dividendenrenditen. US-Aktien kamen im Schnitt auf etwas mehr als 2 Prozent, globale Aktien sogar auf fast 5 Prozent und Papiere aus den Emerging Markets auf noch ein bisschen mehr. Das ist recht üppig. Dividenden sind ein bedeutender Faktor für unsere langfristige Rendite am Aktienmarkt. Denken Sie nur an unseren deutschen Index-Sonderling und den Vergleich zwischen Dax Performanceindex und Dax Kursindex. Dividenden gelten nicht umsonst als das A und O der Geldanlage. Sie machen langfristig bis zu 50 Prozent der gesamten Wertentwicklung einer Aktie aus.

Die Dividendenstrategie ist eine klassische Anlagestrategie für ertragsorientierte Investoren. Sie kaufen dabei Aktien, die im Verhältnis zu ihrem Börsenkurs eine hohe Dividende ausschütten. Die Dividendenrenditen von 3, 4 und mehr Prozent haben in Zeiten von Null- und Niedrigzinsen selbst risikoaverse Investoren angelockt. »Dividenden sind die neuen Zinsen«, war in dieser Zeit immer wieder zu lesen. Doch dieser Vergleich hinkt. Aktien sind keine Anleihen und erst recht keine Tagesgeldkonten. Aktienkurse können schwanken, Dividenden gekürzt werden oder sogar ausfallen. Lassen Sie sich bitte nicht von hohen Dividendenrenditen blenden, auch nicht als chancenorientierter Anleger. Denn in der Realität ist die Umsetzung der Dividendenstrategie nicht immer so einfach. Eine hohe Ausschüttungsquote bedeutet nicht zwangsläufig, dass die entsprechende Aktie qualitativ hochwertig ist.

Auf den ersten Blick ist die Dividendenstrategie denkbar einfach erklärt: Man setzt einfach auf die Aktien mit der höchsten Dividendenrendite. Vermeintlich hohe Dividendenrenditen können sich aber als Falle für Anleger entpuppen. Eine üppige Auszahlungsquote ist nicht immer gut, vor allem dann nicht, wenn die entsprechende Aktie gerade abgestürzt ist. Auch wenn es natürlich die allgemeine Marktlage sein kann, durch welche die Aktienkurse mitunter im zweistelligen Prozentbereich verlieren und die Dividendenrendite steigt. Schließlich wird die Dividendenrendite entweder auf Basis der letzten gezahlten oder der für das nächste Jahr geschätzten Dividende berechnet. Fällt der Kurs der Aktie, steigt rein rechnerisch die Dividendenrendite an. Es ist aber keinesfalls sicher, dass auch wirklich eine Dividende gezahlt wird. Sind die Probleme des Unternehmens hausgemacht und die Aktie fällt, dann lässt eine Kürzung der jährlichen Ausschüttungen oft nicht lange auf sich warten.

Wenn eine Dividendenrendite extrem hoch und noch dazu jüngst stark angestiegen ist, dann schauen Sie genau hin. Es kann eine Sonderdividende sein, was gut wäre. Es kann aber eben auch ein rein rechnerischer Anstieg sein, hinter dem schlechte Nachrichten (der Grund für den Kursrückgang) stecken. Es muss nicht zwangsläufig zu einer Kürzung der Ausschüttung oder gar zur Streichung kommen, wenn es dem Unternehmen mal nicht gut geht. Dividenden können bei fehlenden Gewinnen auch aus den Rücklagen des Unternehmens gezahlt werden. Diese Strategie wenden Firmenbosse an, die die Dividendenrendite stabil halten wollen. Immerhin ist sie eine wichtige Kennzahl für viele Investoren. Allerdings geht das zulasten anderer Kennzahlen, denn die Dividende aus der Substanz zu zahlen, reduziert den Firmenwert.

Hohe Dividendenrenditen können also in die Irre führen. Selbst wenn Sie auf maximale Risikostreuung setzen, sind Sie davor nicht gefeit. Zumal Dividendenindizes mitunter einseitig auf bestimmte Branchen ausgerichtet sind. Wird ein Aktienbarometer beispielsweise von Finanzdienstleistern, Versorgern und Telekommunikationsunternehmen dominiert, dann werden Sie mit dieser Strategie nur höhere Erträge als mit dem breiteren Pendant erzielen, wenn diese Branchen besser abschneiden als etwa Konsumgüter- oder Industrieunternehmen. Schauen Sie also genau, was im Index ist, wie die Branchen gewichtet sind, bevor Sie in einen ETF investieren. Das Gleiche gilt natürlich auch für einen aktiv gemanagten Fonds.

Manchmal geraten ganze Branchen in Schieflage und kürzen ihre Dividenden zusammen oder streichen sie gleich ganz. Das ist beispielsweise in der Finanzkrise geschehen und ließ sich in den Jahren danach eindrucksvoll am globalen Dividendenindex Stoxx Global Select Dividend 100 ablesen. Traditionell gehörten Bankaktien zu den besten Dividendenzahlern. Doch ab 2007, mit dem Ausbruch der Finanzkrise, gerieten die Ausschüttungskönige immer mehr unter Druck. Die Aktienkurse schmierten ab, irgendwann wurden dann auch die Dividenden gestrichen. Dem Index hat das nicht gutgetan. Das Problem bei den Dividendenindizes ist nämlich, dass ihre Zusammensetzung nur ein- oder zweimal im Jahr überprüft wird. Gerät eine hoch gewichtete Branche in Schieflage, fliegen die ehemals großzügigen Unternehmen erst raus, wenn Anleger schon auf massiven Verlusten sitzen. So ist es auch in der Finanzkrise passiert. Spricht das gegen die Strategie? Nein, aber es ist eben eines ihrer Risiken, neben all den Chancen.

Auf den Adel setzen mit Dividenden-Aristokraten

Dieses Risiko können Investoren ein Stück weit reduzieren, aber niemals ganz ausschalten, indem sie auf langfristiges, kontinuierliches Dividendenwachstum setzen: auf die bekannten »Dividenden-Aristokraten«, auf qualitativ hochwertige Dividendenzahler.

Abzulesen ist diese Qualität am Dividendenwachstum, an der Ausschüttungsquote, an der Kontinuität und schlussendlich dann an der Dividendenrendite. Passen all diese Faktoren, geht die Strategie auf. Das langfristig erfolgreiche Anlagekonzept aus den USA zielt auf 25 Anhebungen in Folge ab. Bei manchen ETFs ist die Hürde allerdings auf 20 Jahre gesenkt worden. Denn in Europa und Asien würde es einfach zu wenige Werte mit einem 25-jährigen Track Record geben, um einen Index und den entsprechenden ETF mit sinnvoller Risikostreuung zu kreieren. Es gibt eine ganze Palette von ETFs auf die Dividenden-Aristokraten – global, USA, Europa und so weiter. Denn Qualität ist gefragt, auch bei der Dividende.

Es darf aber auch einfach ein »normaler« globaler Dividenden-ETF sein. Ein möglicher Index wäre der DJ Global Select Dividend 100. Der Index enthält die 100 dividendenstärksten Unternehmen aus den Industrieländern weltweit. Ausgewählt werden die Aktien auf Basis ihrer historischen Dividendenrendite. Gewichtet werden sie dann nach der erwarteten Dividendenrendite. Der Stoxx Global Select Dividend 100-Index enthält 40 Aktien aus Nordamerika, 30 Aktien aus Europa und 30 Aktien aus der Region Asien Pazifik.

Wofür auch immer Sie sich entscheiden: Einzeltitel, Fonds oder ETFs – dividendenstarke Aktien haben den Vorteil, dass sie meistens eine höhere Eigenkapitalquote und stabilere Kapitalströme haben. Das macht sie weniger krisenanfällig und deshalb schwanken ihre Kurse auch weniger stark als die Kurse anderer Werte. Es gibt jede Menge aktiv gemanagte Fonds, die die Dividendenstrategie abbilden – mal mit dem einen, mal mit dem anderen regionalen Schwerpunkt. Auch ETF-Anleger finden ein breites Angebot. An der Börse Frankfurt sind mehr als 70 entsprechende Strategie-ETFs gelistet. Die zugrunde liegenden Indizes unterscheiden sich aber teils deutlich. Schauen Sie genau hin. Spannend: Sie können mittlerweile zwischen ausschüttenden und thesaurierenden ETFs (und auch Fonds) wählen. Eigentlich geht es bei Dividenden ja gerade um die Ausschüttung. Aber das Beispiel unseres Index-Sonderlings, des Dax, zeigt ja sehr eindrucksvoll, wie ratsam es ist, die Ausschüttungen zu reinvestieren. Verloren gehen die Dividenden übrigens nie. Es geht einzig um die Verwendung.

Der amerikanische Weg: Aktienrückkauf statt Dividende

Es muss aber gar nicht immer die Dividende sein. Manche Unternehmen »belohnen« ihre Aktionäre anders. Eine Besonderheit, die langsam zu uns nach Europa herüberschwappt, gibt es in den USA. Dort haben sich Aktienrückkäufe (englisch: Buybacks) als Ersatz für die Bardividende etabliert. Wie der Name schon sagt, kaufen Unternehmen bei einem Aktienrückkauf ihre eigenen Aktien zurück. Die Folge: Die Anzahl der frei gehandelten Aktien sinkt und der Anteil je Wertpapier am Konzern steigt. Das heißt auch, dass sich der Konzerngewinn auf weniger Aktien verteilt. Dadurch verbessern sich Kennzahlen wie etwa der Gewinn pro Aktie, der Umsatz pro Aktie und der Cashflow pro Aktie. Das Kurs-Gewinn-Verhältnis sinkt und wird so attraktiver. Außerdem wächst die Dividendenrendite für die verbliebenen Anteilseigner. Deshalb sprechen Experten beim Aktienrückkauf auch von einer »indirekten« Dividende. Im Vergleich zur Bardividende müssen die Kurssteigerungen allerdings nicht direkt besteuert werden, sondern erst beim Verkauf der Aktie. Ein angenehmer Nebeneffekt: Der Kurs steigt in der Regel, es ist also auch eine Form der Kurspflege. Denn im ersten Jahr nach der Programmankündigung klettern die vom Rückkauf betroffenen Aktienkurse durchschnittlich um 13 Prozent stärker als der Vergleichsindex, wie Berechnungen von J.P. Morgan zeigen.

In den USA sind Aktienrückkäufe sehr beliebt. Ihr Anteil am gesamten Ausschüttungs- und Rückkauf-Volumen im S&P 500 liegt seit 2018 bei fast 60 Prozent. Besonders beeindruckend sind die konkreten Zahlen: Goldman Sachs hat für 2022 bei den 500 größten börsennotierten US-Unternehmen Aktienrückkäufe im Volumen von 919,67 Milliarden Euro errechnet – ein weiterer Rekord, wie bereits in den Jahren zuvor. Vor allem die großen Technologiekonzerne kaufen ihre Aktien zurück.

Auch wenn Aktienrückkäufe positive Nebeneffekte haben, sind sie nicht ganz unumstritten. Wie bei üppigen Dividenden müssen sich Unternehmen die Frage gefallen lassen, ob sie keine besseren Ideen haben, was sie mit dem Geld anstellen könnten. Beispielsweise es in Forschung und Entwicklung zu investieren, in neue Geschäftsbereiche zu investieren oder einen Puffer für schlechte Zeiten zu bilden.

Qualität zahlt sich aus: Der Faktor »Quality«

Qualität zahlt sich aus, das gilt für Haushaltsgeräte, Autos und sogar für Kleidung. Wer qualitativ Hochwertiges kauft, hat meist länger etwas davon – und weniger Ärger als mit Billigprodukten. Aus denselben Gründen lohnt es sich auch, in Qualitätsaktien zu investieren. Speziell in Krisenzeiten erweist sich der Faktor »Quality« als wertvolles Element zur Risikostreuung. Qualität hat aber ihren Preis. Das gilt für die Produkte unseres täglichen Lebens und für Aktien von Qualitätsunternehmen. Sie sind zwar häufig teurer, also höher bewertet. Sie bieten Anlegern aber dafür Schutz vor Inflation und Krisen. Das ist auch das Ergebnis einer Studie der DZ Bank.

Doch was macht ein Qualitätsunternehmen aus? Wie findet man es? Und warum überhaupt schützt es vor Inflation und Krisen? Den Faktor Qualität hat übrigens der amerikanische Wissenschaftler Richard Sloan ins Spiel gebracht. Er stellte für die Wall Street eine Überrendite der Aktien von »qualitativ hochwertigen«

Unternehmen fest. Darunter versteht Sloan Unternehmen, deren Rücklagen und Cash Flows besonders stabile zukünftige Erträge erwarten lassen. Um sie zu identifizieren, ist eine recht aufwändige Bilanzanalyse erforderlich. Genau das könnte nach Sloan der Grund für die Überrendite sein: Viele Investoren sind möglicherweise nicht in der Lage oder wollen diesen fundamentalanalytischen Aufwand schlichtweg nicht treiben. Entsprechend reflektieren Aktienkurse nach Sloan stärker die Höhe der aktuellen Erträge eines Unternehmens als die Qualität seiner zukünftigen Erträge.

Das alles klingt jetzt sehr technisch, ist im Grunde aber recht einfach. Ein Qualitätsunternehmen hat eine starke Marktstellung. Ein solches Unternehmen kann weitgehend die Preise durchsetzen, die ihm genehm sind, und das selbst in wirtschaftlich schwierigen Zeiten. Das gilt für den Einkauf der Güter, die zur Produktion nötig sind – hier drückt ein Qualitätsunternehmen den Preis, denn es hat die Macht dazu – als auch für den Verkauf seiner Ware – hier bestimmt das Unternehmen den Preis und schraubt ihn gerne mal nach oben. So entsteht das, was Finanzfachleute als Überrendite bezeichnen: Die Firma verdient dauerhaft verdammt gutes Geld.

Zu einem Qualitätsunternehmen mit langfristigem Börsenerfolg gehört aber auch ein starker Name, eine starke Marke. Das mag ein eher weiches Kriterium sein, trotzdem garantiert ein weltweit anerkannter Markenname gute Geschäfte. Denken Sie nur an Apple. Die meisten sind richtige Fans von iPhone, iPad und MacBook. Der Konzern erhöht die Preise ständig, und zwar saftig. Die Kunden machen es klaglos mit. Selbst wenn sie sich ärgern, kaufen sie das neueste Modell trotzdem. Nicht jedes neue Modell vielleicht, aber regelmäßig muss was Neues her. Ich weiß, wovon ich spreche. So ganz sicher dürfen Sie sich als Anlegerin oder Anleger aber auch mit den stärksten Unternehmen nicht fühlen. Qualität kann nachlassen, die Qualität der Bilanz, der Produkte und am Ende der Aktien. Ein Beispiel ist Nokia. Der

Handy-Hersteller war lange an der Spitze des Mobilfunkmarktes, verpasste dann allerdings den Smartphone-Boom – Apple lässt grüßen – und stürzte schließlich ab, in der Gunst der Verbraucher und an der Börse.

Raus aus den Rohrkrepierern, rein in gute Unternehmen

Grundsätzlich gilt: Qualität zahlt sich aus. Und in Qualität zu investieren – das klingt nach einer naheliegenden und erfolgversprechenden Anlagestrategie. Trotzdem ignorieren immer noch viele Anleger diese Strategie oder haben keine Definition für den Begriff Qualitätsunternehmen. »Leider ist es immer wieder überraschend, wie viele Investoren mit diesem Konzept nicht vertraut sind und stattdessen ausschließlich auf Variablen wie das Kurs-Gewinn-Verhältnis schauen«, heißt es in der DZ-Bank-Studie. So bleiben Rohrkrepierer jahrelang im Depot, immer in der Hoffnung auf den Turnaround. Stattdessen könnten Investoren schlechte Unternehmen im Portfolio sukzessive durch gute ersetzen. Selbst wenn man als Anleger die Renditechancen falsch einschätzt, hat man wenigstens die Gewissheit, dass die Unternehmen im Portfolio dank der hohen Kapitalrenditen Werte schaffen. Auch dürften diese Unternehmen und ihre Produkte kaum Schwierigkeiten haben, Phasen langanhaltender Inflation und Krisen zu überdauern.

Leider ist die Frage, was ein Qualitätsunternehmen genau ist, wie so oft nicht ganz einfach zu beantworten. Es gibt keine einheitliche Definition. Qualitätsunternehmen zeichnen sich in der Regel durch ein stabiles Geschäftsmodell aus – und dies wiederum geht mit dem Vorteil einher, dass sie häufig vergleichsweise attraktive Umsätze und Erträge erwirtschaften. Gut aufgestellte Unternehmen mit einem robusten Geschäftsmodell punkten dadurch, dass sie in Zeiten steigender Inflation die höheren Preise in der Produktion in der Regel einfacher weiterreichen können. Deshalb kommen sie besser durch Krisen; deshalb machen sie auch in Zeiten hoher Inflation noch immer gute Geschäfte. Kein Wunder, dass viele Investoren vor allem in stürmischen Zeiten nach Qualität suchen. Ein Allheilmittel ist diese Anlageklasse aber auch nicht. Zwar bieten Qualitätsunternehmen grundsätzlich auch in Krisenzeiten einen vergleichsweise guten Schutz. Das bedeutet aber nicht, dass Qualitätsunternehmen und ihre Aktienkurse immun gegen Krisen sind. Wenn es am Kapitalmarkt zu Marktrücksetzern kommt, geben in der Regel auch diese Aktien nach, wenngleich die Verluste – etwa im Vergleich zu denen von Growth-Aktien – nicht ganz so kräftig ausfallen sollten.

Doch welche Kennzahlen sind entscheidend auf der Suche nach Qualität? Für die Urheber der DZ-Bank-Studie ist ein Qualitätsunternehmen ein Unternehmen, das über den gesamten Geschäfts- und Wirtschaftszyklus hinweg eine sehr hohe Rendite auf das in das Unternehmen investierte Kapital erzielt. Sie wird ermittelt, indem der Gewinn vor Steuern ins Verhältnis zum Betriebskapital, also Bilanzsumme minus kurzfristige Verbindlichkeiten, gesetzt wird. Das Ergebnis ist die »Rendite auf das eingesetzte Kapital«, kurz ROCE (für »Return on Capital Employed«). Ein ROCE von 20 Prozent bedeutet, dass ein Unternehmen mit einem Kapitaleinsatz von einem Euro 20 Cent vor Steuern und Zinsen verdient. Mithilfe des ROCE kann ein Investor beurteilen, wie gut ein Unternehmen sein Kapital einsetzt, um Gewinne zu erzielen. Darüber hinaus müssen die Kapitalkosten berücksichtigt werden, also die Kosten, die jedes Unternehmen für die Beschaffung von Fremd- und Eigenkapital aufbringen muss. Weitere Faktoren, die ein Qualitätsunternehmen auszeichnen und im Investitionsprozess berücksichtigt werden können, sind: die Rohertrags-Marge, die operative Marge, der Grad der Cash-Umwandlung (auch »cash conversion«), der Verschuldungsgrad und der Zinsdeckungsgrad. Doch es gibt nur wenige sehr gute Unternehmen auf der Welt, die über den gesamten Geschäfts- und Wirtschaftszyklus hinweg konstant eine Kapitalrendite oberhalb ihrer Kapitalkosten erwirtschaften und auf die sich die Anleger verlassen können. Einige Beispiele sind laut der DZ-Bank-Studie Adobe Systems, Applied Materials, ASML, Kering, LVMH und Novo Nordisk. Aber das kann sich jederzeit ändern. Das Risiko, in Einzelaktien zu investieren, ist hoch.

Also doch lieber auf Fonds und ETFs, beispielsweise auf den MSCI World Quality oder eine regionalere Variante wie den MSCI USA Quality, setzen? Es wäre meine Wahl. Ob eine Aktie ein Qualitätstitel ist, machen die Experten vom Morgan Stanley Capital International (MSCI) an drei Kriterien fest, die alle gleich wichtig sind: eine hohe Eigenkapitalrendite, ein geringer Verschuldungsgrad und stabiles Gewinnwachstum. Wie bei allen Investments gilt auch bei Qualitätsunternehmen: Um die aussichtsreichsten Kandidaten zu identifizieren – auch was beispielsweise die Bewertung angeht –, ist eine umfangreiche Analyse unerlässlich. Privatanlegern fehlt aber häufig nicht nur das notwendige Know-how für eine umfangreiche Analyse großer Unternehmen. Auch den Faktor Zeit unterschätzen viele private Investoren. ETFs und auch aktiv gemanagte Fonds sind da ein praktisches Vehikel.

In meinem Depot und im chancenreichen Musterdepot, was übrigens dasselbe ist, decke ich den Faktor »Quality« über den MSCI World Quality ab. Der Index enthält die qualitativ hochwertigsten Titel aus dem Weltaktienindex. Der MSCI World ist bekanntlich kein echter Weltindex, weil er nur Aktien aus den Industrieländern enthält, und er ist sehr amerikanisch. Daran ändert sich auch in seinem Qualitäts-Ableger wenig. Während der MSCI World fast 1.600 verschiedene Aktien aus 23 Ländern enthält, sind es im MSCI World Quality nur etwa 300 Werte. Zu den Qualitätsaktien im Index zählen bekannte Firmen wie der Chiphersteller Nvidia und der iPhone-Konzern Apple. Außerdem vertreten sind die Softwareschmiede Microsoft, der Finanzkonzern Visa, bekannt durch seine Kreditkarten, der Facebook-Konzern Meta, der Pharma-Riese Eli Lilly, der zweite Kreditkartenmulti Mastercard und das Pharmaunternehmen Novo Nordisk. Wie jeder Index wird auch der MSCI World Quality regelmäßig überprüft und gegebenenfalls nachjustiert. Die US-Unternehmen kommen wie auch im MSCI World selbst auf ein extremes Übergewicht. Es ist in der Qualitätsvariante sogar noch ein bisschen größer als im Hauptindex. Auf Platz zwei folgen weit abgeschlagen Unternehmen aus der Schweiz, gefolgt von Großbritannien und Dänemark.

Die Performance des MSCI World Quality kann sich durchaus sehen lassen. In den vergangenen zehn Jahren legte er pro Jahr etwa 12 Prozent zu, der MSCI World nur knapp 9 Prozent – durchschnittlich natürlich. Qualität zahlt sich aus. Auch an der Börse.

Die stressfreiere Variante: Low Volatility

In der Ruhe liegt die Kraft – das gilt mitunter auch an der Börse. Diese Ruhe gönnen uns Aktien mit geringer Schwankungsintensität – auf Börsendeutsch »Low Volatility« oder auch »Low Vola«. Nervenschonende Titel, die nicht ganz so heftig schwanken wie der Gesamtmarkt – gerade für eher vorsichtige Anleger klingt das wie ein Traum, oder? Manchmal sprechen Experten auch von »Low Beta«. Gemeint ist immer dasselbe. Übrigens sind Qualitätsaktien oft auch gleichzeitig »Low Beta«-Aktien.

Beta, mit diesem griechischen Buchstaben wird das Marktrisiko angegeben, auch systematisches Risiko genannt. Ist das Beta hoch, schwankt die Aktie stärker als der Durchschnitt. Sie ist »volatiler« als der Index und belastet unser Nervenkostüm mitunter mächtig. Ist das Beta niedrig, pendelt die Aktie hingegen nicht so stark wie der Index. »Low Beta«-Strategien sind sehr defensiv und ein perfekter Baustein für ein konservatives Depot, denn sie reduzieren das Risiko. Diese Aktien sind wie geschaffen für unruhige Börsenzeiten.

»Low Beta« heißt also nichts anderes, als in Aktien zu investieren, die weniger stark von der allgemeinen Börsenentwicklung abhängig sind als andere. Im Idealfall geht der Kurs solcher Papiere also weniger stark zurück, wenn ein Aktienindex wie der MSCI World oder der S&P 500 stark einbrechen. Zwar kann sich kaum eine Aktie dem allgemeinen Trend völlig entziehen, wenn es an den Börsen stark nach unten geht. Aber tatsächlich gibt es Aktien, denen ein Einbruch der Kurse auf Dauer nur wenig anhaben kann. Sie sind wie gemacht für Anlegerinnen und Anleger, die eher vorsichtiger unterwegs sind, allzu große Risiken meiden und Kursschwankungen nur schwer ertragen können. Frei nach dem Motto: In der Ruhe liegt die Kraft.

Die ruhigen Gesellen identifizieren Profis indem sie messen, wie sich eine Aktie relativ zum Markt entwickelt. Per Definition beträgt das »Beta« des Marktes 1,0. Ein Wert von 0,5 bedeutet, dass eine Aktie zu 50 Prozent an der Bewegung des Marktes nach oben beziehungsweise nach unten partizipiert. Die Aktie fällt also »nur« um 5 Prozent, sollte der Markt um 10 Prozent fallen. Aktien mit einem Beta von größer als eins schwanken stärker, sind also eher etwas für risikohungrige Anleger. Da Aktien mit einem hohen Beta mitunter eine Überrendite bieten, werden diese oft mit einer Prämie gehandelt. Im Gegensatz dazu werden »Low Beta«-Aktien eher mit einem Abschlag gehandelt. Sie sind eben ein bisschen langweilig, und das ist auch gut so. Doch genau hier kommt es zu Ineffizienzen, die wir als Anlegerinnen und Anleger ausnutzen können.

»Low Beta«-Aktien mögen weniger schwankungsfreudig sein, langfristig sind sie aber trotzdem erfolgreich. Das zeigt auch der Blick auf den MSCI World Minimum Volatility, die weniger bekannte schwankungsärmere Variante des Weltaktienindex MSCI

World. Auch wenn der Index weniger stark zulegt als der normale MSCI World, lieferte Minimum Vola in den vergangenen zehn Jahren immerhin noch eine Rendite von durchschnittlich 7,7 Prozent pro Jahr. Aber eben bei deutlich geringeren Schwankungen. »Low Vola« ist ein Baustein, mit dem Sie Ihr Risiko minimieren können, ohne gleichzeitig auf einen Teil der Aktienrendite verzichten zu müssen. Langfristig bieten »Low Beta«-Aktien eine Überrendite, die sie allerdings nicht in Bullenmärkten einfahren, in denen sie ja weniger stark steigen. »Low Beta«-Aktien punkten vor allem in fallenden Märkten, weil sie den Absturz weniger stark mitmachen. Sie federn Verluste des Gesamtmarktes also ein Stück weit ab. Diese Überrendite fahren Sie aber nur ein, wenn Sie die »Low Beta«-Positionen langfristig halten. Um das Potenzial dieser Strategie auszuschöpfen, müssen Sie sie über mehrere Marktzyklen durchhalten.

Der MSCI World Minimum Volatility wird Ihnen in zwei Musterdepots wieder begegnen. Sie können Ihn aber natürlich auch als Basisinvestment in einem sehr einfachen Depot oder einem Core-Satellite-Portfolio nutzen. Das ist (wie immer) Geschmackssache. Wenig überraschend sind auch in diesem Auswahlindex des MSCI World wieder die USA mit gut 60 Prozent sehr hoch gewichtet, es folgen die üblichen Bekannten: Japan, die Schweiz und Kanada. Anstelle von über 1500 Werten sind es nur noch knapp 300, besonders »langweilig« waren zuletzt wohl Cisco Systems, Waste Management, Merck & Co., Pepsico, Novartis, Eli Lilly und Johnson & Johnson.

Megatrend ESG: nachhaltig investieren

Umweltschutz, soziale Gerechtigkeit, gute Unternehmensführung – Nachhaltigkeit ist ein Megatrend. Auch in der Geldanlage, immer mehr Geld fließt nämlich in nachhaltige Produkte. Aber was ist überhaupt nachhaltig? Die Antwort auf diese Frage würde im Grunde ein weiteres Buch füllen. Einen Überblick will ich Ihnen trotzdem geben. Das Thema ist aber sehr vielschichtig, recherchieren Sie bitte weiter, vor allem wenn Sie ausschließlich nachhaltig investieren möchten. Es stellen sich viele Fragen, die Antworten sind selten einfach. Wann wirtschaftet ein Unternehmen ESG-konform, wann sind Fonds und ETFs wirklich grün und wann vielleicht nur grün gewaschen? Das leidige Thema »Greenwashing« macht derzeit reichlich Schlagzeilen. Jeder möchte schließlich so grün wie möglich dastehen. Niemand will als »braun« gebrandmarkt werden. Dumm nur, wenn man ein bisschen zu sehr schöngefärbt hat. Das kann schnell passieren. Manchmal vielleicht sogar ungewollt. Denn es gibt gar keine glasklare Definition dafür, was (in der Geldanlage) nachhaltig ist. Es gibt auch keine allgemein gültige Definition für den Begriff Nachhaltigkeit. Sie müssen sich fragen, welche Aspekte Ihnen besonders wichtig sind. Ist es der Umweltschutz, der verantwortungsvolle Umgang mit unseren Ressourcen? Oder sind es eher soziale Aspekte und die gute Unternehmensführung? Gibt es Branchen, in die Sie auf keinen Fall investieren möchten? Die Antworten auf diese Fragen sind sehr individuell. Da kursieren viele Meinungen und damit auch viele Definitionen von Nachhaltigkeit. Diskutiert wird darüber nicht erst seit der Entscheidung des EU-Parlaments, Erdgas und Atomkraft unter bestimmten Voraussetzungen als nachhaltig einzustufen.

Die Taxonomie der Europäischen Union soll eigentlich Abhilfe schaffen. Sie ist ein einheitliches Klassifikationssystem für »grüne« Investitionen. Begriffe werden standardisiert, denn Investoren sollen erkennen, wie nachhaltig ein Investment tatsächlich ist. Die Taxonomie definiert, was als ökonomisch nachhaltig eingestuft werden darf. Sechs Umweltziele hat die EU dazu definiert: Klimaschutz, Anpassung an den Klimawandel, nachhaltige Nutzung und Schutz der Wasser- und Meeresressourcen, Übergang zu einer Kreislaufwirtschaft, Vermeidung und Verminderung der Umweltverschmutzung sowie Schutz und Wiederherstellung der biologischen Vielfalt und der Ökosysteme. Mal sehen, ob das hilft.

Fehlende Standards, unklare Definitionen – das hält weder die Finanzbranche noch Anleger davon ab, diesen Megatrend zu bedienen. Fast wöchentlich kommen neue Fonds und vor allem ETFs auf den Markt, die diesen Trend »spielen«. Fondsmanager setzen ihre eigenen Akzente, verfolgen ihre eigene Strategie. Das macht die Auswahl aktiver Investmentfonds nicht unbedingt einfach. Nicht immer bekommen Investoren, was sie wollen. Auch beim Thema Nachhaltigkeit wird es mitunter ziemlich kompliziert. Zu vermeintlich einfachen börsennotierten Indexfonds zu greifen, ist aber leider auch kein Allheilmittel.

Nachhaltig ist nicht gleich nachhaltig

Bevor Sie nachhaltig investieren, müssen Sie sich ein paar Gedanken darüber machen, was Nachhaltigkeit für Sie bedeutet. Egal, ob Sie mit Einzelaktien, Fonds oder ETFs »grün« investieren möchten, es gibt einige Fragen, die Sie sich stellen müssen. Was ist Ihnen wichtig? Was soll ausgeschlossen sein? Welche Schwerpunkte wollen Sie setzen? Es gibt viele Möglichkeiten, grün zu investieren. Das zeigt auch der Blick auf die unzähligen nachhaltigen Börsenbarometer. Es gibt mittlerweile extrem viele Nachhaltigkeits-Indizes. Genau genommen gibt es kaum einen bekannten Index, von dem es nicht auch mindestens eine »grüne« Variante gibt. Oft sind es aber eben ganz viele, und das macht es nicht gerade übersichtlicher.

Nachhaltig ist nicht gleich nachhaltig. ESG oder SRI? »Screened«, »universal« oder »enhanced«? ESG-Leaders oder Climate Change? Es gibt unzählige Indizes, mit diversen Zusätzen. Diese

Kürzel und Zusätze zieren übrigens auch aktiv gemanagte Fonds. Das Chaos ist ziemlich groß, finde ich. Selbst die sonst so einfachen ETFs werden zu einer komplizierten Angelegenheit. Denn die Unterschiede können entscheidend sein. Vor allem dann, wenn Investoren sehr klare Vorstellungen haben, wie sie das Thema definieren, welche Dinge sie ausschließen wollen, müssen sie sehr genau hinschauen. Das sollte man natürlich immer tun, wenn man sein Geld investiert, beim vermeintlich einfachen Thema Nachhaltigkeit aber erst recht.

Der genaue Blick auf die prominenten MSCI-Indizes macht es deutlich: Es gibt nicht nur einen nachhaltigen Weltaktien- oder Schwellenländerindex, sondern gleich mehrere. Nachhaltiger MSCI ist nicht gleich nachhaltiger MSCI, leider. MSCI bietet mehrere Indexfamilien mit unterschiedlichen Schwerpunkten, Ausschlusskriterien und Gewichtungen an.

Der MSCI ESG Screened schließt Aktien von Unternehmen aus, die gegen den UN Global Compact – einen weltweiten Pakt, der zwischen Unternehmen und der UNO geschlossen wird, um die Globalisierung sozialer und ökologischer zu gestalten – verstoßen, kontroverse und konventionelle Waffen herstellen. Kraftwerkskohle ist ausgeschlossen, Atomenergie und unkonventionelle Öl- und Gasförderung (beispielsweise aus Ölschiefer, Ölsand oder durch hydraulisches Fracking) hingegen sind erlaubt. Tabak zählt ebenfalls als Ausschlusskriterium, Alkohol, Glücksspiel oder Pornografie aber nicht.

Etwas anders sieht es bei den MSCI ESG Leaders aus. Die Indexmitglieder dürfen nicht gegen den UN Global Compact verstoßen oder Waffen herstellen. Atomenergie ist ausgeschlossen, Fracking und Kraftwerkskohle sind hingegen erlaubt. Alkohol, Tabak und Glücksspiel sind tabu, Pornografie aber nicht. Weniger Ausschlüsse gibt es beim MSCI World ESG Enhanced: Verboten sind nur die Verstöße gegen UN Global Compact, Waffen, Kraftwerkskohle und Tabak.

Und dann ist da noch der MSCI Climate Change ESG. Wie der Name schon sagt, geht es um den Klimaschutz. Verboten sind Verstöße gegen den UN Global Compact. Kontroverse Waffen sind ebenfalls ein Ausschlusskriterium, konventionelle Waffen aber nicht. Atomenergie, Fracking und Kraftwerkkohle sind ein »No-go«. Während Tabak auch ein Ausschlusskriterium ist, werden Alkohol, Glücksspiel und Pornografie geduldet.

Die wenigsten Ausschlüsse gibt es beim MSCI ESG Universal: Lediglich Verstöße gegen den UN Global Compact sowie kontroverse Waffen, unkonventionelle Öl- und Gasförderung und Kraftwerkkohle sind ausgeschlossen. Am allerstrengsten sind die Kriterien bei der Indexfamilie MSCI SRI – hier sind alle genannten Faktoren ausgeschlossen. Nachhaltiger geht es wohl kaum. Eine gute Übersicht bietet justETF.com.

Unterschiede gibt es auch bei der Gewichtung. Während der MSCI ESG Screened, der MSCI ESG Leaders und der MSCI World SRI nach Marktkapitalisierung gewichtet sind, sind beim MSCI ESG Enhanced ESG-Kriterien entscheidend und beim MSCI Climate Change ESG ist es der CO_2-Ausstoß. Je nach Indexfamilie verändern sich damit die Zusammensetzung und die Branchengewichtung recht stark. Nachhaltig ist eben nicht gleich nachhaltig – weder bei aktiven noch bei passiven Fonds.

Die Besten sind nicht immer wirklich nachhaltig

Ganz schön verwirrend, oder? Noch verwirrender wird es, wenn wir uns genauer anschauen, wie die Nachhaltigkeit umgesetzt wird. Es gibt nämlich verschiedene Wege, verschiedene Ansätze. Ein sehr bekannter und weit verbreiteter ist »Best in Class«. Investiert wird immer in die Besten einer Branche; also in die Unternehmen, die am nachhaltigsten wirtschaften. Neben den recht einfachen und gängigen Ausschlussverfahren ist es einer der ältesten und bekanntesten Ansätze, um nachhaltig zu investieren. Aber es gibt durchaus Kritikpunkte. Wer in einen ETF auf einen Index oder auch in einen Fonds investiert, der rein nach diesem Ansatz strukturiert ist, der legt sein Geld in allen Branchen an. Dies birgt das Risiko in Aktien zu investieren, die aus absoluter Sicht nicht unbedingt besonders nachhaltig sind, aber dennoch relativ gut in ihrem Sektor abschneiden. Sie müssen als Anleger oder Anlegerin damit rechnen, dass Sie dann auch in fragwürdigere Sektoren oder Branchen investieren, wie etwa die Ölindustrie, die Automobilindustrie, in Chemie- und Industriewerte.

Aber ist das wirklich so schlimm? Schließlich gibt es auch in diesen Branchen Unternehmen, die sehr viel Geld in nachhaltige Geschäftsbereiche investieren. Autokonzerne setzen verstärkt auf E-Mobilität, Stromkonzerne investieren in erneuerbare Energie und Industriekonzerne rüsten ihre Produktion um – um nur einige Beispiele zu nennen. Gerade Energie und Mobilität, aber auch viele Produkte aus Chemie und Industrie sind für unsere Gesellschaft von großer, vielfach überlebenswichtiger Bedeutung. Wenn wir den Wandel zu mehr Nachhaltigkeit vorantreiben wollen, spricht also im Grunde gar nichts dagegen, in Branchen zu investieren, die noch nicht so weit sind, und gleichzeitig die Unternehmen innerhalb des Sektors zu unterstützen, die schon weiter sind. Damit setzen wir als Investoren ein klares Signal.

Wenn es nur die besten in den Index oder das Depot schaffen, bedeutet ein reiner »Best-in-Class«-Ansatz, dass auch »Schmutzfinken« im ESG-Depot landen können. Nur weil ein Unternehmen das beste seiner Branche ist, heißt das nicht zwangsläufig, dass es sehr nachhaltig ist. Sogar das Gegenteil kann der Fall sein. Es ist eben einfach nur nachhaltiger als die Konkurrenz, die Messlatte kann da recht niedrig liegen. Ein gewisses Level von »Schmutz« müssen Sie gerade als Fonds- und ETF-Anleger akzeptieren, weil Sie unweigerlich in Branchen oder Sektoren investieren, die per se nicht als nachhaltig erachtet werden. Das hängt übrigens auch davon ab, wie man persönlich »Schmutz« definiert. Womit wir wieder bei der Frage sind, wie wir Nachhaltigkeit definieren.

Viele Anlegerinnen sind aber nur begrenzt zu Kompromissen bereit oder sie ziehen doch zumindest klare Grenzen. Da »Best in Class« seine Tücken hat, kombinieren viele Profis diesen Ansatz mit anderen, meistens sind es klare Ausschlusskriterien. Sie investieren beispielsweise nicht in Atomwaffen, Streumunition oder Landminen, also in sogenannte kontroverse Waffen. Wenn mehrere Ansätze kombiniert werden, passiert das ein Stück weit auch auf Kosten der Risikostreuung. Je strenger der Ansatz, desto kleiner das Anlageuniversum. Im MSCI World ESG Screened beispielsweise sind 1400 Unternehmen gelistet, im strengeren SRI-Index nur noch 500 Unternehmen. Aber auch 500 Werte bieten noch immer eine sehr gute Risikostreuung. Etwas anders sieht es aus, wenn Sie auf Themen- und Branchen-Investments setzen. Nachhaltigkeit ist ein Megatrend und es gibt jede Menge spannende Themen – erneuerbare Energien, Wasserstoff oder Mobilität der Zukunft beispielsweise.

Der Fantasie sind keine Grenzen gesetzt: Branchen- und Themen-Investments

Standard- oder Nebenwerte? Global oder regional? Value oder Growth? Low Vola oder Qualitätsaktien? Es gibt noch einen anderen Weg, um sich der Börse, einzelnen Aktien oder eben Fonds und ETFs zu nähern: Branchen- und Themen-Investments. Auf bestimmte Branchen zu setzen ist eigentlich ein Klassiker an den Märkten. Ich erinnere mich noch gut, wie um die Jahrtausendwende Fonds mit (Branchen-)Schwerpunkt Internet, Telekommunikation oder Biotech die großen Verkaufsschlager waren. Einfach jeder wollte sie haben, wollte dabei sein. Branchen-Investments gab es aber natürlich schon viel früher. Mal ist die eine und mal die andere Branche gefragt. Erinnern Sie sich an die Konjunkturzyklen, es gibt zyklische und weniger zyklische Branchen. Es gibt länger laufende Trends, auch Megatrends. Damit wären wir dann aber eigentlich schon bei den Themen-Investments.

Aber zurück zu den Klassikern, den Branchen-Investments. Auto, Banken, Pharma, Chemie, aber auch Telekommunikation, Energie beziehungsweise Versorger, Immobilien, Industrie und Technologie. Es gibt viele Branchen und noch mehr börsennotierte Unternehmen. Und es gibt die entsprechenden Indizes, sogenannte Subindizes der bekannten Börsenbarometer. Doch Vorsicht, wenn Sie zu stark auf Unternehmen einer einzelnen Branche setzen, dann laden Sie sich wahrscheinlich ein Klumpenrisiko ins Depot. Das passiert schneller und öfter, als Sie denken. Wir neigen nämlich nicht nur dazu, bei der Geldanlage ziemlich heimatverliebt zu sein. Die Deutschen kaufen am liebsten deutsche Aktien, Sie erinnern sich. »Home Bias« nennen Experten diese Heimatliebe. Es gibt auch einen »Sektor Bias«, eine Branchenverliebtheit. Wenn wir glauben, uns gut auszukennen – in einem Land oder eben einem Sektor – dann investieren wir dort lieber. Das kann aber schnell, sehr schnell zu Lasten der Risikostreuung gehen. Deshalb sind Branchenanlagen mit einer gewissen Vorsicht zu genießen, genauso wie Themen-Investments.

Bei den Themen geht es nämlich ziemlich kreativ – etwas ketzerisch könnte man auch sagen: ziemlich wild – zu: Cannabis, eSports und Gaming, Ernährung der Zukunft oder Haustierpflege – nichts, was es nicht gibt. Vor allem in der ETF-Welt übrigens, aber natürlich auch als Einzelaktien. Auch die Fondsmanager mischen fleißig mit. Auf ein Thema wie Luxus zu setzen, mag einen gewissen Sinn ergeben. Die erneuerbaren Energien sind auf jeden Fall ein Megatrend, ebenso wie Cyber Security oder Infrastruktur.

Das alles mag sinnvoll erscheinen – lieber als Fonds oder ETF als via Einzelaktien wegen der Risikostreuung. Biotechnology, Blockchain, Cloud Computing, Digital Learning, Mobilität der Zukunft, Recycling Economy (Kreislaufwirtschaft), Wasser sind auch spannende Themen, die einen Blick wert sein können. Aber denken Sie stets an die Risikostreuung. Bei Cannabis oder Tierfutter wäre ich etwas skeptischer. eSports und Gaming war während der Corona-Lockdowns ein ziemlicher Trend an den Märkten, dann aber nicht mehr so gefragt. Nicht alles ist wirklich ratsam, nicht alles läuft gut, vor allem nicht immer gleich gut. Die Marketingabteilungen in den Finanzhäusern sind sehr kreativ, Trends, Geschichten und Modethemen kommen und gehen. Es spricht grundsätzlich nichts dagegen, sich solche Dinge anzuschauen, sie beizumischen. Vielleicht eher kurz- bis mittelfristig als langfristig?

Lassen Sie sich aber nicht von allzu tollen Storys und vor allem Rendite-Versprechen locken. Hinterfragen Sie, überprüfen Sie, was zu Ihrer Strategie passt. Manche Themen-Investments sind eine verdammt gute Idee, andere nicht. Machte taugen nur fürs Spielgeld-Depot, andere sind sogar ein kleinerer Baustein für Ihr langfristiges Portfolio. Ich will nicht zu sehr ins Detail gehen. Sie finden in den Medien, Print wie Online, jede Menge Informationen zu einzelnen Branchen, Themen und Megatrends. In Ihrem Depot sollten diese aber eigentlich nur Beimischung sein, auf keinen Fall einen zu großen Anteil haben, auch wenn es sich um Megatrends wie die Digitalisierung handelt. Je spezieller das Investment, desto geringer der Depotanteil. Denn sonst wird es wirklich spekulativ. Welche Tücken die entsprechenden Fonds und vor allem ETFs haben können, darum geht es im nächsten Kapitel.

KAPITEL 5

Anleihen – Ruhepolster und auch Rendite-Booster

Bei aller Begeisterung für Aktien dürfen sie nie die einzige Anlageklasse sein, auf die Sie setzen. Risikostreuung heißt schließlich auch, in verschiedene Anlageklassen zu investieren. Deshalb sollten Anleihen in Ihrem Depot nicht fehlen. Welche gibt es und welche Funktion können sie in Ihrem Depot haben?

Geld ist der Treibstoff unserer Wirtschaft

Regierungen brauchen Geld, um ihren Staatshaushalt zu finanzieren. Steuereinnahmen allein reichen nicht aus, um die Sozialsysteme, die Infrastruktur, den Staatsapparat zu finanzieren. Unternehmen brauchen Geld, um ihre Geschäfte zu finanzieren. Je nach Geschäftsmodell müssen Rohstoffe oder andere Materialien eingekauft werden, dazu kommen Mieten und Gehälter, Produktion und Dienstleistungen, Investitionen und Zukäufe. Die Liste ist lang. Ohne Geld läuft es nicht. Wer nicht genug auf dem Konto hat oder laufend einnimmt, ob nun über Steuern oder das tägliche Geschäft, der leiht sich Geld – nicht nur bei der Bank, sondern auch am Kapitalmarkt. Das ist völlig normal. Werden die Kredite und Anleihen fällig, braucht man neue, um diese abzulösen. Experten sprechen von Refinanzierung. Nicht nur die Bundesregierung finanziert einen Großteil ihrer Schulden über Anleihen. Ausländische Staaten und Regierungen sowie Unternehmen und Banken aus dem In- und Ausland tun es ebenso. Investoren leihen ihnen das benötigte Kapital, indem sie die entsprechenden Anleihen kaufen.

Anleihen sind Schuldverschreibungen. Sie werden auch Renten genannt. Mit unserer staatlichen Altersvorsorge, der Rente, haben sie aber nichts zu tun. Auch wenn sie früher als »Witwen-und-Waisen-Papiere« bezeichnet wurden, wenn sie sehr sicher waren und regelmäßige Erträge in Form von Zinskupons boten. Solche supersicheren Anleihen gibt es natürlich immer noch, von »Witwen-und-Waisen-Papieren« spricht aber niemand mehr. Wohl auch, weil es mit den Zinskupons in den Jahren der Null- und Niedrigzinspolitik der globalen Notenbanken nicht mehr besonders weit her war. Mit dem Abschied von der ultralockeren Geldpolitik sind die Zinsen aber wieder gestiegen. Bonds (ein weiteres Synonym) bringen wieder etwas.

Anleihen, Renten oder Bonds – gemeint sind Schuldverschreibungen von Staaten und Unternehmen. Investoren verleihen Geld, wenn sie Anleihen kaufen; in der Regel mit einer konkreten Laufzeit, einem festen Rückzahlungswert (nämlich 100 Prozent) und einem fixen Zinskupon. Die Rendite per Endfälligkeit lässt sich also sehr genau berechnen, wenn der Staat oder das Land nicht pleitegehen. Das passiert aber sehr selten. Vor allem wenn Sie auf Anleihen sicherer Schuldner setzen, ist das Risiko winzig, die Rendite aber planbar. Das unterscheidet Anleihen von Aktien, die Unternehmensbeteiligungen sind, ohne konkrete Laufzeit, ohne fixes »Kursziel« oder gar eine garantierte Dividende. Sichere Anleihen sind also relativ berechenbar, aber auch ein bisschen langweilig. Allerdings gibt es nicht »die« Anlageklasse Anleihen. Es gibt ganz verschiedene Anleihen. Und mit der Langeweile war es auch spätestens im Jahr 2022 vorbei; sogar bei supersicheren Papieren.

2022 war ein extrem turbulentes Jahr an den Rentenmärkten

Grundsätzlich mag es ja stimmen, dass Anleihen eher langweilig sind. In der Niedrigzinsphase warfen sie immer weniger Rendite ab. Auch wenn ältere Anleihen mit vergleichsweise üppigen Zinskupons Kursgewinne verzeichneten, wurde das Anlagesegment für Privatanleger immer uninteressanter. Wenn Zinspapiere nichts mehr bringen, kann man das Geld auch gleich auf dem Konto liegen lassen, war häufig die Überlegung. Andererseits gehören Anleihen zu einem gut diversifizierten Portfolio dazu, davon war ich selbst in Zeiten von Null- und Negativzinsen überzeugt. Risikostreuung bedeutet eben auch, mitunter schlechter laufende Anlageklassen im Depot zu haben. Es läuft nicht jede Anlageklasse immer gleich gut.

Langeweile ist manchmal schließlich auch gewünscht. Nicht umsonst gelten Anleihen als Ruhekissen im Depot. Die Kursschwankungen sind geringer als bei Aktien, die Renditen planbar. Ihr Kurs richtet sich vor allem nach der Entwicklung des allgemeinen Zinsniveaus, also der sogenannten Marktrendite, der restlichen Laufzeit der Anleihen, den Inflationserwartungen und eben der Kreditwürdigkeit des Unternehmens oder Staates. Vereinfacht gesagt steigen Anleihekurse, wenn die Zinsen am Markt fallen. Sobald das allgemeine Zinsniveau aber steigt, drohen Verluste. Wie hoch die mitunter ausfallen können, mussten Anleiheinvestoren im Jahr 2022 erleben. Mit den sehr deutlichen Zinsschritten der Notenbanken in den USA und Europa – Leitzinserhöhungen von gleich 75 Basispunkten sind eher unüblich – gerieten die Rentenmärkte stark unter Druck. Es war ein regelrechter Crash.

Neben der Zinswende war auch die enorme Überbewertung des Rentenmarktes ein weiterer Treiber des Crashs. Auch dabei spielten die Zentralbanken eine entscheidende Rolle. Durch ihre jahrelangen massiven Anleihenkäufe und ihre Nullzinspolitik wurden die Renditen weltweit auf ein absurd niedriges Niveau gedrückt. Anfang 2021 hatte mehr als ein Drittel aller Industrieländer-Staatsanleihen eine negative Rendite und 85 Prozent rentierten unter 1 Prozent. Die Nachfrage privatwirtschaftlicher Investoren war zu diesen Zinsen entsprechend gering. Doch all das ist Geschichte, die Nullzinspolitik und auch die Anleihekäufe. Die Folge war dann eben der Crash im Jahr 2022: Die Kurse fielen stark, die Renditen zogen extrem an.

Kurs, Zinskupon und Laufzeit bestimmen die Rendite

Fallende Kurse, aber steigende Renditen – das klingt irgendwie kompliziert? Ist es eigentlich nicht, wenn man das Prinzip einmal verstanden hat. Und das schreibt eine Finanzjournalistin, die nicht besonders gut rechnen kann. Anders als Aktien notieren Anleihen in Prozent. Je nach »Stückelung« entsprechen 100 Prozent dann dem sogenannten Nennwert. Dieser kann 1000 Euro betragen, immer öfter aber 50.000, 100.000 oder sogar 500.000 Euro oder Dollar. Ein Beispiel: Eine Anleihe mit 10 Jahren Laufzeit ist mit einem Zinskupon von 2 Prozent ausgestattet und kommt mit einem Kurs von 100 Prozent auf den Markt. Während der Laufzeit aber kann die Anleihe über oder unter 100 Prozent notieren, entsprechend schwankt dann auch die Rendite. Wenn Sie die Anleihe zu 100 Prozent kaufen und bis zum Ende halten, liegt Ihre Rendite also bei 2 Prozent pro Jahr, denn die Zinsen werden jährlich gezahlt. Klettert das allgemeine Zinsniveau nun aber auf 3 Prozent, werden Sie keinen Käufer finden, der Ihnen Ihre 2-Prozent-Anleihe zu 100 Prozent abkaufen wird. Warum auch? Schließlich gibt es am Kapitalmarkt doch jetzt 3 Prozent. Wer will schon auf die zusätzliche Rendite verzichten? Also wird der Kurs Ihrer Anleihe fallen, und zwar so weit, bis die aktuelle Kapitalmarktrendite erreicht ist. Je nach Bonität und Laufzeit Ihrer Anleihe variiert das natürlich. Aber das Prinzip sollte klar sein.

Steigen also die Renditen an den Rentenmärkten, fallen die Kurse der Anleihen, die bereits auf dem Markt sind.

Konkret sieht das so aus: Eine deutsche Staatsanleihe mit zehn Jahren Laufzeit wird mit einem Zinssatz von 2 Prozent zu 100 Prozent emittiert. Steigt die Marktrendite für zehnjährige Staatsanleihen auf 3 Prozent, dann fällt der Kurs auf rund 92 Prozent. Umgekehrt läuft es, wenn die Rendite um einen Prozentpunkt von beispielsweise 3 auf 2 Prozent sinkt. Dann steigt der Kurs einer Anleihe auf rund 108 Prozent, wenn er zuvor bei 100 Prozent lag. Die Faustregel: Jeder Prozentpunkt höhere Marktrendite sorgt für 7 bis 8 Prozent Kursverlust bei Anleihen mit zehnjähriger Restlaufzeit. Bei fünfjähriger Restlaufzeit sind es immer noch rund 4 Prozent Kursverlust. Das gilt natürlich nicht nur für Bundesanleihen, sondern für alle Anleihen. Das erklärt, warum es 2022 zum Crash an den Rentenmärkten kam, als die Notenbanken die Zinsen so extrem schnell anhoben. Bei der nächsten Zinswende im Jahr 2024 mit dann wieder sinkenden Leitzinsen geht das Spiel von vorne los – nur anders herum.

Viele Privatanleger kümmert es aber gar nicht, wie sich die Kurse ihrer Anleihen entwickeln, weil sie die Bonds oft bis zum Ende der Laufzeit halten. So können sie zwar zwischenzeitliche Verluste aussitzen, aber es könnte natürlich auch ratsam sein, zwischenzeitliche Gewinne mitzunehmen. Wer eine Anleihe bis zum Ende behält, bekommt den Nennwert zurück; vorausgesetzt, der Emittent bleibt zahlungsfähig. Das ist leider nie ganz sicher, selbst Unternehmen mit relativ gutem Rating können in Schieflage geraten und pleitegehen. Dann fällt die Anleihe aus. Zwar waren die Ausfallraten in den vergangenen Jahren sehr gering, vor allem Bonds von Unternehmen oder Staaten mit guten oder sehr guten Bonitäten fielen so gut wie nie aus. Komplett ignorieren sollten Sie dieses Risiko als Anleger aber nicht. Wie hoch das Risiko ist, zeigt Ihnen das Rating.

Denn am Rentenmarkt ist alles eine Frage der Bonität. Je höher und besser die Kreditwürdigkeit eines Schuldners, desto besser sein Rating. Bei Anleihen werden von bekannten Ratingagenturen wie Standard & Poor's (S&P) und Moody's Noten vergeben. Je größer sie die Wahrscheinlichkeit einer vollständigen Rückzahlung der Anleihe und auch der laufenden Zinszahlungen einschätzen, desto besser fallen ihre Noten aus. Zur Erinnerung: Bei S&P ist AAA, auch »Triple A« genannt, die Höchstnote. Dann geht es weiter mit AA, A, dann BBB. Den sogenannten »Investment Grade« erhalten relativ sichere Schuldner, er reicht von AAA bis BBB-. Schlechtere Ratings bis hin zu C weisen auf ein erhöhtes oder sehr hohes Ausfallrisiko hin. D heißt »Default«, da ist der Ausfall schon eingetreten. Ähnlich arbeitet Moody's. Hier gibt es allerdings Groß- und Kleinbuchstaben und teilweise auch Zahlen. Das System ist aber vergleichbar. Deutsche Bundesanleihen und amerikanische Treasuries haben mit einem AAA die höchste Bonität. Sie sind als Schuldner über jeden Verdacht erhaben und zahlen vergleichsweise geringe Zinsen. Denn je nachdem, welche Note der Schuldner bekommt, muss er mehr oder weniger Zinsen zahlen.

Die Wertentwicklung von Anleihen ist in der Regel gut, wenn die Konjunktur schwach ist und die Zinsen fallen. Steigende Zinsen sind Gift für Anleihen, die bereits auf dem Markt sind und in Ihrem Depot liegen. Ihr Kurs fällt. Für längere Laufzeiten gibt es in der Regel höhere Renditen als für kurze Laufzeiten. Das Risiko ist bei längeren Laufzeiten einfach höher. Manchmal ist es anders herum, dann sprechen Experten von einer inversen Zinsstrukturkurve – und das ist oft ein Zeichen für eine nahende Rezession.

Welche Funktion im Depot Bonds haben können

Eigentlich heißt es immer: Aktien sind für die Rendite und Anleihen für die Stabilität im Depot zuständig. Bonds als Ruhekissen eben. Das klappt eigentlich sehr gut, aber leider nicht immer, wie das Jahr 2022 bewiesen hat. Grundsätzlich stimmt es jedoch: Anleihen mit guter Bonität bringen Ruhe ins Depot. Denn die Kurse an den Rentenmärkten schwanken viel weniger stark als Aktienkurse, und Schuldverschreibungen werden am Ende der Laufzeit verlustfrei zurückgezahlt. Zudem sorgen sie in normalen Zeiten für planbare und sichere Einnahmen. Viele professionelle Investoren wie Versicherungen, Stiftungen und Pensionskassen müssen sogar einen großen Teil des ihnen anvertrauten Geldes in sichere Anleihen investieren. Denn sie müssen das Geld Ihrer Kunden sehr sicher investieren. Viele Privatanleger wollen zumindest einen Teil ihres Geldes sicher anlegen. Auch wenn die Rendite geringer ist.

Anleihen können aber auch ein echter Rendite-Booster sein. Nämlich dann, wenn Sie auf spekulativere, also weniger sichere Papiere setzen, die mehr Rendite versprechen. Dadurch wird das Investment aber riskanter und Ihre Bonds sind kein Ruhekissen mehr. Es ist wie immer an den Finanzmärkten eine Frage von Chance und Risiko. »Investment Grade«, also gute bis beste Bonität bedeutet: wenig Risiko, geringe Rendite. »High Yield«, also Hochzinsanleihen, hingegen versprechen hohe oder doch zumindest deutlich höhere Renditen bei einem deutlich gestiegenen Risiko.

Auch wenn die Renditen wieder gestiegen sind, liegen sie im Winter 2023/2024 noch immer teilweise unterhalb der Inflationsrate – zumindest wenn Sie sich die sicheren Papiere anschauen. Das war schon in den vergangenen Jahren so, ist historisch aber durchaus ungewöhnlich. Normalerweise bringen Anleihen mit mittleren bis langen Laufzeiten einen Aufschlag auf die Inflationsrate. Dass dies seit Jahren nicht mehr zutrifft, lag erst an der Geldpolitik der Notenbanken und dann an der historisch hohen Inflation. Positive Realrenditen gab es nur selten oder nur für den Preis eines extrem hohen Risikos. Schon bevor die Inflation im Jahr 2022 extrem stark angestiegen ist, war es fast unmöglich, mit Staats- und Unternehmensanleihen guter bis bester Bonität positive Realrenditen zu erzielen. Als die Teuerung anzog, wurde es selbst mit Hochzinsanleihen, sogenannten High Yields, immer schwieriger. Doch die Inflation ist im Laufe des Jahres 2023 merklich zurückgegangen, auch dank der beherzten Zinserhöhungen der internationalen Notenbanken. Zumindest mit den High Yields lässt sich wieder eine positive Realrendite erzielen.

Doch wir gehen mit diesen Papieren ein deutlich höheres Risiko ein. Vor allem dann, wenn die Konjunktur schwächelt. Was, wenn die Pleiten deutlich ansteigen? Die »schwächeren« Unternehmen, die Firmen mit dem schlechteren Rating wird es eher treffen als die solider aufgestellten Schuldner. Nicht umsonst wurden die Hochzinsanleihen früher oft als »Junk Bonds«, also Schrottanleihen, bezeichnet. Eben weil die Emittenten – Unternehmen wie Staaten – verhältnismäßig schlecht dastehen. Mit der Zinswende schossen auch ihre Renditen in die Höhe: 6, 7, 8 und mehr Prozent gibt es zu holen. Kein Wunder, dass das Interesse an den High Yields gestiegen ist. Hochzinsanleihen locken mit mehreren hundert Basispunkten Risikoprämie. Allerdings hat sich ihr Chance-Risiko-Verhältnis in den vergangenen Jahren auch verbessert. Für den Großteil der Unternehmen sind steigende Refinanzierungskosten aufgrund verbesserter Bilanzen nach der Corona-Krise in einer milden Rezession tragbar. Das heißt aber nicht, dass es kein Risiko gibt: Wenn die Wirtschaft abkühlt, steigen die Ausfallraten von Hochzinsanleihen eben doch – wenn auch hoffentlich nur moderat. Diese »Default Rates« (das »D« der Ratings) waren jahrelang so niedrig, dass viele Anleger gerne ausblenden, dass es überhaupt Ausfälle gibt. Auch das ist eine Folge der Geldpolitik der Notenbanken. Denn die schwächeren Schuldner profitierten von den niedrigen Zinsen. Aber sie leiden auch unter steigenden Zinsen. Genau das sind die Punkte, auf die Sie als Investorin oder

Investor achten sollten. In Zeiten von extremer Inflation und oft negativer Realrenditen sind High Yields trotzdem einen Blick wert, aber bitte nur als Beimischung. Gehen Sie das Risiko nur sehr bewusst ein!

Die wichtigsten Anleihearten im Überblick

Anleihen sind nicht gleich Anleihen. Es gibt Staats- und Unternehmensanleihen, »Investment Grade« oder »High Yield«, also sichere bis supersichere Bonds und Hochzinsanleihen. Es gibt Nachranganleihen, mal mehr oder weniger sicher. Sogar auf inflationsbesicherte Rentenpapiere könnten Sie setzen oder auf supersichere Pfandbriefe. Und da wären noch »Green Bonds«, denn der Rentenmarkt ist extrem wichtig für die Finanzierung des Klimawandels. Welche Unterschiede gibt es? Für welchen Anlegertyp eignet sich was? In welches Depot gehören die einzelnen Anlageklassen aus dem Rentenmarkt-Universum? Auf den kommenden Seiten gebe ich Ihnen einen Überblick.

Staatsanleihen als Ruhekissen

»Staatsanleihen für die entspannte Nachtruhe« – so war ein Kapitel in meinem Buch *Einfach erfolgreich anlegen* überschrieben. Schließlich gelten festverzinsliche Wertpapiere als sichere Renditequelle. Ein bisschen langweilig, aber grundsolide und absolut berechenbar. Mittlerweile gibt es sogar wieder nennenswerte Renditen von 3, 4 oder 5 Prozent für sichere Staatsanleihen, je nach Laufzeit. Wenn dieser Baustein aber für Ruhe im Portfolio sorgen soll, dürfen Sie nur Papiere mit »Investment Grade« wählen, denn mit schlechteren Bonitäten steigt zwar die Chance, also die Rendite, aber eben auch das Risiko. Es kommt daher immer auf die Funktion im Depot an.

Auch für Anleihen gibt es Indizes und damit auch ETFs, außerdem natürlich aktiv gemanagte Rentenfonds. Ein bekannter Index für europäische Staatsanleihen, der Ihnen ein bisschen Orientierung liefern kann, wenn Sie doch auf einzelne Anleihen setzen wollen, ist der iBoxx Sovereigns Eurozone. Er bildet die Gesamtheit der auf Euro lautenden Staatsanleihen ab, die von Regierungen der Eurozone begeben werden. Innerhalb des Index werden die einzelnen Anleihen auf Basis ihres ausstehenden Volumens gewichtet. Der Indexstand wird anhand der Gesamtrendite – auf Börsendeutsch Total Return – berechnet. Das heißt, Kuponzahlungen werden in den Index reinvestiert.

Der Index enthält fast 500 Anleihen aus 14 Ländern. Italien und Frankreich sind mit einem Anteil von etwa 20 Prozent am stärksten gewichtet, knapp dahinter liegen Deutschland, Spanien, Belgien, die Niederlande, Österreich und Portugal. Die im Index enthaltenen Anleihen müssen eine Restlaufzeit von mindestens einem Jahr haben. Außerdem müssen sie festverzinslich sein, also eine fixe Zinszahlung bieten, und ein ausstehendes Emissionsvolumen von mindestens zwei Milliarden Euro haben. Etwa ein Viertel der Anleihen hat ein Aaa-Rating und eine Restlaufzeit von ein bis drei Jahren. Gut 15 Prozent der Anleihen im Index haben allerdings eine Laufzeit von 15 und mehr Jahren. Die Endfälligkeitsrendite lag Anfang 2024 bei 4 Prozent.

Unternehmensanleihen für bisschen mehr Rendite

Ein »Schnäpschen« mehr gibt es traditionell, wenn Sie in Unternehmensanleihen investieren. Unternehmen gehen eben eher pleite als Staaten, auch bei vergleichbarem Rating. Finanzinstitute aus dem In- und Ausland spielen auf dem Markt für Unternehmensbonds die Hauptrolle, aber auch Industriekonzerne sind stark vertreten. Wie bei Staatsanleihen sind die Renditen der einzelnen

Papiere je nach Emittent unterschiedlich hoch. Es kommt auf die Bonität des Schuldners an, ihr Rating bei Standard & Poor's oder Moody's, und auf die Laufzeiten. Lange haben Bonds von soliden Firmen wie Daimler, Bayer oder Nestlé kaum noch Rendite gebracht. Das hat sich mit der Zinswende geändert. Viele Unternehmen haben übrigens in den Jahren nach der Finanzkrise ihr Eigenkapital erhöht, sie sind also besser aufgestellt als früher. Somit lassen sich mit ihnen attraktive Zinsvorteile herausholen, bei überschaubarem Risiko. Bei Unternehmen mit schwächerer Bonität ist das Ausfallrisiko höher, aber bei soliden Firmen können Sie getrost zugreifen.

Unternehmensanleihen gibt es genau wie auch Staatsanleihen nicht nur in Euro, sondern in vielen anderen Währungen, vom Dollar über die Norwegische Krone bis zu Emerging-Markets-Währungen. Je nach Zinsumfeld kann es Sinn machen, sich solche Fremdwährungsanleihen ins Depot zu legen. Da in den USA die Leitzinsen Anfang 2024 deutlich höher sind als im Euroraum, zahlen die Unternehmen dort auch ein bisschen mehr Zinsen. Es gibt jedoch immer ein Währungsrisiko. Währungen können schwanken. Bei Euro und Dollar hält sich das in Grenzen, aber wenn Sie sich den Chart der türkischen Lira anschauen, dann gleicht er einer Achterbahnfahrt. Schauen Sie also genau hin, wenn Sie den Euroraum verlassen. Aber natürlich haben Sie die Chance auf Devisengewinne. Schließlich gilt auch: kein Risiko ohne Chance. Darauf wetten sollten Sie aber nicht. Währungen sind nämlich eine extrem spekulative Anlageklasse. Wenn Anleihen ein Ruhekissen sein sollen, bleiben Sie lieber im Euroraum, dann gehen Sie kein Währungsrisiko ein. Fremdwährungsanleihen gehören genau wie Hochzinsanleihen eher ins Spielgeld-Depot oder dürfen maximal eine Beimischung sein.

Aber wie viel bringen Euro-Unternehmensanleihen? Welche gibt es überhaupt? Einen guten Überblick bieten Indizes. Ein bekanntes

Barometer für Unternehmensanleihen aus dem Euroraum ist der Bloomberg Euro Corporate Bond Index. Er bildet die Wertentwicklung des folgenden Markts für auf Euro lautende Unternehmensanleihen mit »Investment Grade« ab. Die gut 3500 Anleihen im Index stammen aus 40 Ländern, ihre Endfälligkeitsrendite lag im Januar 2024 bei 4,5 Prozent. Ein anderes Barometer wäre der Markit iBoxx EUR Corporates Yield Plus Index, der ebenfalls auf Investment-Grade-Anleihen setzt. Werden diese nach Aufnahme herabgestuft, bleiben sie im Index. Dadurch liegt die Endfälligkeitsrendite mit 5,1 Prozent etwas höher, weil eben auch Anleihen mit schwächerem Rating im Index bleiben. Die Risikostreuung ist etwas geringer, aber dennoch sehr gut. Die gut 1600 Anleihen stammen aus 38 Ländern. Unternehmensanleihen gibt es natürlich – genau wie Staatsanleihen – auch in einer nachhaltigen Variante.

Green Bonds für mehr Nachhaltigkeit

Es grünt so grün ... – diese Zeile aus dem Musical *My Fair Lady* könnte Ihnen glatt in den Sinn kommen, wenn Sie den Rentenmarkt betrachten. Immer mehr grüne Anleihen werden dort platziert. Der globale Anleihemarkt ist schon heute eine wichtige Quelle, um den Klimawandel zu finanzieren – und er wird immer wichtiger. Nach Schätzungen von Goldman Sachs Global Investment Research belaufen sich allein die Kosten für eine 75-prozentige Dekarbonisierung der Weltwirtschaft auf 3,1 Billionen Dollar pro Jahr. Als Reaktion darauf lenken öffentliche und private Investoren ihr Kapital auf innovative Lösungen in Bereichen wie erneuerbare Energien, grüne Infrastruktur und Energieeffizienz. Doch bis vor Kurzem hatten Anleger, die den CO_2-Fußabdruck ihrer festverzinslichen Portfolios verringern wollten, nur wenige Möglichkeiten. Das schnelle Wachstum des Marktes für grüne Anleihen – Goldmann spricht von durchschnittlich 90 Prozent pro

Jahr von 2016 bis 2021 – hat das geändert. Einst waren sie ein Nischenprodukt, doch jetzt sind diese Anleihen, die umweltfreundliche Projekte und Programme finanzieren, längst völlig »normal«. Green Bonds haben ähnliche Risiko- und Renditemerkmale wie traditionelle Anleihen. Gleichzeitig tragen sie dazu bei, die Ausrichtung eines Portfolios an globalen Klimainitiativen wie den United Nations Sustainable Development Goals zu verbessern. Das mag lange nur ein Thema für Profis gewesen sein, aber immer mehr Privatanleger wollen sich nachhaltiger aufstellen.

Es sind längst nicht mehr nur Staaten, die grüne Anleihen für sich entdeckt haben. Auch Unternehmen begeben verstärkt nachhaltige Bonds. Der Markt für grüne Anleihen wächst daher seit Jahren – und könnte zusätzlichen Schub bekommen. Nach einer Prognose der britischen Großbank Barclays könnte das Gesamtvolumen aller nachhaltigen Unternehmensanleihen 2023 weltweit 460 Milliarden Dollar erreichen. Das wären 30 Prozent mehr als 2021. In Europa ist schon heute jede fünfte Unternehmensanleihe ein Green, Social oder Sustainability Bond – Tendenz steigend. Der Vorteil für den Emittenten: Die Kapitalaufnahme ist oft einige Basispunkte kostengünstiger als ein Bond ohne nachhaltiges Label und die Investorenbasis ist größer als bei klassischen Anleihen. Den Preisvorteil für den Emittenten beziehungsweise Renditenachteil für den Investoren nennt man »Greenium«. Grundsätzlich unterscheidet sich die Rendite von Sustainable Bonds je nach Emittent, Land, Laufzeit und natürlich Rating. Das »Greenium« ist für Unternehmen übrigens auch ein Motivationsfaktor, nachhaltiger zu wirtschaften.

Wenig überraschend ist auch bei ESG-Anleihen »Greenwashing« ein Thema. Wie bei Aktien fehlt die genaue Definition, wann eine Anleihe grün ist, wann nicht grün genug oder eben nur grün gewaschen. Es kommt im Grunde auf die Definition eines jeden Investors an, solange es keinen einheitlichen Kriterienkatalog gibt. Denn bestehende Standards wie die »Green Bond Principles« oder die Standards der »Climate Bonds Initiative« sind nicht verbindlich und werden nicht kontrolliert. Nun kommt allerdings die Europäische Union mit ihrem neuen Qualitätsstandard »EU Green Bond Label«. Das könnte helfen. Spannend ist die Anlageklasse auf jeden Fall. Da die meisten Emissionen für Institutionelle konzipiert wurden, haben sie häufig eine sehr hohe Stückelung von 50.000 oder 100.000 Euro. Privatanleger können auf Fonds und ETFs ausweichen.

Sichere Pfandbriefe mit Renditeaufschlag

Sie sind supersicher und bieten ein kleines Renditeplus gegenüber Bundesanleihen: Pfandbriefe oder »Covered Bonds«. Sie werden von Banken ausgegeben und gelten als genauso sicher wie Bundesanleihen, da sie – neben der Haftung der emittierenden Bank – zusätzlich besichert sind, etwa mit Grundpfandrechten an Immobilien, die die Bank mit einem Hypothekendarlehen an einen Hauskäufer beliehen hat, oder mit Forderungen gegenüber staatlichen Schuldnern. Würde die emittierende Bank insolvent werden, stünden dem Inhaber von Pfandbriefen also eine Reihe von Sicherheiten zur Verfügung. Gegenüber einem Anleihegläubiger der Bank ist der Pfandbrief-Inhaber viel besser gestellt. Trotz ihrer hohen Sicherheit – in mehr als 250 Jahren gab es keinen einzigen Ausfall – bieten Pfandbriefe etwas höhere Renditen als Bundesanleihen. Der Renditeaufschlag schwankt bei zehn Jahren Laufzeit um die 0,5 bis 0,6 Prozentpunkte. Ein Zinsvorsprung, denn Sie als sehr sicherheitsorientierter Privatanleger unbesorgt mitnehmen könnten.

Pfandbriefe werden von Pfandbriefbanken herausgegeben, die auf Immobilienfinanzierung spezialisiert sind, und von einigen Sparkassen. Die Besonderheit dabei: Der Kredit ist direkt durch Grundpfandrechte besichert. Selbst wenn ein Geldinstitut insolvent wird, muss das also nicht unbedingt die Inhaber der Pfandbriefe treffen. Deutlich seltener sind Schiffs- und Flugzeugpfandbriefe, die entsprechend durch Schiffe und Flugzeuge besichert sind. Seit einiger Zeit gibt es auch »grüne« Pfandbriefe, die nach den ESG-Kriterien ausgerichtet sind. Pfandbriefe sind ein traditionsreiches deutsches Produkt, aber es gibt sie auch in anderen Ländern. Der weltweit größte Markt ist der dänische mit einem Volumen von über 450 Milliarden Euro per Ende 2021, heißt es bei der DZ Bank. Dabei sind nur 6 Prozent in Euro aufgelegt, über 90 Prozent in dänischen Kronen, die aber im Wechselkurs eng an den Euro angebunden sind. Dabei gibt es die Besonderheit: Zum Teil sind die Immobiliendarlehen und damit die entsprechenden Pfandbriefe ohne Entschädigung vorzeitig kündbar – dafür aber auch etwas höher verzinst. Als weitere Währungen sind für Covered Bonds der Schweizer Franken, das britische Pfund, der US-Dollar und der Australische Dollar in Gebrauch.

Eine Sonderform sind Jumbo-Pfandbriefe. Sie unterliegen standardisierten Emissionsbedingungen. So müssen diese Pfandbriefe ein Mindest-Emissionsvolumen von einer Milliarde Euro haben. Außerdem müssen drei verschiedene Market-Maker den institutionellen Marktteilnehmern auf Anfrage verbindliche An- und Verkaufskurse innerhalb des festgelegten Spreads, also der Differenz zwischen Ankauf- und Verkaufskurs, stellen können. Für Privatanleger ist der Markt für die Direktanlage allerdings kaum geeignet, sondern nur über Fonds. Für institutionelle Anleger wie Fondsgesellschaften, aber auch Pensionskassen, Versicherer und immer mehr Banken spielt der Pfandbriefmarkt hingegen eine große Rolle. Das Volumen ist in den vergangenen Jahren immer weiter zurückgegangen, mit der Zinswende erleben aber Pfandbriefe eine kleine Renaissance.

Konservative Anleger sichern sich das Renditeplus gegenüber Bundesanleihen mit einzelnen Pfandbriefen oder besser noch via

Fonds und ETFs. Die Auswahl ist allerdings begrenzt, es gibt laut justETF.com überhaupt nur sechs ETFs auf Pfandbriefe.

Inflationsgeschütze Anleihen gegen den Kaufkraftverlust

Plötzlich war die Inflation da. Das Thema treibt auch Investoren um, denn sie lässt die Kaufkraft des Ersparten sinken. Vor allem für den langfristigen Vermögensaufbau und die Altersvorsorge ist das ein Problem. Findige Anlegerinnen und Anleger entdecken inflationsgeschützte Anleihen. Die sollen qua Definition einen Schutz gegen Inflation bieten. Also haben sie versucht gegenzusteuern und inflationsgeschützte Anleihen gekauft – vor allem über ETFs. Eigentlich eine gute Idee. Trotzdem ging die Strategie nicht auf. Viele saßen im Jahr 2023 plötzlich auf Verlusten, obwohl die Teuerung doch weiterhin hoch war. Was lief da schief?

Vereinfacht gesagt, sollen inflationsgeschützte Anleihen – auf Börsendeutsch Inflation-Linked Bonds – dafür sorgen, dass Anleger auch nach Abzug der Inflation noch einen positiven Realzins erzielen. Sowohl der Kupon dieser Anleihen, die übrigens von Staaten begeben werden, als auch der Rückzahlungswert (Nennwert) sind an die Entwicklung der Inflation gebunden. Inflationsindexierte Anleihen weisen zwar normalerweise deutlich niedrigere Kuponzahlungen aus als andere Anleihen. Steigt aber die Inflation, steigen auch Zins und Rückzahlungswert. Getreu dieser Logik müssten Anlegerinnen also mit den Linkern, wie die Papiere auch genannt werden, in Zeiten hoher und extrem hoher Inflationsraten ziemlich gut gefahren sein. Warum also die Verluste?

Funktioniert der Inflationsschutz etwa nicht? Inflation-Linked Bonds sind kein reines Instrument zum Schutz vor Inflation. Es sind immer noch Anleihen, die eben im Kurs schwanken, wenn sich das Zinsniveau verändert. Mit der Zinswende gerieten die Anleihemärkte unter Druck, die Kurse gaben nach. Da funktionieren inflationsindexierte Anleihen wie alle anderen auch. Mit indexierten Bonds schützen Anlegerinnen sich zwar vor Inflationssprüngen. Das bedeutet aber nicht, dass sie garantiert eine positive Realrendite erzielen. Gerade im Jahr 2022, aber auch schon seit Beginn der Corona-Krise im März 2020, liefen Anleihen mit Inflationsschutz allerdings besser als Papiere ohne diese Funktion. Vor der Corona-Krise waren jedoch Anleihen ohne Inflationsschutz besser, denn damals war von Inflation keine Rede. Das änderte sich mit dem ersten Corona-Lockdown. Gestörte Lieferketten, Produktionsengpässe, mehr Nachfrage als Angebot – das alles trieb die Preise. Plötzlich war Inflation sehr wohl ein Thema. Entsprechend lieferten die Anleihen mit Inflationsschutz die besseren Ergebnisse. Einen richtigen Sprung nach oben haben die Papiere allerdings gemacht, als der Ukraine-Krieg Ende Februar 2022 ausbrach, während die nicht inflationsgebundenen Anleihen nachgaben. Doch dann begannen die Notenbanken, die Zinsen anzuheben, um die stark steigende Inflation zu bekämpfen. Wenn das Geld teurer wird, geht die Nachfrage zurück und die Inflation sinkt – so die Gleichung. Die Folge war eine recht sportliche Zinswende. Steigende Zinsen wirken sich auf jede Anleihe negativ aus, egal, ob inflationsgebunden oder nicht. Die inflationsgebundenen Anleihen haben aber nur etwas im Wert nachgegeben, während Anleihen ohne Inflationsbindung sehr stark nachgaben. Die Schere ist immer weiter auseinandergegangen. Der Schutz funktionierte also im Grunde doch, das Minus war geringer als mit »normalen« Bonds. Wie sich die »Linker« künftig entwickeln, hängt davon ab, wie stark die Zinsen noch steigen, wie schnell die Teuerung sich verringert. Profis schauen vor allem auf die Inflationserwartungen. Anleger investieren in diese Bonds vor allem über ETFs, die es sowohl auf europäische als auch auf globale Indizes gibt. Insgesamt gibt es 30 solcher ETFs.

Nachrang-Anleihen – mehr Rendite bei überschaubarem Risiko

»Auf der Jagd nach der Super-Rendite« war die Überschrift einer Geschichte, die ich im Herbst 2023 geschrieben habe. Zinskupons von bis zu 8 Prozent bei guter Bonität wurden im Teaser – zugegeben ein wenig reißerisch – angepriesen. Klingt nach ziemlicher Zockerei, oder? Bei erfahrenen Investoren klingeln da schnell die Alarmglocken. Schließlich gilt doch: hohe Rendite gleich hohes Risiko. Doch es gibt eine Nische am Rentenmarkt, die tatsächlich vergleichbar hohe Renditen bei überschaubarem Risiko bietet: Nachrang-Anleihen.

Zauberei oder doch Zockerei? Weder noch, es liegt an den besonderen Eigenschaften dieser Papiere. Die wichtigste: Die Unternehmen können diese Anleihen zur Hälfte auf ihr Eigenkapital anrechnen und so ihre Bonität bei den großen Rating-Agenturen verbessern. Deshalb sind Unternehmen bereit höhere Kupons zu zahlen. Für hybride Anleihen bieten die Emittenten teilweise sogar fast doppelt so hohe Zinskupons an wie für erstrangige Anleihen. Da die Rendite dadurch schon im Sommer 2023 über der Inflation lag, schauten sich Profi-Investoren verstärkt in diesem Segment um. Aber auch für Privatanleger können diese speziellen Anleihen eine spannende Beimischung sein.

Ganz ohne Risiko sind natürlich auch Nachrang-Anleihen nicht. Wie ihr Name schon sagt, sind sie nachrangig. Im Falle einer Insolvenz müssen sich die Besitzer dieser Bonds in der Reihe der Gläubiger ganz hinten anstellen. Bei Unternehmen mit solider Bonität sind die Ausfallraten allerdings äußerst gering. Die Ratings der Emittenten sind in der Regel nämlich sehr gut bis gut, da es Unternehmen mit schwächeren Bonitäten seltener gelingt, Nachrang-Anleihen am Markt zu platzieren. Die Emittenten sind vor allem systemrelevante Banken und Versicherungen sowie große Industriekonzerne.

Ein eher zu vernachlässigendes Risiko ist auch die sehr lange oder mitunter sogar unendliche Laufzeit. Denn die Unternehmen können die Bonds meist nach fünf oder zehn Jahren vorzeitig tilgen, was sie in der Regel auch tun. Diesen Termin verstreichen zu lassen, ist nicht gut für die Reputation am Kapitalmarkt. Apropos Reputation: Laut den Emissionsbedingungen können die Unternehmen die Zinszahlung bei Liquiditätsengpässen ausfallen lassen. Allerdings müssen sie die Zinsen nachzahlen. Und solange sie das nicht getan haben, dürfen sie keine Dividenden ausschütten. Diese Risiken werden in der Regel mit dem hohen Zinskupon deutlich kompensiert.

Für risikobewusste Anleger können Nachrang-Anleihen eine gute Alternative zu Hochzins-Anleihen sein, vor allem weil sie die deutlich besseren Ratings haben. Auch wenn sie nachrangig sind, ist ihr Risiko geringer. Die Renditen sind zwar vergleichbar, aber die Ausfallraten bei den »High Yields« sind höher. In Stressphasen an den Finanzmärkten lagen sie sogar bei mehr als 12 Prozent, während es bei Emittenten von »Corporate Hybrids« aufgrund des soliden Investment-Grade-Ratings keine Ausfälle gab. Nachrang-Anleihen sollten aber genau wie Hochzins-Anleihen immer nur eine Beimischung sein. Denn das Risiko ist und bleibt höher als bei klassischen Unternehmensanleihen mit guter Bonität. Auf die Risikostreuung sollten Sie nicht verzichten und lieber auf Fonds und ETFs setzen denn auf einzelne Papiere.

Auch bei Anleihen auf die Risikostreuung achten

Unternehmens- und Staatsanleihen guter Bonität gehören in jedes Depot, und zwar als Kerninvestment. Wie hoch die Gewichtung ist, hängt von Ihrem Risikoprofil und Ihrer Strategie ab. Einen Rendite-Kick bieten Hochzins-Anleihen, allerdings mit dem entsprechenden Risiko. Auch Nachrang-Anleihen könnten einen Blick wert sein. Wer es supersicher mag, kauft sich Pfandbriefe. Je nach Inflationserwartung könnten auch Linker spannend sein. Und nicht zu vergessen die Green Bonds für all jene, die einen Schwerpunkt auf Nachhaltigkeit setzen wollen.

Sie sehen, Anleihen sind gar nicht so langweilig, wie man glauben könnte. Wie bei allen anderen Anlageklassen auch gelten die Grundregeln der erfolgreichen Geldanlage, vor allem aber eine: Risikostreuung. Denn obwohl die Risiken bei Anleihen deutlich geringer sind, die Kurse am Rentenmarkt in der Regel weniger stark schwanken und die Renditen relativ planbar sind, können Anleihen natürlich ausfallen. Vor allem dann, wenn Sie sehr riskante gewählt haben.

Um die Risikostreuung kommen wir bei Investments in Anleihen oft sowieso gar nicht herum. Das hat einen einfachen Grund: Denn es wird zunehmend schwieriger für Privatanleger, einzelne Papiere zu kaufen. Die Stückelungen sind in den vergangenen Jahren immer höher ausgefallen. Während es viele Länderanleihen noch in 1000-Euro-Stückelung gibt und die Bundesanleihen sogar schon ab 0,01 Euro, müsste ein Anleger in viele Unternehmensanleihen gleich 50.000 oder sogar 100.000 Euro investieren. Wer kann und wer will das schon? Mitunter sind ja schon 1000 Euro zu viel. Zum Glück gibt es Investment-Vehikel wie Fonds und ETFs. Sie bieten uns eine gute Risikostreuung, die Handelskosten sind günstig und sie sind liquide. Bei Rentenfonds und Anleihe-ETFs gibt es einige Besonderheiten zu beachten. Sie sind nicht ganz so einfach auszuwählen wie Aktienfonds oder entsprechende ETFs. Aber dazu kommen wir im nächsten Kapitel.

KAPITEL 6

Clever investieren mit Fonds und ETFs

Aktiv oder passiv? Börsengehandelte Indexfonds sind günstig, transparent und entwickeln sich wie der zugrunde liegende Index. Gemanagte Fonds haben höhere Kosten, könnten aber eine Überrendite erzielen. Beide liefern eine gute Risikostreuung. Welche Vor- und Nachteile Fonds und ETFs haben und wann welches Anlageinstrument punktet.

Dass ich kein Fan von Einzelaktien bin, ist kein Geheimnis mehr. Wobei das ein wenig übertrieben und auch zugespitzt ist – die Journalistin in mir kommt durch. Natürlich finde ich Einzelaktien interessant, natürlich sind sie viel spannender als Fonds oder ETFs. Aber genau da liegt auch das Problem. Zu viel Spannung brauche ich bei meinem langfristigen Vermögensaufbau eigentlich nicht. Meine Aktienquote ist mit 80 Prozent sehr hoch, das ist Nervenkitzel genug. Deshalb setze ich auf maximale Risikostreuung und investiere nicht in einzelne Aktien. Und wenn doch, dann landen sie in meinem Spielgeld-Depot, das aber mit meinen langfristigen Investments wenig zu tun hat.

Risikostreuung ist die oberste Regel der erfolgreichen Geldanlage. Das habe ich nach meinem ersten Crash gelernt und nach meinem zweiten üblen Börsenabsturz dann auch verinnerlicht. Erst waren es vor allem Fonds, die in meinem Depot landeten.

Doch dann habe ich irgendwann börsengehandelte Indexfonds für mich entdeckt – vor allem als Anlegerin, aber auch als Journalistin. Beide bieten je nach Strategie eine gute bis sehr gute Risikostreuung. Bei einigen ETFs hapert es allerdings ein wenig an der Diversifikation. Grundsätzlich sind sowohl Fonds als auch ETFs sehr gute Anlageinstrumente. Beide haben Vor- und Nachteile, die wir uns auf den kommenden Seiten anschauen.

Für beide gilt: Die Sicherheit ist sehr hoch. Aktive gemanagte Investmentfonds und börsengehandelte Indexfonds (ETFs) gelten rechtlich als Sondervermögen. Damit ist das investierte Geld der Anleger bei einer Insolvenz der Fondsgesellschaft oder des ETF-Emittenten vollkommen geschützt. Außerdem werden Investmentgesellschaften von den Aufsichtsbehörden streng reguliert und überwacht. Wir können unsere Anteile jederzeit wieder verkaufen – an der Börse oder über die Fondsgesellschaft selbst. Denn Fonds und ETFs sind sehr liquide.

Eine Frage, die wir uns immer stellen müssen: Was passiert mit den Erträgen, also den Zinsen und den Dividenden? Thesauriert der Fonds sie oder schüttet er sie aus? Diese Entscheidung muss jeder Anleger treffen. Wollen Sie jährlich, halbjährlich, manchmal auch öfter eine Ausschüttung bekommen? Auch wenn es nur kleine Beträge sind? Oder soll Ihr Kapital weiter »arbeiten«? Sollen die Erträge reinvestiert werden? Dann profitieren Sie vom Zinseszins, auch wenn es bei Aktien natürlich keine Zinsen, sondern Dividenden sind. Dividenden sind ein wichtiger Erfolgsfaktor bei der Aktienanlage und können je nach Index mitunter bis zu 50 Prozent der langfristigen Rendite ausmachen. Es kann verschiedene Gründe geben, warum Anleger sich für oder gegen die eine oder andere Variante entscheiden. Sie bekommen die Dividende aber auf jeden Fall, sie landet nicht beim ETF-Emittenten oder der Fondsgesellschaft.

Eine weitere Frage, über die wir unweigerlich stolpern: Aktiv oder passiv? Aber müssen wir sie überhaupt beantworten? Auch wenn viel für ETFs spricht, sollten Sie aktiv gemanagte Investmentfonds nicht völlig ignorieren. Im Gegenteil: Es gibt Anlageklassen, engere Märke oder auch spezielle Branchen und Themen, da sind sie ausgesprochen sinnvoll. Es gibt unglaublich gute Fondsmanager, die ihr Geld – in Form höherer Gebühren – wert sind. Denn sie schlagen auch nach Abzug aller Kosten den Index. Es lohnt sich also, genau hinzuschauen, zu vergleichen und abzuwägen.

Die Chancen und Risiken aktiv gemanagter Investmentfonds

Fangen wir mit der Kritik an, denn davon gibt es reichlich. Aktiv gemanagte Fonds entwickeln sich oft schlechter als passive ETFs. Fonds sind teurer als ETFs. Fonds sind intransparenter. Und so weiter und so fort. Natürlich stimmt es: Aktiv gemanagte Investmentfonds haben höhere Gebühren als ETFs, teilweise sogar deutlich höhere. Dafür bekommen wir aber auch einen gewissen Service. Ein Fondsmanager und sein Team aus Analysten und Volkswirten kümmern sich um unser Geld. Sie wählen die Aktien aus und bestimmen ihren Anteil am Gesamtdepot. Sie entscheiden, wann gekauft und wann verkauft wird. Dieser Service zahlt sich hoffentlich aus. Leider tut er das oft nicht, so ehrlich muss man sein. Ein Vorteil von aktiv gemanagten Fonds besteht darin, dass das Management sehr zeitnah, hoffentlich vorausschauend auf Marktentwicklungen reagieren kann. Die Experten reduzieren die Aktienquote, wenn es an der Börse abwärts geht, erhöhen sie wieder, wenn die Erholung Fahrt aufnimmt. So können sie dann eine Überrendite zu ihrem Vergleichsindex und damit auch zu den entsprechenden ETFs erzielen. So weit die Theorie, so weit die Hoffnung und Erwartung der Anleger. Mitunter ist es etwas vorsichtigeren Investoren aber auch viel wichtiger, Schwankungen und Verlustrisiken etwas zu minimieren, als den Vergleichsindex zu übertreffen. Man könnte also meinen, dass vor allem in turbulenten Börsenphasen die Stunde des aktiven Fondsmanagements schlägt. Leider ist es oft nicht so, aber dazu kommen wir noch. Oft heißt aber nicht immer. Es gibt gute, sogar sehr gute Fondsmanager.

Und es gibt entsprechend gute Produkte. Der Fondsmanager handelt nicht völlig losgelöst von irgendwelchen Regeln. Jeder Investmentfonds hat eine Strategie und daran müssen sich die Profis halten. Allerdings kann die Strategie mal flexibler und mal weniger flexibel sein. Wie genau diese Strategie aussieht, das steht im Fondsprospekt, auf der Homepage der Fondsgesellschaft und im gesetzlich vorgeschriebenen Produktinformationsblatt. Mitunter ist das Ganze etwas verdreht formuliert, weil vor allem die Produktinformationsblätter strengen Vorgaben folgen. Besser lesbar sind oft die Fondsprospekte und vor allem die Informationen auf den Webseiten. Auch wenn hier natürlich die Marketingabteilung ihre Finger im Spiel hat. Das mag die Informationen werblicher machen, aber auf jeden Fall verständlicher. Wie immer gilt es als Anleger kurz darüber nachzudenken, wer der Sender und wer der Empfänger ist. Nur weil man Ihnen etwas verkaufen will, nämlich ein Finanzprodukt, müssen die Informationen aber nicht schlecht und schon gar nicht falsch sein.

Die Fondsmanager müssen sich nicht komplett in die Karten schauen lassen. Sie veröffentlichen zwar die Strategie und die zehn größten Positionen im Fonds, mehr aber auch nicht. Ich weiß also, welche zehn Aktien oder Anleihen den größten Anteil im Fondsportfolio haben, nicht aber, was auf den Plätzen dahinter folgt. Allerdings gibt es Informationen dazu, in welchen Branchen, Ländern oder Währungen ein Fonds investiert ist – in der Regel sind das Tortengrafiken. Wer sich durch Halbjahres- und Jahresberichte kämpft, der bekommt noch sehr viel mehr Informationen, auch zu den einzelnen Positionen im Portfolio.

Der Kreativität sind keine Grenzen gesetzt

Wie kann so eine Fondsstrategie also aussehen? Erst einmal geht es um die Anlageklasse: Investiert der Fonds in Aktien, Anleihen, Rohstoffe oder eine Mischung daraus? Letztere nennt man dann Mischfonds. Der Kreativität sind keine Grenzen gesetzt. Ein Fonds kann global investieren oder mit Schwerpunkt auf bestimmte Regionen oder Länder. Allerdings ist es für Fondsmanager in sehr großen, sehr liquiden Märkten sehr schwer, ihren Vergleichsindex zu schlagen. Da punkten in der Regel die ETFs. Geht es aber um kleinere, speziellere Märkte, beispielsweise in den aufstrebenden Schwellenländern, dann haben viele Fondsmanager die Nase vorn. Apropos global anlegende Aktienfonds: Wenn Ihnen der MSCI World und der MSCI All Country World zu amerikanisch sind, dann könnten aktive gemanagte Fonds eine gute Alternative sein. Denn auch wenn sich die Fondsmanager natürlich an ihrem Vergleichsindex messen lassen müssen und mitunter ein wenig zu sehr am Index »kleben«, gibt es viele Portfolios, in denen US-Aktien deutlich geringer gewichtet sind als im MSCI World.

Viele Fonds bilden einen bestimmten Anlagestil ab. Sie setzen ausschließlich auf Nebenwerte, also die kleinen und mittelgroßen Unternehmen. Sie investieren in Wachstumstitel (Growth) oder Substanzaktien (Value). Wieder andere verfolgen die Dividendenstrategie – global oder regional. Auch hier finden wir mitunter sehr gute Fonds. Gerade bei der Dividendenstrategie gibt es oft die Kritik, dass die Indizes zu träge sind, zu selten überprüft werden. Da sind Fondsmanager schneller, reagieren sofort auf eine gekürzte Dividende oder sogar schon dann, wenn sich das Drama ankündigt. Es gibt auch Branchen- und Themenfonds. Keine Branchen, für die es keinen Fonds gibt, ob nun Banken, Pharma, Technologie, Autobranche oder (Luxus-)Konsumgüter. Auch bei den Themenfonds beweist die Finanzindustrie einigen Erfindungsreichtum:

Automatisierung und Robotik, die Smart City oder Künstliche Intelligenz sind nur drei Beispiele. Vor allem aber die in den Medien viel zitierten Megatrends Digitalisierung und Nachhaltigkeit lassen die Branche kreativ werden. Ob aktiv oder passiv die bessere Alternative ist, müssen Sie von Fall zu Fall beurteilen.

Zu entscheiden, welcher Fonds der richtige für Sie ist, in welchen Sie investieren wollen, das ist vor allem bei nachhaltigen Fonds gar nicht so einfach. Sie müssen tief einsteigen in die Informationen, damit Sie nicht am Ende ein Produkt auswählen, das Ihren Ansprüchen, Ihrer Definition von Nachhaltigkeit nicht genügt. Wie sieht die Strategie genau aus? In welche Branchen investiert das Fondsmanagement und welche schließt es grundsätzlich aus? Welche positiven Auswahlkriterien gibt es? Gibt es vielleicht einen Beirat, der das Fondsmanagement berät und auch überwacht? Wie sieht es mit Auszeichnungen und Siegeln aus? Das mag immer interessant sein, wenn Sie einen Fonds auswählen, vor allem aber im ESG-Bereich, wo es spezielle Ratingagenturen gibt. Detaillierte Informationen finden Sie unter anderem beim Forum Nachhaltige Geldanlagen (FNG).

Die zweite große Anlageklasse sind die Rentenfonds, also Anleihefonds. Sie funktionieren im Grunde nicht anders als Aktienfonds. Es gibt eine Strategie, nach der das Fondsmanagement die Anleihen im Portfolio auswählt. Das könnten Staats- oder Unternehmensanleihen sein oder auch beides. Das können Bonds aus den Industrieländern sein oder aus den Emerging Markets, mit guter bis sehr guter Bonität, oder eben Hochzins-Anleihen oder Nachrang-Anleihen. Wir wissen als Anleger sehr genau, welche Bonität laut Statuten in unserem Fonds erlaubt sind – von supersicher bis hochriskant ist alles möglich. Auch welche Laufzeiten im Portfolio landen dürfen, wissen wir. Gerade mit Blick auf das Zinsänderungsrisiko ist das spannend. So ein aktiv gemanagter Rentenfonds kann übrigens sehr sinnvoll sein. Das Fondsmanagement kann aktiv auf die Entwicklungen an den Märkten reagieren, Gewinne mitnehmen und Verluste begrenzen. Auch bei der Gewichtung einzelner Papiere sind die Experten recht flexibel. Das ist mitunter ein großer Vorteil gegenüber ETFs.

Die Auswahlkriterien für einen guten Fonds

Wie aber den passenden Fonds finden? Suchmaschinen auf den Internetseiten unserer Onlinebank, unseres Brokers oder einer Finanz-Webseite helfen uns dabei, eine Auswahl zu treffen. Da in Deutschland aber Tausende aktiv gemanagte Fonds für Privatanleger zugelassen sind, ist das anfangs recht unübersichtlich. Aber auch für Fonds gibt es Ratings – beispielsweise die Sterne von Morningstar –, die ebenfalls in den Suchen integriert sind. Außerdem gibt es Awards, mit denen Fonds und Fondsmanager ausgezeichnet werden, die Ratingagentur Scope ist da eine gute Adresse. Natürlich werden solche Ratings und Auszeichnungen für die bereits geleistete Arbeit vergeben und sind keine Garantie für die Zukunft. Aber sie helfen uns trotzdem, gute oder sogar sehr gute Produkte zu finden.

Neben dem Rating hilft uns die Performance, also die Kursentwicklung. Sie fließt allerdings auch in Ratings ein. Schauen Sie aber nicht nur darauf, wer im vergangenen Jahr am besten abgeschnitten hat. Wir investieren schließlich langfristig, also zehn und mehr Jahre lang. Manche Fonds gibt es natürlich noch nicht so lange. Aber wenn doch: Vergleichen Sie die langfristige Performance. Je länger, desto besser. Leider sind die Gewinne aus der Vergangenheit keine Garantie für die Zukunft. Aber sie zeigen, wie gut ein Fondsmanagement rückblickend abgeschnitten hat. Die Damen und Herren werden hoffentlich nicht alles verlernt haben und auch künftig ein gutes Gespür beweisen. Je nachdem, welcher Risikotyp Sie sind und wie Ihre Strategie aussieht, ist auch die Volatilität, also die Schwankungsbreite, ein relevantes Kriterium für Sie. Und der »Maximum Drawdown«, der zeigt, wie heftig es zuletzt abwärts ging.

Wichtig sind die Kosten. Sie sind bei aktiv gemanagten Fonds vergleichsweise hoch und belasten damit auch die Rendite. Das wird oft als Grund dafür angeführt, dass die kostengünstigeren ETFs besser abschneiden. Besonders ärgerlich sind hohe Ausgabeaufschläge von 3 bis 5 Prozent, die wir auf unsere Anlagesumme eigentlich zahlen sollten oder müssten. »Eigentlich« schreibe ich, weil das heute nun wirklich nicht mehr sein muss. Wenn Sie die Fonds nämlich über die Börse kaufen, entfällt der Ausgabeaufschlag. Falls Sie bei einer Filialbank Kunde sind, beauftragen Sie Ihren Berater, über die Börse zu ordern. Allerdings fallen dann andere Kosten an, die aber deutlich geringer sein sollten als die horrenden Ausgabeaufschläge, die immer noch viele Fonds ausweisen. Ordergebühren der Bank, Maklergebühren der jeweiligen Börse und der Spread, also die Handelsspanne, sollten nicht mehr als 1 bis 2 Prozent Ihrer Anlagesumme ausmachen. Bei Direktbanken, Onlinebrokern und Fondsvertrieben gibt es übrigens oft einen Discount von 25, 50 oder 75 Prozent auf den Ausgabeaufschlag. Mitunter verzichten sie sogar komplett darauf. Auch wenn Sie in Ihrer Filialbank die Order aufgeben, sollten Sie nach einem Rabatt auf den Ausgabeaufschlag fragen. Nicht selten wird Ihre Beraterin oder Ihr Beraten Ihnen einen Rabatt gewähren. Eigentlich sollten Sie heute aber keinen Ausgabeaufschlag mehr zahlen. Er gehört wirklich der Vergangenheit an. Bei ETFs gibt es diesen Aufschlag übrigens grundsätzlich nicht. Viel entscheidender sind die laufenden Kosten. Die verbergen sich hinter der Total Expense Ratio, kurz: TER. Diese jährlichen Verwaltungsgebühren können je nach Fondsart und Kapitalanlagegesellschaft 1 bis 2 Prozent pro Jahr betragen. Die Fondsgesellschaften müssen diese jährlichen laufenden Kosten ausweisen. Achten Sie unbedingt auf diese

Kosten, denn langfristig belasten sie die Rendite mächtig. Je geringer sie sind, desto besser für Ihre Rendite.

Apropos Rendite. Viele Fondsmanager müssen sich den Vorwurf gefallen lassen, sie wären »Indexkleber«. Was ist damit gemeint? Sie sind so nah an ihrer Benchmark, dass man eigentlich auch gleich einen Indexfonds kaufen könnte. Warum tun manche, bei Weitem aber nicht alle Fondsmanager das? Wer nah an seinem Vergleichsindex bleibt, verringert die Gefahr, deutlich schlechter abzuschneiden. Gleichzeitig nimmt er sich und vor allem seinen Anlegern auch die Chance, deutlich besser abzuschneiden. Hoffentlich aber auch nicht schlechter, allerdings sorgen dafür dann meistens die Kosten. Es gibt eine Kennzahl, die diese Indexkleber entlarvt. »Active Share« heißt sie. Sie soll ein Richtwert für das aktive Management eines Fonds sein. Die Aktien im Fonds werden dabei mit den Daten des Benchmark-Index verglichen. Ist die Schnittmenge groß, fällt der »Active Share« gering aus. Das Fondsmanagement klebt am Index. Leider kann uns auch diese Kennzahl in die Irre führen, denn anders, als ihr Name es ahnen lässt, sagt sie nichts darüber aus, wie aktiv der Fondsmanager ist, wie oft er die Zusammensetzung des Portfolios ändert. Letztendlich kommt es auf die Rendite an, und zwar auf die Rendite nach Kosten. Und da sind ETFs eben oft besser, aber nicht immer. Es lohnt sich, zu vergleichen.

Passive ETFs – beliebte Alleskönner mit kleinen Tücken

Haben Sie schon mal eine Nadel im Heuhaufen gesucht? Natürlich nicht. Wer will das schon, es wäre mehr oder weniger aussichtslos. Es wäre reine Glückssache, das gute Stück im Stroh zu finden. »Suchen Sie nicht nach der Nadel im Heuhaufen, kaufen Sie gleich den ganzen Heuhaufen«, sagte schon John Bogle. Der Amerikaner ist nicht irgendwer, sondern gilt als Erfinder der Indexfonds. Der Heuhaufen ist ein Index, ein ganzer Markt sozusagen. Das kann der Weltaktienindex MSCI World sein, der europäische Stoxx 600 oder der S&P 500 für die 500 größten US-Konzerne. Wer den ganzen Markt kauft, erwischt auf jeden Fall auch die Top-Aktie, also die Nadel. Mehrere Nadeln wahrscheinlich sogar, allerdings auch jede Menge Heu. Der Rendite tut das anscheinend keinen Abbruch, wenn wir uns den Vergleich von gemanagten Investmentfonds und ETFs anschauen. Denn auch in den aktiven Fonds steckt jede Menge Heu, oft aber offenbar zu wenige Nadeln.

Das Bild hinkt natürlich ein bisschen, aber es zeigt das Konzept. Bogles Idee kommt auf jeden Fall an. Profis und Privatpersonen haben nach Berechnungen des Datenanbieters Morningstar mittlerweile fast 10 Billionen Dollar in ETFs investiert – Tendenz steigend. Passive Fonds haben mittlerweile einen Weltmarktanteil von stolzen 38 Prozent. ETFs werden auch unter deutschen Privatanlegern immer beliebter, wie Zahlen des Fondsverbands BVI zeigen. Eine echte Erfolgsgeschichte, denn ETFs gibt es auf dem deutschen Markt erst seit dem Jahr 2000. Damals wurden an der Börse Frankfurt die ersten beiden ETFs gelistet. Heute sind es rund 1700, und es werden immer mehr.

Für diese weltweite Erfolgsgeschichte gibt es gute Gründe. Um einen alten Marketing-Spruch zu bemühen: ETFs sind E wie einfach, T wie transparent und F wie flexibel. Vor allem aber sind sie im Vergleich zu aktiv gemanagten Fonds sehr günstig. Einfach und transparent sind ETFs, weil das Produkt einfach zu verstehen ist. Da ETFs einen Index nachbilden, wissen wir genau, was drin ist. Denn die Zusammensetzung der jeweiligen Indizes können wir jederzeit einsehen. Der Dax enthält die 40 größten börsennotierten deutschen Unternehmen. Die Liste findet man leicht im Internet, inklusive des Anteils der einzelnen Werte am Index. Auch die ETF-Anbieter veröffentlichen sie in der Regel. Manchmal detailliert auf der Website oder aber als Tabelle zum Download. Oder wir gehen gleich auf die Internetseite des jeweiligen Indexanbieters. Einfach sind ETFs auch zu kaufen: Mit einem ETF auf den MSCI World genügt eine einzige Order, um in alle 1600 Werte zu investieren. Flexibel sind sie, weil wir sie jederzeit über die Börse verkaufen können, uns jederzeit anders entscheiden können.

Die Qual der (Aus-)Wahl

Auch wenn die Auswahl mittlerweile extrem groß ist und die ETF-Emittenten fast so kreativ sind wie die Fondshäuser: Einen ETF auszuwählen ist noch immer deutlich einfacher, als sich für einen aktiven Fonds zu entscheiden. Im Grunde müssen Sie »nur« die Anlageklasse kennen. Aktien weltweit oder Europa? Manchmal gibt es mehrere Indizes, dann müssen Sie sich entscheiden, welcher es denn sein soll. Beispielsweise der MSCI World statt des MSCI All Country World oder anders herum? Oder das Pendant von FTSE? Gibt es mehrere ETFs zu einem Index, haben Sie die Qual der Wahl. Dann hilft der Blick auf die Kennzahlen, um das passende Produkt auszuwählen. Ich mache es mir dabei ziemlich einfach und verzichte darauf, mich durch allzu viele Informationen zu kämpfen. Erst entscheide ich mich für die Anlageklasse, die Anlagestrategie, die Region: also etwa für den MSCI World, den Stoxx 600 oder den MSCI World Value. Dann überlege ich mir, ob ich lieber in einen ausschüttenden oder einen thesaurierenden ETF investieren möchte. Die Suchmaschinen werden im Fall der ETFs auf den MSCI World eine noch immer recht lange Liste ausspucken, bei spezielleren Indizes manchmal nur einen oder zwei ETFs. Ich wähle dann den günstigeren, denn die Kosten lasten auch bei Indexfonds auf der Rendite. Mein ETF sollte so günstig wie möglich sein, selbst wenn die Kosten im Promillebereich liegen. Es macht langfristig eben einen Unterschied, ob ein ETF beispielsweise auf den Dax jährliche Kosten (TER) von 0,08 Prozent oder 0,16 Prozent hat. Warum mehr zahlen als unbedingt nötig?

Die Kosten sind einer der Gründe, warum sich ETFs auf ein und denselben Index mitunter unterschiedlich entwickeln. Um wie viel Prozent sich ein ETF besser oder schlechter als sein Vergleichsindex entwickelt hat, zeigt die »Tracking Difference«. Sie gibt an, wie stark die Rendite des ETFs vom zugrunde liegenden Index abweicht. Sie lässt sich nur rückwirkend ermitteln und ist meistens negativ, da bei der Indexnachbildung Kosten anfallen. Ein Beispiel: Der MSCI World legt eine Jahresrendite von 8,5 Prozent aufs Parkett, Ihr ETF auf dem MSCI World aber nur 8,2 Prozent. Dann liegt die Tracking-Differenz bei minus 0,3 Prozent. Je geringer dieser Wert, desto besser und kostengünstiger ist es dem Emittenten gelungen, den Index nachzubilden. Manchmal kann die Tracking-Differenz sogar positiv ausfallen, etwa wenn die Einnahmen aus der Wertpapierleihe die Kosten für die Indexnachbildung übersteigen. Die Unterschiede halten sich aber sehr in Grenzen.

Verwechseln Sie die Tracking-Differenz nicht mit dem Tracking-Error. Letzterer misst die durchschnittliche Schwankungsbreite der Indexabweichungen in einer bestimmten Zeitspanne. Diese Kennzahl gibt Auskunft über die Zielerreichung eines ETFs. Sie dient als Maßstab für die Qualität der Indexabbildung. Der Tracking-Error gibt an, wie stark die Schwankung der Abweichungen zwischen ETF und Index in einem bestimmten Zeitraum ist. Je niedriger der Wert ist, desto besser bildet der ETF den Vergleichsindex ab.

Was ein ETF an der Börse »kostet«, hat nichts mit den Kosten zu tun. Der ETF hat einen Kurs oder besser einen Preis, den wir pro Anteil zahlen müssen. Die Kosten sind die jährlichen Gebühren. Dass Dax-ETFs zu ganz verschiedenen Kursen gehandelt werden, können wir getrost ignorieren. Das hat etwas damit zu tun, wie und wann der ETF aufgelegt wurde, ob er ausschüttet oder thesauriert. Wenn wir einen Dax-ETF kaufen, erzielen wir die Rendite, die auch der Index erzielt, abzüglich der geringen jährlichen Gebühren und kleiner Abweichungen.

Dann ist da noch die Frage, wie der Index überhaupt nachgebildet wird. Physisch replizierend, optimiert oder synthetisch, also swapbasiert? Physisch replizierende Indexfonds kaufen entweder alle Indexmitglieder, was als vollständige Replikation bezeichnet wird. Oder sie beschränken sich auf eine Auswahl der im Index gelisteten Aktien – auf Börsendeutsch: optimiertes Sampling – und lassen dabei die kleinsten Unternehmen weg. Synthetische, also »künstliche« ETFs hingegen bilden einen Index nicht mit den zugrunde liegenden Aktien ab. Sie vollziehen vielmehr durch den Einsatz derivativer Finanzinstrumente die Wertentwicklung des zugrunde liegenden Index nach. Das passiert vor allem, um die Kosten für Anleger zu reduzieren. Bei Indizes, die viele Aktien enthalten und die häufig angepasst werden, muss der ETF-Emittent ständig Aktien kaufen und verkaufen. Dabei fallen Kosten, Steuern und weitere Gebühren an. Diese Kosten werden durch die künstliche Replikation verringert. Zu diesem Zweck greift die Fondsgesellschaft auf Tauschgeschäfte mit einem Partner zurück, die sogenannten Swaps. Der Anteil an Swaps in einem ETF ist gesetzlich begrenzt und grundsätzlich sind synthetische ETFs nicht mit Nachteilen verbunden. Allerdings fühlen sich viele Anleger unwohl, wenn sie nicht genau wissen, was in ihrem ETF steckt. Mitunter dürfen Investoren, etwa Stiftungen und Gemeinden, auch nicht in solche Instrumente anlegen. Deswegen werden inzwischen hauptsächlich replizierende ETFs angeboten. Auf die Wertentwicklung des ETFs hat die Art der Nachbildung aber keinen großen Einfluss.

Häufig wird empfohlen, auf die Größe des ETFs zu achten. Gemeint ist das verwaltete Vermögen, das im Fonds investiert ist. Zu kleine ETFs seien für die Emittenten unwirtschaftlich, heißt es dann, und werden gegebenenfalls geschlossen. Dann bekommen Sie zwar Ihr Geld zurück, müssen es aber neu anlegen. Sie sollten dabei bedenken: Neue ETFs verwalten weniger Geld als ältere, und je spezieller der Index, desto geringer in der Regel die Nachfrage. Wenn es um Basis-Investments wie den MSCI World, den Dax oder auch den S&P 500 geht, dann ist Größe irrelevant. Denn so gut wie jeder Anbieter will sie im Programm haben und wird sie kaum schließen.

Doch welche ETFs laufen am besten? Replizierend oder geswapt? Ausschüttend oder replizierend? Die günstigsten? Diese Frage ist einfach zu beantworten: Die thesaurierenden ETFs liefern langfristig die bessere Rendite. Kein Wunder, die Erträge werden reinvestiert, das Kapital bleibt im Fonds und arbeitet weiter. Aber auch sie laufen nicht alle im Gleichschritt. Ebenso wenig wie die ausschüttenden ETFs. Deshalb lohnt sich der Blick auf die Kennzahlen.

Vorsicht vor Klumpen-Investments bei Themen-ETFs

Nicht jeder ETF bringt immer die gewünschte Risikostreuung. Im Gegenteil. Vor allem bei den immer neuen Themen-ETFs, die in den vergangenen Jahren auf den Markt kamen, hapert es gewaltig mit der Diversifikation. Künstliche Intelligenz, Cloud Computing, Millennials, digitales Lernen oder Blue Econom – der Fantasie scheinen in der kunterbunten ETF-Welt keine Grenzen gesetzt. Dank der Kreativität der Indexanbieter und der Emittenten, finden Investoren für die schrägsten und spitzesten Themen einen ETF. Ob das immer sinnvoll ist, müssen Sie selbst entscheiden. Die kreativen ETFs kommen aber ziemlich gut an und erfreuen sich wachsender Beliebtheit, machen sie doch manch spannendes Thema bei vermeintlicher Risikostreuung investierbar. Die Betonung liegt auf »vermeintlich«. Die Klumpenrisiken können extrem sein. Schauen Sie sich unbedingt den Index an, bevor Sie investieren.

Je spitzer das Thema, desto geringer die Risikostreuung und desto größer die Klumpenrisiken. Das ist eigentlich wenig überraschend. Besonders extrem ist das bei den Cannabis-ETFs, die an der Börse Frankfurt gelistet sind. Da haben die Top-Aktien ein

Gewicht von 20 und mehr Prozent. Drei Aktien machen die Hälfte des Portfolios aus. Das kann man wollen, aber das hat mit Risikostreuung wenig zu tun. Auch wer auf Gaming und eSports setzen möchte, sollte sich die Indexzusammensetzung zu Gemüte führen.

Der Blick auf die Themen-ETFs zeigt: Nicht jeder ETF bietet eine gute Risikostreuung. Deshalb eignen sich Themen-ETFs auch nur zur Beimischung. Wenn Sie Akzente setzen möchten, beispielsweise in einer Core-Satellite-Strategie, finden Sie auf jeden Fall spannende Indexfonds, keine Frage. Sie müssen sich aber des Risikos bewusst sein, das Sie damit eingehen. Die größten Positionen in den Indizes sind mitunter eben wirklich sehr, sehr groß. Nun kann man das befürworten – Themen-ETFs sind ein spitzes Investment – oder auch nicht.

Die Krux mit den nachhaltigen ETFs

Das Angebot an nachhaltigen ETFs wächst. Bei genauer Prüfung zeigt sich, dass so mancher ETF aber doch nicht so grün ist, wie es auf den ersten Blick erscheint. Oder er ist nicht so grün, wie Sie es gerne hätten. Sie erinnern sich: ESG ist nicht gleich SRI, und so weiter und so fort. Schauen Sie sich den Index genau an. Prüfen Sie die Auswahlkriterien des Indexanbieters und entscheiden Sie, ob diese zu Ihrer Definition von Nachhaltigkeit passen. Ist Atomkraft ausgeschlossen oder erlaubt? Und Fracking? Kontroverse Waffen sind immer ausgeschlossen, aber wie sieht es mit konventionellen aus? Auch beim Thema Nachhaltigkeit sollten Sie auf die Diversifikation achten. Der Aktienindex und damit der ETF sollte die Risiken breit streuen und am besten weltweit anlegen. Mitunter sind ja auch Themen-ETFs für nachhaltige Anleger sehr interessant. Erneuerbare Energien, Wasserstoff oder Mobilität der Zukunft sind nur einige Beispiele. Die Indexnachbildung sollte replizierend sein: Ein ETF auf einen nachhaltigen Index muss immer die jeweiligen Aktien erwerben. Nur wenn in der Beschreibung »physische Replikation« oder »optimiert« oder »replizierend« steht, können Sie auch wirklich sicher sein, dass nur die nachhaltigen Aktien aus dem Index für den ETF gekauft werden. Im Falle eines »geswapten« Index können Sie das nicht. Auch wissen Sie nicht, wie nachhaltig der Swap-Partner ist.

Passiv am Rentenmarkt investieren

Es gibt nicht nur Aktien-ETFs sondern auch Renten-ETFs, sogar gemischte und sogenannte aktive ETFs, aber das würde den Rahmen dieses Buches sprengen. Genau wie all die »E«, die ETCs für Rohstoffe, die ETNs für Währungen und sogar Kryptos. Im Grunde gibt es mittlerweile fast alles als Indexprodukt, was es auch in der aktiven Welt gibt. Auf die Anleihe-ETFs werfen wir aber einen kurzen Blick, denn sie können wichtige Bausteine der folgenden Musterdepots sein, als Basis-Investments oder als Beimischungen.

Anleihe-ETFs funktionieren im Grunde wie Aktien-ETFs. Sie bilden einen Rentenindex ab. Spontan fallen uns wahrscheinlich ein gutes Dutzend Aktienindizes ein, aber bei Rentenindizes machen wir vermutlich ein ahnungsloses Gesicht. Kein Wunder, die Namen sind maximal kompliziert und man hört sie eigentlich so gut wie nie. Während wir also bei Aktien relativ schnell auf den entsprechenden Index für unsere gewünschte Anlageklasse kommen, ist es bei Anleihen etwas komplizierter. Aber keine Sorge, es gibt sehr gute Suchmaschinen auf Finanz-Websites und vor allem auf den Seiten von Banken, Onlinebrokern und Börsen. Das Prozedere gleicht dem bei aktiv gemanagten Rentenfonds: Staats- oder Unternehmensanleihen, Bonitäten, Laufzeiten – Sie kennen das schon. Lassen Sie sich von den Laufzeiten im Namen der ETFs nicht verwirren. Es geht dabei wirklich rein um den Index und darum, was darin »erlaubt« ist. Ihr ETF läuft im Grunde endlos, nur werden eben die Anleihen im Index ausgetauscht, wenn sie nicht mehr den vorgegebenen Faktoren wie etwa zwei bis fünf Jahre Restlaufzeit entsprechen. Bei Anleihe-ETFs wird oft die Zusammensetzung nach Marktgewichtung kritisiert, deshalb schauen Sie auch hier kurz auf den Index. Passt die Ländergewichtung? Haben einzelne Länder oder gar Unternehmen einen zu hohen Anteil? Sie werden sich mit Anleihe-ETFs ein bisschen länger, vor allem detaillierter beschäftigen müssen. Der Dax ist der Dax, der MSCI World eben der MSCI World, bei den Renten-Indizes wird es dann ein bisschen komplizierter mit den Bonitäten und Laufzeiten. Aber das hat man schnell raus. Die Indizes werden wir uns aber wahrscheinlich nie merken können. Irgendwas mit iBoxx? Irgendwas von Bloomberg? Weiter komme auch ich aus dem Gedächtnis nicht.

Es gibt auch noch eine Reihe etwas speziellerer ETFs, beispielsweise ETFs mit Hebel, auf Börsendeutsch: Leverage. Da werden dann Gewinn und Verlust entsprechend gehebelt, also beispielsweise verdoppelt bei Leverage 2. Solche Produkte sind extrem spekulativ. Damit kann man herrlich zocken, aber auch schnell alles verlieren. Werden Sie lieber nicht zu gierig. Es gibt auch Short-ETFs, mit denen Sie bewusst auf fallende Kurse setzen können oder mit denen Sie Ihr Depot kurzfristig absichern. Das könnte ratsam sein, wenn Sie mit fallenden Kursen rechnen, aber Ihre Aktien, Aktienfonds oder Aktien-ETFs nicht verkaufen wollen. Aber auch das ist recht komplex. Wer langfristig investiert, braucht solche Absicherungen eigentlich nicht. Kaufen Sie lieber nach, wenn es an der Börse abwärts geht. Wenn Sie sich für solche Produkte interessieren, kann ich Ihnen die Website der Börse Frankfurt und deren ETF-Ratgeber empfehlen. Da ist alles genau erklärt – inklusive aller Chancen und vor allem Risiken.

Wahrscheinlich werden Ihnen früher oder später aktiv gemanagte ETFs begegnen. Sie sind eine Art Zwitter zwischen aktiver und passiver Investmentwelt. Die Indizes sind sehr speziell, werden öfter angepasst. Aktive ETFs sind in der Regel Mischfonds, hinter ihnen stehen so bekannte Namen wie ETF-Papst Gerd Kommer,

Kapitalmarktexperte und IVA-Gründer Andreas Beck oder der bekannte Mannheimer Professor Martin Weber. Sie detailliert vorzustellen, ginge zu weit. Diese ETFs sind aber durchaus einen Blick wert.

Aktiv oder passiv? Oder: Aktiv und passiv?

Aktiv oder passiv investieren? Diese Frage müssen wir uns als Anleger unweigerlich stellen. Aber mal ganz ehrlich, geht das überhaupt? Können wir passiv investieren? Im Grunde ist doch jede Entscheidung für eine Strategie, für eine Anlageklasse, für ein Produkt eine sehr aktive. Aber mit Blick auf das Anlageinstrument, für das wir uns entscheiden, müssen wir uns die Frage sehr wohl stellen. Aktiv investieren in Einzeltitel oder aktiv gemanagte Investmentfonds oder doch lieber die passiven ETFs? Wenn wir die Statistik bemühen, dann ist die Antwort recht einfach. Wenn die wenigsten Fondsmanager ihren Vergleichsindex nicht schlagen und schon gar nicht mittel- bis langfristig, dann spricht viel für ETFs. Aber ganz so einfach ist die Antwort auf die Frage dann leider doch nicht.

Es gibt verdammt viele verdammt gute Fonds, aber eben noch viel mehr schlechte. Ein guter Fonds schlägt den Index und damit den ETF. Ein guter Fondsmanager kontrolliert das Risiko, fährt die Aktienquote in stürmischen Phasen hoffentlich rechtzeitig herunter. Ein guter Fonds schont unsere Nerven, wenn er weniger stark schwankt als der Markt. Oder er begeistert uns, wenn er in der Rally richtig durchstartet und ein paar Prozentpunkte mehr Rendite einfährt. Also: Lieber aktive Fonds oder lieber ETFs? Es kommt wie immer auf Ihre Strategie an. Und es kommt darauf an, welche Funktion die Position im Depot hat. Eher das breit gestreute, langweilige Ruhekissen oder der Renditeturbo mit einer Extraportion Nervenkitzel?

Fragen über Fragen. Hier ist noch eine: Wieso überhaupt »oder«? Niemand muss sich nur für ETFs oder nur für Fonds entscheiden. Wir können diese Anlagevehikel getrost kombinieren. Ein Beispiel: Für die Qualitätsaktien setzen Sie auf einen ETF auf den MSCI World Quality. Aber bei Ihrem Value-Baustein doch lieber auf einen Fonds, weil der Manager und seine Strategie Sie überzeugen. Oder Sie setzen für diesen Baustein gleich auf die Aktie von Berkshire Hathaway. Schließlich ist Warren Buffetts Investment-Holding mit all ihren Beteiligungen auch so etwas Ähnliches wie ein Fonds. Den »Kern« Ihres Core-Satellite-Depots könnten Sie mit ETFs auf breit streuende Indizes wie den MSCI World oder den MSCI Emerging Markets und entsprechende Anleiheindizes bestücken. Für die Satelliten aber könnten Sie aktiv gemanagte Fonds oder auch Einzelaktien oder vielleicht Gold wählen. Solange Sie Ihre Strategie dabei nicht aus den Augen verlieren und auch nicht in Gefahr sind, den Überblick zu verlieren, ist alles möglich.

Leider liefern nicht alle Fondsmanager immer, was sie versprechen. Eigentlich sollte vor allem in turbulenten Börsenphasen die Stunde des aktiven Fondsmanagements schlagen. Der ETF hängt dann am Index, der Fondsmanager kann gegensteuern. Vorteil für aktive Fonds also. Leider ist es oft nicht so. Das zeigt auch das Aktiv-/Passiv-Barometer von Morningstar, das halbjährlich erscheint und jeweils ein Jahr zurückblickt. Das erste Börsenhalbjahr 2022 war historisch schlecht, höhere Verluste hatten Aktien- und Anleihemärkte seit Jahrzehnten nicht aufs Parkett gelegt. Konnten Fondsmanager ihre Investoren vor diesen Verlusten bewahren, zumindest teilweise? Das Urteil der Morningstar-Experten für den Einjahres-Zeitraum bis Ende Juni 2022 fiel vernichtend aus: »Wahrscheinlich lohnen sich aktive Fonds nicht.« Das Barometer misst die Performance aktiver Fonds im Vergleich zu ihren relevanten passiven Konkurrenten und umfasst fast 30.000 verschiedene aktive und passive Fonds mit Sitz in Europa. Sie repräsentieren über sieben Billionen Euro an Vermögenswerten und damit fast drei Viertel des gesamten europäischen Fondsmarktes.

Die detaillierten Ergebnisse sorgen für Ernüchterung: Morningstar stellte fest, dass im Durchschnitt 35 Prozent der aktiven Fonds in den 43 analysierten Aktienkategorien ihre passiven Vergleichsfonds im Einjahres-Zeitraum bis Ende Juni 2022 geschlagen haben. Zwei Drittel schnitten also schlechter ab. Nur sieben Aktienkategorien wiesen eine Erfolgsquote für aktive Manager auf. So viel zum Thema, aktive Manager würden ihre passive Konkurrenz in einem herausfordernden Umfeld leichter schlagen. Und Herausforderungen gab es mit Inflation, Zinswende, Lieferketten-Problemen und Russlands Invasion in der Ukraine wahrlich genug. Aktive Rentenfonds-Manager – auf Börsendeutsch heißt die Anlageklasse auch »Fixed Income« – schnitten nur geringfügig besser ab als Aktienmanager. In den 23 analysierten Kategorien haben 40 Prozent der Fonds eine Outperformance erzielt.

Langfristig sieht die Bilanz der Fondsmanager auch nicht besser aus. In den vergangenen zehn Jahren seien nur 21 Prozent der Rentenfonds-Manager erfolgreich gewesen. Also gerade mal jeder Fünfte. Etwas besser fällt die Morningstar-Bilanz bei den Aktienfonds-Managern aus, hier war immerhin jeder Vierte (24 Prozent) erfolgreich. Im Umkehrschluss heißt das aber, dass alle anderen ihr Geld nicht wert waren – zumindest mit Blick auf die Rendite. Obwohl viele Fondsmanager also nicht überzeugen konnten, und schon gar nicht langfristig, zeigt die Auswertung aber eben auch: Es gibt gute aktiv gemanagte Fonds, es gibt sehr erfolgreiche Fondsmanager, die regelmäßig bessere Ergebnisse bringen als der breite Markt. Aber sehr viele schneiden auch schlechter ab. Das macht es so schwierig, denn »richtigen« Fonds auszuwählen.

Aktiv und passiv schließen sich nicht aus. Es ist durchaus sinnvoll, beides zu kombinieren, vor allem dann, wenn Sie in sehr »engen«, also kleinen Märkten investieren möchten, wenn Themen-ETFs extreme Klumpenrisiken aufweisen, wenn Sie von einem Fondsmanager überzeugt sind.

KAPITEL 7

Für jede und jeden das passende Depot

Wie Ihr Depot schließlich aussieht, ist eine sehr individuelle Entscheidung. Sie können eine ganz einfache Strategie wählen oder aber eine ausgetüftelte. Sie können eine entspannte Variante wählen, die wenig Pflege erfordert, oder Sie wählen eine aktivere.

Strategien für jede Risikoneigung

Doch welche Strategie ist die passende für Sie? Im Grunde ist es ein bisschen wie mit der Ernährung. Was Sie essen, sollte Ihnen schmecken, Ihnen aber auch guttun, nicht schwer im Magen liegen oder Sie sogar krank machen. Abwechslungsreich sollte Ihre Ernährung sein. Eine gesunde Ernährung versorgt den Körper mit essenziellen Nährstoffen: mit Flüssigkeit, Makronährstoffen wie Eiweiß, Mikronährstoffen wie Vitaminen und ausreichend Ballaststoffen und Nahrungsenergie. Es kommt auf den richtigen Mix an, auf die richtigen Zutaten und auf Ihre Konstitution. Bei der Geldanlage ist es nicht anders. Auch hier gilt es, die richtige Mischung zu finden, die zu Ihnen, Ihrem Risikotyp, Ihrer finanziellen und persönlichen Situation und vor allem Ihren Zielen passt.

Die Vorarbeit kann ich Ihnen leider nicht ersparen: Ihren Risikotyp zu ermitteln, den finanziellen Rahmen für Ihre Geldanlage festzulegen und Ziele zu definieren. Um Ihre langfristigen Ziele zu erreichen, sind Aktien genau das richtige Instrument. Aber sie sind nicht das einzige. Ich würde immer Anleihen beimischen. Je nach Geschmack können es auch Gold oder andere Rohstoffe, Immobilienfonds und vielleicht sogar Kryptos sein. Obwohl ich letztere nur im Spielgeld-Depot sehe. Aber wie gesagt: Das ist Geschmackssache.

Wer finanzielle Ziele festlegt, will sie natürlich schnell erreichen. Eigentlich ist es ja ganz einfach: Je höher die Aktienquote, desto größer die Chance, desto höher die Rendite, desto schneller ist das Ziel erreicht. Sie ahnen es schon, so einfach ist es leider nicht. In der Theorie vielleicht, aber nicht in der Praxis. Genauso wie nicht jeder oder jede extrem scharfes Essen verträgt, kann nicht jeder oder jede ein hohes Risiko ertragen – weil es finanziell nicht vertretbar oder für die jeweilige Person schwer zu ertragen ist.

Es gilt also, die Bausteine so zu kombinieren, die Aktien- und Anleihequote so zu wählen, dass Sie sie »vertragen«, gut damit leben und vor allem gut schlafen können, aber gleichzeitig Ihr Ziel erreichen. Auch wenn es vielleicht ein paar Jahre länger dauert. Sie haben in den vorherigen Kapiteln viele Bausteine kennengelernt, mit denen Sie Ihr Depot bestücken können. Je nachdem, welche Sie kombinieren und wie hoch Ihre Aktienquote ist, wird Ihr Depotwert stärker oder schwächer schwanken. Wenn Sie bestimmte Risikofaktoren übergewichten, erhöhen Sie aber auch unsere langfristigen Chancen. Wer seine Rendite optimieren möchte, muss ein erhöhtes Risiko in Kauf nehmen. Wer das Risiko begrenzen möchte, was natürlich völlig in Ordnung ist, wenn es dem Anlagetyp entspricht, verzichtet automatisch auf Renditechancen.

Die eigene Risikoneigung und Risikotragfähigkeit ermitteln

Beschäftigen Sie sich daher mit Ihrer Risikobereitschaft und Ihrer Risikotragfähigkeit, bevor Sie sich für einzelne Anlageklassen entscheiden. Leider tun das viele Anlegerinnen und Anleger zu wenig oder gar nicht und stolpern unweigerlich irgendwann über die beschriebenen emotionalen Fallstricke. Zwei Beispiele: Wenn Sie sich als viel zu risikofreudig und chancenorientiert einschätzen und die Aktienquote recht hoch wählen, werden Sie wahrscheinlich in Panik verfallen, wenn es an der Börse mal wieder richtig knallt. Wenn Sie Ihre Risikobereitschaft völlig falsch eingeschätzt haben, wird es Ihnen auch wenig helfen, dass Ihnen der gesunde Menschenverstand eigentlich sagt, dass Sie bei heftigeren Kursrücksetzern nachkaufen müssten und Sonderangebote einsammeln sollten. Sie werden die Nerven dafür nicht haben und – schlimmer noch – wahrscheinlich mit Verlusten verkaufen. Wenn Sie sich aber als viel zu risikoscheu und konservativ einschätzen, werden Sie sich irgendwann ärgern, von einer monate- oder gar jahrelangen Hausse oder sogar Rally an der Börse nicht profitiert zu haben. Gut möglich, dass Sie dann auch den Fehler machen, viel zu spät noch dem Trend hinterherrennen zu wollen.

Auch wenn es sich nie ganz verhindern lässt, ab und zu doch über emotionale Fallstricke zu stolpern, sollten Sie die ganz großen Fallen unbedingt meiden. Je besser Sie Ihre Risikotragfähigkeit kennen und Ihre Strategie darauf abstimmen, desto »gesünder« ist das für Ihren Vermögensaufbau. Denken Sie deshalb sehr genau darüber nach, wie viel Geld Sie bereit sind zumindest zwischenzeitlich zu verlieren. Wie stark darf Ihr Portfolio schwanken, ohne dass Sie die Nerven verlieren? Seien Sie ehrlich zu sich selbst, machen Sie sich nichts vor. Wer als eigentlich konservativer Anleger ein extrem chancenreiches Depot wählt, wird nicht glücklich. Wer als chancenorientierte Anlegerin die konservative Variante wählt, allerdings auch nicht.

Erinnern Sie sich an das »Magische Dreieck der Geldanlage«? Wie wichtig sind Sicherheit, Rendite und Liquidität? Welcher Mix bei der Geldanlage – auf Börsendeutsch: Asset Allocation – für Sie der richtige ist, hängt davon ab, welche Kriterien für Sie am wichtigsten sind. Auf die Gefahr hin, dass ich mich wiederhole: Chance und Risiko sind untrennbar miteinander verbunden, ob nun real oder auch nur eingebildet. Da wir keine Glaskugel haben und Prognosen schwierig sind, ist die Zukunft ungewiss. Auch das ist ein Risiko. Leider ist das Risiko so schwer zu greifen, wir können es selten klar beziffern, manchmal aber schon. Aktienkurse können schwanken, das wissen wir. Sie schwanken stärker als Anleihen, normalerweise zumindest. Das ist statistisch belegt und halbwegs messbar. Ein reines Aktiendepot schwankt stärker als ein gemischtes. Das gemischte schwankt immer noch mehr als eines, das nur mit supersicheren Anleihen bestückt ist. Nur nimmt dann auch die zu erwartende Rendite spürbar ab. Es gilt also, die richtige Mischung zu finden. Einen Mix, der zu Ihnen passt.

Diese »richtige Mischung« gibt es für jeden Anleger und jede Anlegerin. Die entscheidende Frage lautet aber: Welcher Anlegertyp sind Sie eigentlich? Die eigene Risikobereitschaft zu analysieren ist leider nicht ganz einfach. Vieles wurde uns anerzogen, aber irgendwie steckt es auch in uns drin, ob wir mutiger oder eher vorsichtiger sind. Unsere Risikobereitschaft ist Teil unserer Persönlichkeit. Auch wenn wir uns vielleicht weiterentwickeln, gute wie schlechte Erfahrungen unsere Risikobereitschaft ein Stück weit beeinflussen, verändert sie sich dennoch eigentlich kaum. Ebenso wenig wie aus einem schüchternen, in sich gekehrten Menschen ein Alleinunterhalter wird, der große Hallen füllt, verwandelt sich ein übervorsichtiger Sparer in einen furchtlosen Zocker. Ihre Risikobereitschaft ist quasi die psychologische Wohlfühlzone, in der Sie Verlustphasen relativ stressfrei durchstehen. Nur innerhalb dieser Zone klappt es mit der langfristigen Anlagestrategie. Bewegen Sie sich aus Ihrer Komfortzone heraus, werden Sie unweigerlich Fehler machen – womit wir wieder bei den psychologischen Fallstricken wären.

Aber wie definieren wir diese Wohlfühlzone? Um herauszufinden, wie viel Risiko Sie ertragen können und auch wollen, können Sie sich ein paar einfache Fragen stellen. Können Sie mit Verlusten umgehen? Oder noch konkreter: Wie reagieren Sie, wenn auf dem Depotauszug plötzlich ein Minus von 10,15 oder 20 Prozent steht? Können Sie noch ruhig schlafen, wenn der Dax in wenigen Wochen mehr als 30 Prozent verliert, wie im Corona-Crash 2020 geschehen? Falls das nicht so ist, sollten Sie Ihre Aktienquote eher etwas geringer halten. Wenn Sie das ganz locker aushalten können, darf Ihre Aktienquote sehr viel höher ausfallen.

Die Risikoneigung ist das eine, die Risikotragfähigkeit das andere. Gemeint ist, wie viel Verlust Sie finanziell aushalten können. Wenn Sie Single mit sicherem Job und gutem Gehalt sind, können Sie 50.000 Euro Erspartes eher in riskante Anlagen investieren als eine alleinerziehende Mutter oder auch ein Familienvater mit unsicheren Jobaussichten – ganz gleich, wie gerne er oder sie etwas riskieren würde. Wie bereit sind Sie für Risiken, und was lässt Ihre Situation zu? Seien Sie ehrlich zu sich selbst. Wer die Antworten manipuliert, belügt sich. Das führt unvermeidlich zu »falschen« Anlage-Entscheidungen. Das passiert öfter, als Sie vielleicht denken. Studien zeigen immer wieder, dass die Depots überhaupt nicht zu ihren Besitzern passen, dass die Asset Allocation nicht der angegebenen Anlegermentalität entspricht. Risikoscheue Anleger gehen viel zu hohe Risiken ein, risikoaffine Anlegerinnen haben eigentlich viel zu geringe Aktienquoten. Es ist daher durchaus empfehlenswert, die eigene Strategie von Zeit zu Zeit zu hinterfragen und gegebenenfalls zu optimieren.

Konservativ, ausgewogen oder chancenorientiert

Obwohl es in der Praxis nicht immer ganz so eindeutig ist, gibt es in der Theorie drei Anlegertypen: konservativ oder auch sicherheitsorientiert, ausgewogen und chancenorientiert. Gut möglich aber auch, dass Sie sich irgendwo zwischen zwei Typen einsortieren, denn es gibt jede Menge Zwischenstufen. Entsprechend können Sie dann die vorgeschlagenen Aktien- und Anleihequoten anpassen. Um sich der individuellen Strategie anzunähern und ein Depot zusammenzustellen, helfen die drei genannten Typen sehr. Da Ihre Strategie nicht in Stein gemeißelt ist, können Sie jederzeit Anpassungen vornehmen, wenn Sie vielleicht doch zu vorsichtig oder zu mutig waren. Schauen wir uns die drei Anlegertypen also an. Sie werden wahrscheinlich recht schnell sagen: Bin ich! Bin ich nicht! Oder auch: Passt teilweise.

Sicherheitsorientiert – das Wort sagt es schon – sind Anlegerinnen und Anleger, die (möglichst) kein Risiko eingehen wollen; der klassische deutsche Sparer quasi. Konservative Anleger wollen ihr Geld oft nur mittel- und langfristig sichern oder parken. Wenn es mehr sein darf oder soll als Tagesgeld oder Festgeld, als Sparbuch oder Bausparvertrag, dann bestehen die Depots im Kern meist aus supersicheren Anleihen. Eine positive Realrendite ist damit auch nach der Zinswende kaum zu erreichen. Einen kleinen Aktienanteil gibt es häufig noch, oft sind es Fonds oder ETFs, die auf schwankungsärmere Standardwerte setzen. Meist ist der Aktienanteil aber zu gering, um wirklich Vermögen aufzubauen. Wenn Sie eine gewisse Rendite, vor allem eine positive Realrendite erzielen wollen, dann muss der Aktienanteil schon nennenswert sein.

Sparer mit schwachem Nervenkostüm sollten natürlich deutlich vorsichtiger agieren als leidenschaftliche Aktionärinnen mit hoher Risikoneigung. Wer Schwankungen nicht ertragen kann, wird wahrscheinlich die Notbremse ziehen, wenn es an der Börse mal abwärts geht – und in den Abwärtstrend hinein verkaufen und damit Verluste realisieren. Konservative Anleger sollten nur einen Teil ihres Vermögens in Aktien stecken und ansonsten auf risikolosere Produkte setzen. Mindestens 30 Prozent Aktienquote sollte es aber sein, auch wenn das vielleicht nach viel klingt. Es müssen keine volatileren Nebenwerte oder riskanteren Schwellenländeraktien sein, im Gegenteil: Wählen Sie einfach schwankungsärmere Aktienarten, Value vielleicht, Dividendentitel oder »Low Vola«-Werte.

Während also ein eher konservatives, sicherheitsorientiertes Depot einen Aktienanteil von 30 Prozent hätte, würde er deutlich höher liegen, wenn Sie zu Anlegern mit ausgewogenem Risikoprofil gehören. Bei einem ausgewogenen Depot ist die übliche Mischung 50 Prozent Aktien und 50 Prozent Anleihen. Dieser Anlagetyp ist zwar immer noch relativ vorsichtig unterwegs, legt auch Wert auf eine gewisse Sicherheit, will aber gleichzeitig die Chancen des Kapitalmarktes nutzen. Diese Anleger kombinieren verschiedene Aktienarten, setzen auf Small Caps, auf die Emerging Markets und auf Wachstumswerte. Gleichzeitig legen sie aber auch einen großen Teil sehr sicher an. Während der Aktienanteil stärker schwanken dürfte, sorgen die Anleihen für Ruhe im Depot.

Auf Rentenpapiere verzichten übrigens auch chancenorientierte Anleger nicht. Aus dem gleichen Grund: Anleihen sind ein Ruhekissen im Portfolio, wenn es Papiere von Staaten und Unternehmen mit guter bis sehr guter Bonität sind. Aber der Anteil dieser Anlageklasse ist deutlich geringer als in einem ausgewogenen oder gar konservativen Depot. Im chancenorientierten Depot sind es nur 20 Prozent. Die restlichen 80 Prozent werden in Aktien investiert. Wer die Aktienquote so hoch wählt, braucht allerdings auch die Anleihen als Ausgleich. Ich habe das in der jüngsten Vergangenheit mehr als einmal erlebt, denn meine Aktienquote liegt seit Jahren bei genau diesen 80 Prozent. Ich investiere streng, manch einer sagt auch stur, nach dem chancenorientierten Depot aus meinem Buch *Einfach erfolgreich anlegen*. Diese Depots werde ich Ihnen noch vorstellen. Renditeorientierte Anleger, ob nun ausgewogen oder chancenorientiert, sind grundsätzlich bereit, bei ihrer langfristigen Geldanlage ein gewisses Risiko einzugehen. Aber auch sie achten auf Diversifikation. Das ist ihnen sogar ganz wichtig, um das Risiko zu begrenzen. Erinnern Sie sich an die Grundlagen der erfolgreichen Geldanlage? Je nachdem, wie hoch Ihre Risikoneigung ist, wählen Sie ein ausgewogenes oder chancenorientiertes Depot. Konkret heißt das: Sie entscheiden sich, ob Sie 50 oder 80 Prozent Ihrer Anlagesumme in Aktien investieren möchten.

Das wirklich wichtige Rebalancing

Wenn Sie Ihre persönliche Gewichtung gefunden haben, sollten Sie nicht vergessen, Schwächephasen des Aktienmarktes auszunutzen. Gerade wenn Sie langfristig anlegen, ist das ein sehr guter Ratschlag. Das tun Sie, indem Sie zukaufen, wenn es mal nicht so gut läuft. Das ist – rein psychologisch – aber nicht ganz so einfach. Sie kaufen zwar günstig nach, nutzen Sonderangebote. Aber Sie müssen sich im Zweifelsfall auch mit Ihren Verlustbringern auseinandersetzen, die Sie wahrscheinlich lieber ignorieren würden. Und die sollen Sie auch noch aufstocken? Ja. Sie sollten grundsätzlich nicht völlig tatenlos zusehen, wie sich die Gewichtung in Ihrem Depot verschiebt. Das tut sie übrigens nicht nur, wenn die Kurse einbrechen, sondern auch, wenn sie steigen. Auch das dürfen Sie nicht einfach so passieren lassen. Von Zeit zu Zeit gilt es, das Depot und damit die Strategie zu überprüfen und die Gewichtung einzelner Anlageklassen und Bausteine nachzujustieren. Stimmen die Gewichtungen noch? Diese Frage sollten Sie sich einmal im Jahr stellen oder je nach Strategie öfter oder seltener.

Mit Ihrer gewählten Strategie hat Ihr Portfolio nämlich irgendwann nicht mehr viel gemein, wenn Sie Ihr Depot nicht regelmäßig an die ursprüngliche Gewichtung der Anlageklassen anpassen. Aktien- und Anleihekurse verändern sich und mit ihnen die Anteile der jeweiligen Anlageklasse und Einzelpositionen in Ihrem Depot. Von der Strategie ist nicht mehr viel übrig, wenn es stärkere Verschiebungen gibt. Die Lösung ist eine regelmäßige Anpassung an die ursprünglich gewünschte Gewichtung. Rebalancing heißt das auf Börsendeutsch.

Dabei scheitern viele Anleger leider regelmäßig an ihrer Psyche. Wir verkaufen grundsätzlich lieber Gewinner als Verlierer, keine Frage. Aber das frei gewordene Geld dann in die schlechter gelaufene Anlageklasse, in die Verlierer sozusagen, zu investieren? Das erscheint uns als eher unsinnig, sogar als sehr riskant. Wer aber genau das nicht tut, der schmeißt unweigerlich seine Strategie über den Haufen. Denn die funktioniert nur, wenn man sich daran hält. Man muss auch gar nichts verkaufen, es reicht auch zuzukaufen. So mache ich es. Vorausgesetzt, es ist genug Geld auf dem Anlagekonto. Dann stocke ich die Bausteine im Depot auf, die nicht mehr das gewünschte Gewicht haben, sondern ein geringeres. Am Ende sollten es wieder 80 Prozent Aktien und 20 Prozent Anleihen sein – plus/minus einige wenige Prozentpunkte. Päpstlicher als der Papst muss beim Rebalancing nämlich niemand sein. Morgen oder übermorgen stimmt die Gewichtung ja sowieso wieder nicht mehr. Legen Sie Zeitpunkte fest, wann Sie nachjustieren, und dann lassen Sie das Depot laufen. Ich kaufe allerdings bei größeren Rücksetzern außerplanmäßig nach.

Leider verzichten viele Privatanleger auf das Rebalancing. Sie agieren langfristig damit wenig konsequent, trotz bester Vorsätze. Das erlebe ich auch in meinem Freundeskreis immer wieder. Es fehlte die Zeit, die Lust, die Muße, manchmal wurde es vergessen. Oft waren es aber wieder die emotionalen Fallstricke. Denn Rebalancing bedeutet eben, auch in Phasen größerer Verluste nicht dem Impuls nachzugeben, risikoreichere Anlageklassen zu verkaufen und in risikoarme Anlageklassen umzuschichten. Es bedeutet genau das Gegenteil. Das fällt uns verständlicherweise sehr schwer. Es erfordert ein hohes Maß an langfristiger Disziplin, das leider die wenigsten Anleger aufbringen. Viele Privatanleger zweifeln am Sinn und

Zweck des Rebalancings. Das kann ich gut verstehen. Schließlich widerspricht das der Regel: Gewinne laufen lassen, Verluste begrenzen. Es hilft aber nichts. Eine langfristige Strategie funktioniert nur, wenn man ihr langfristig auch treu bleibt. Dazu gehört das mühsame Rebalancing. Ich erledige das seit Jahren immer zwischen Weihnachten und Neujahr. Dann habe ich Zeit und Muße. Es dauert auch gar nicht lang. Ich weiß sehr genau, was ich will, wie hoch welcher Baustein gewichtet sein soll. Ein bisschen Rechnerei, die mittlerweile eine Excel-Tabelle für mich erledigt, ein paar Orders – fertig.

Die Frage ist nun, wie oft Sie aktiv werden müssen. Ich mache mein Rebalancing einmal pro Jahr. Wenn es stärker abwärts geht eventuell ein zweites Mal außerplanmäßig. Damit folge ich dem Rat vieler Experten. Sie empfehlen einmal pro Jahr nachzujustieren, bei extrem langen Anlagezeiträumen dürfen es auch schon mal zwei Jahre sein. Es gibt hier kein falsches oder richtiges Intervall. Es ist auch eine Frage der Bequemlichkeit. Und natürlich der Orderkosten. Denn die fallen zwangsläufig an und minimieren natürlich die Rendite. Um ineffizient hohe Transaktionskosten zu vermeiden, sollten Sie Ihr Depot nicht zu oft anpassen. Wenn Sie allerdings eine sehr ausgefeilte Strategie wählen, noch dazu mit einigen riskanteren Bausteinen, dann kann es auch sinnvoll sein, quartalsweise aktiv zu werden. Entscheiden Sie sich für ein Intervall, setzen Sie sich klare Regeln und ziehen Sie das so stur durch wie ich. Es lohnt sich.

Das »Wie«: Sparplan oder Einmalanlage

Börsenneulinge stellen sich unweigerlich die Frage, wie sie investieren sollen. Sollten sie mit einer Einmalanlage oder doch lieber mit einem Sparplan an der Börse starten? Auch wer schon einige Zeit an der Börse investiert, steht mitunter vor dieser Frage. Vor allem dann, wenn plötzlich eine größere Summe auf dem Konto liegt oder sich über die Zeit angesammelt hat. Ob es eine Erbschaft, eine Abfindung oder einfach nur das Ersparte ist – wer sein Geld in Aktien investieren möchte, muss einige Entscheidungen treffen; auch über das »Wie« und »Wann«.

Einzelaktien, Fonds oder ETF – diese Wahl ist wahrscheinlich noch recht einfach. Wer auf gute Risikostreuung Wert legt, wird sich eher für einen Fonds oder einen ETF entscheiden. Zugegeben, davon gibt es eine Menge, auch das passende Produkt sollte mehr oder weniger einfach gefunden werden. Deutlich schwieriger ist es da schon, sich für den passenden Einstiegszeitpunkt zu entscheiden – passend im Sinne von: richtig. Sie erinnern sich: das Problem mit dem »Timing«. Auch wenn Sie verinnerlicht haben, dass »Time«, also der Anlagehorizont viel entscheidender für Ihren Anlageerfolg ist, müssen Sie trotzdem irgendwann den Order-Button drücken. Gerade in Zeiten, in denen die Unsicherheit an den Märkten groß ist, fällt es nicht leicht, eine höhere Summe auf einmal zu investieren. Die Gefahr, den falschen Zeitpunkt zu erwischen, erscheint dann besonders groß. Im Grunde wissen wir aber nie, ob wir gerade kurz vor dem Ausbruch einer Krise stehen oder vor dem Beginn eines Börsenbooms. Es mag Anzeichen dafür geben, aber es gibt auch immer wieder Überraschungen. Gute, aber leider auch böse. Bei der Einmalanlage besteht immer das Risiko, ausgerechnet kurz vor dem nächsten Einbruch zu kaufen. Diese Durststrecke müssen wir dann leider aussitzen.

Eine Alternative wäre es, scheibchenweise zu investieren; und zwar über einen Sparplan. Schließlich reduziert der Sparplan die Gefahr, zum falschen Zeitpunkt einzusteigen. Er kann deshalb eine Alternative sein, aber nicht immer ist er sinnvoll. Denn wer die Wahl hat zwischen beiden Strategien sollte wissen: Sparpläne halten sehr langfristig im Durchschnitt nicht mit der Einmalanlage mit. Das beweist unter anderem eine Untersuchung der Ratingagentur Morningstar. Die Experten haben berechnet, wie sich Sparpläne und

Einmalanlagen am breiten US-Aktienmarkt zwischen 1926 und August 2019 in verschiedenen rollierenden Zeiträumen zwischen zwei Monaten und zehn Jahren entwickelt haben. Unter dem Strich standen Einmalanlagen besser da – je länger die Sparpläne liefen, desto ausgeprägter die Überlegenheit der Einmalanlage.

Es gibt aber noch einen anderen Grund, warum der Sparplan nicht immer ratsam ist. Stellen Sie sich vor, Sie haben 100.000 Euro geerbt und wollen diesen Betrag in Aktien investieren. Sie sind aber ein bisschen unsicher, ob sich das gerade jetzt empfiehlt. Vielleicht ist die Lage an den Märkten aktuell etwas unübersichtlich oder die Börsen sind zuletzt stark gestiegen. Also lieber Schritt für Schritt investieren? Eine monatliche Sparrate von 1.000 Euro klingt zwar erstmal sinnvoll, nur würde es 100 Monate dauern, bis Sie Ihre Erbschaft endlich investiert hätten. Abhilfe könnte die Kombination mit einer Einmalanlage schaffen. Sie könnten von den 100.000 Euro zum Beispiel schon einmal 30.000 Euro in etwas konservativere Aktien investieren und den Rest via Sparplan anlegen. Das könnte eine gute Lösung sein. Wichtig ist aber, dass die Höhe der Sparrate in einem angemessenen Verhältnis zur Einmalanlage stehen sollte. 70 Monate sind zwar weniger als 100, aber immer noch eine lange Phase. Vielleicht also lieber 2000, 3000 oder 5000 Euro pro Sparrate? Oder doch eine größere Einmalanlage? Wie immer ist das eine sehr individuelle Frage.

Einmalanlage schlägt Sparplan

Mit Blick auf die Rendite ist aber klar: Langfristig schlägt die Einmalanlage den Sparplan. Studien zeigen, dass der Einstiegszeitpunkt gar nicht so entscheidend ist für den langfristigen Erfolg an der Börse. Es zählt der lange Atem. Und genau deshalb funktionieren Einmalanlagen so gut. Auch die Statistik des Fondsverbands BVI zeigt das recht deutlich. Wenn Sie sich diese Statistik im

Sommer 2022 – dieser Zeitpunkt ist bewusst gewählt – angeschaut hätten, hätten Sie gesehen, dass die Rechnung bei einem Sparplan auch in schlechten Zeiten aufgeht, die Einmalanlage aber einfach besser läuft. Wenn wir zehn Jahre lang Monat für Monat die gleichbleibende Summe in einen global investierenden Aktienfonds investiert hätten, könnten wir uns über eine durchschnittliche jährliche Rendite von 5,7 Prozent freuen. Über 20 Jahre liegt die Rendite bei 6,2 Prozent und über 30 Jahre sogar bei 6,4 Prozent. Hätten wir vor zehn Jahren aber einmalig investiert, kommen wir auf eine durchschnittliche jährliche Rendite von 8,0 Prozent. Ein deutlicher Vorteil für die Einmalanlage. Auch über 30 Jahre punktet diese Variante mit immerhin 7,1 Prozent pro Jahr. Überraschend: Auf Sicht von 20 Jahren schneidet die Einmalanlage mit 5,2 Prozent deutlich schlechter ab. Das dürfte daran liegen, dass der Crash zu Beginn des Jahrtausends das Depot mächtig getroffen hat.

Apropos Crash: Stichtag dieser Zahlen ist der 30. Juni 2022 – nach dem historisch schlechtesten ersten Halbjahr an den Weltbörsen also. Deutlich höher wären die Renditen per Ende 2021 gewesen. Auf Sicht von zehn Jahren hätten wir mit einer Einmalanlage durchschnittlich 10,2 Prozent Rendite pro Jahr eingefahren, mit dem Sparplan »nur« 9,5 Prozent. Bei einer Anlagedauer von 25 Jahren schlägt die Einmalanlage den Sparplan mit 7,1 Prozent gegenüber 6,9 Prozent. Es sind pro Jahr zwar auf den ersten Blick nur geringe Unterschiede, aber die können es bei einer sehr langen Anlagedauer dann wirklich in sich haben.

Die Daten zeigen damit auch einen Nachteil von Sparplänen. Da die Investition über einen gewissen Zeitraum gestreckt wird, besteht natürlich das Risiko, dass man sehr positive Marktentwicklungen nicht in dem Maße mitnimmt, in dem es möglich wäre, wenn man mit dem vollen Betrag von Anfang an dabei ist. Denn was auf der einen Seite das Risiko eines Verlustes reduziert, verringert natürlich auch die Chance. Der Vorteil einer Einmalanlage ist die direkte und vollstände Beteiligung an den Entwicklungen der Kapitalmärkte. Positive Kursentwicklungen wirken sich direkt auf die komplette Einmalanlage aus und nicht wie beim Einstieg in Raten nur auf Teilbeträge. Wenn Sie sich die aktuellen Statistiken des BVI im Internet anschauen, wird es genau so aussehen. Da bin ich mir sicher.

Warum Sparpläne trotzdem eine gute Sache sind

Oft stellt sich die Frage nach Einmalanlage oder Kombination mit einem Sparplan aber gar nicht. Nämlich dann, wenn Sie kein Geld für eine Einmalanlage haben. Dann ist ein Fonds- oder ETF-Sparplan eigentlich immer sinnvoll, weil Sie regelmäßig Geld zurücklegen. Außerdem ist ein solcher Sparplan ein toller Einstieg. Sie können mit ganz kleinen Summen an der Börse loslegen. Je nachdem, was Ihr Budget hergibt und was Ihre Bank oder Ihr Onlinebroker anbietet, können Sie Raten ab 25 Euro sparen. Manchmal geht es schon ab zehn Euro, eigentlich immer ab 50 Euro. Das muss auch gar nicht monatlich passieren. Viele Banken und Onlinebroker bieten beispielsweise Intervalle von zwei, drei oder sechs Monaten an. Mit der von der Bank vorgegebenen minimalen Sparrate können Sie Aktien, Fonds oder börsengehandelte Indexfonds besparen. Mehr geht natürlich immer. Der Abschluss eines ETF-Sparplans ist denkbar einfach. Er ist mit wenigen Klicks eröffnet. Sparpläne sind nicht nur ein toller Einstieg an der Börse, sondern auch eine gute Idee, um für den Nachwuchs zu investieren.

Wenn Sie langfristig Vermögen aufbauen wollen, passen ETF- und Fonds-Sparpläne perfekt zu Ihrem Ziel. Das Schöne: Alles passiert ganz automatisch. Von sinkenden Kursen profitieren Sie sogar. Fallen die Kurse, bekommen Sie bei der nächsten Ausführung mehr Anteile. Steigen die Kurse, gibt es weniger Anteile. Sie legen automatisch antizyklisch an. An der Börse eine ziemlich gute Idee. Mit Sparplänen können Sie der Frage nach dem richtigen Timing geschickt ausweichen. Sie disziplinieren sich quasi selbst und die Zeit arbeitet für Sie. Und mit Sparplänen bleiben Sie maximal flexibel: Sie können jederzeit die Rate ändern oder den Sparplan aussetzen. Das geht bei den Onlinebrokern mit wenigen Klicks im Internet. Sie können ihn auch jederzeit beenden. Die bisher angesparten Anteile bleiben dabei im Depot. Es ist dann Ihre Entscheidung, ob sie dort liegen bleiben oder ob Sie die Position verkaufen. Zudem lässt sich jederzeit Geld entnehmen, indem Sie Fonds- beziehungsweise ETF-Anteile verkaufen. Gerade wenn Sie noch am Anfang Ihres Vermögensaufbaus sind, ist das eine beruhigende Alternative. Ich bin ein sehr großer Fan von Sparplänen und habe seit Jahren mehrere. Mitunter wundere ich mich sogar, wie sehr sich das lohnt, wie viel Geld da zusammenkommt.

Auf lange Sicht brachte die Anlage in den internationalen Aktienmarkt im Schnitt meist deutlich über 6 Prozent pro Jahr. Wenn Sie durchhalten und stur mit ETF oder Fonds sparen, dürften Sie sich ein stattliches Vermögen aufbauen.

Wer 30 Jahre lang 200 Euro pro Monat einzahlt, kommt bei einer Rendite von durchschnittlich 6 Prozent pro Jahr auf einen Betrag von rund 193.000 Euro. Und wenn es sogar 8 Prozent sind, aber die Sparrate geringer ist? Wenn Sie 30 Jahre lang Monat für Monat 100 Euro in einen Sparplan einzahlen, könnten daraus bei einer jährlichen Rendite von 8 Prozent rund 140.000 Euro werden. Nicht schlecht, oder? Die Kosten für den Sparplan spielen dabei eine untergeordnete Rolle. Bei thesaurierenden ETFs bleiben die Erträge aus Dividenden im Fondsvermögen und steigern auf lange Sicht den Gewinn. Ganz konkrete Zahlen zu einzelnen Fonds und ETFs finden Sie in der Sparplan-Statistik des Fondsverbands BVI.

Natürlich sind auch Sparpläne vor den Schwankungen an den Kapitalmärkten nicht sicher. Der Wert der bereits angesparten Anteile schwankt genau wie andere Positionen im Depot. Die konstanten Raten haben aber einen Vorteil: den »Cost-Average-Effekt«.

Wörtlich übersetzt ist es der Durchschnittskosteneffekt. Je nach aktuellem Fonds- oder ETF-Kurs erhalten Sie für denselben Betrag mal mehr, mal weniger Anteile. Dadurch verlieren die starken Schwankungen, zu denen es an den Wertpapiermärkten oft kommt, an Bedeutung. Nach Berechnungen der Stiftung Warentest gab es bei Sparplänen auf den MSCI World seit Ende 1969 bei einer Spardauer von mindestens 20 Jahren übrigens keinen Fall mit einer negativen Rendite.

Es lohnt sich auch bei Sparplänen, die Konditionen zu vergleichen. Börsenmagazine und die entsprechenden Websites liefern regelmäßig solche Vergleiche. Die Gebühren für die Sparpläne halten sich in der Regel in Grenzen. Einige Anbieter offerieren sogar kostenlose ETF-Sparpläne. Dann fließt der Sparbetrag ohne Abzüge in den gewählten Fonds oder ETF. Doch solche Angebote sind mitunter zeitlich begrenzt, enden also irgendwann. Falls die Kostenfreiheit aufgehoben wird, können Sie mit den angesparten Anteilen zu einer anderen Bank umziehen, wenn die geänderten Kosten für den Sparplan für Sie nicht akzeptabel sind.

Es gibt aber auch immer wieder Zweifel an Sparplänen. Nicht, weil sie insgesamt schlecht sind, sondern weil die Einmalanlage besser abschneidet. Aber dafür brauchen Sie eben die entsprechende Summe – auch wenn das heute schon wenige Euro sein können, weil die Kosten so gering sind. Viele von uns verfügen aber nicht über den finanziellen Spielraum, um mehrere hundert oder gar tausend Euro auf einmal anzulegen. Oder wir haben einfach nicht den Mut. Dann sind wir mit einem Sparplan gut versorgt. Wer das Risiko einer Direktanlage in Aktien scheut und die Suche nach dem optimalen Ein- und Ausstiegszeitpunkt vermeiden will, fährt deshalb mit einem Aktienfonds- oder ETF-Sparplan ziemlich gut. Gerade wenn an der Börse mal wieder Emotionen hochkochen, diszipliniert so ein Sparplan, der einfach vor sich hinläuft, ungemein.

Sparplan plus Einmalanlage: eine sinnvolle Kombination

Einmalanlage schlägt also Sparplan. Wenn Sie sich aber trotzdem nicht »trauen«, alles auf einmal zu investieren, könnten Sie (oder sollten Sie sogar) die Kombination von Einmalanlage und Sparplan wählen. Die Experten von Scalable Capital haben ein solches Modell durchgerechnet. Ein Anleger oder eine Anlegerin will 100.000 Dollar in den Weltaktienindex MSCI World investieren. Die Experten rechneten in Dollar, weil das die Währung des Index ist. Die Frage: Ist es besser, das Geld auf einmal zu investieren, oder zum Start 12.500 Dollar zu investieren und danach 35 Mal monatlich je 2500 Dollar anzulegen? Im zweiten Fall liegt der noch nicht investierte Rest unverzinst auf einem Konto. Für jeden möglichen Anlagestart ab 1989 rechneten sie aus, wie der Anleger nach drei Jahren abschnitt. Das mag ein sehr kurzer Anlagehorizont sein, er wurde aber gewählt, weil nach 36 Monaten das gesamte Kapital investiert ist. Insgesamt hätten Sie von Anfang 1989 bis Ende 2018 zu 325 Monatsanfängen loslegen können. Das Ergebnis war ziemlich eindeutig. In drei Viertel der Fälle lieferte die Einmalanlage die höhere Rendite. In einem Viertel der Fälle hätten Sie sogar mindestens 20 Prozent mehr im Depot. Es gab aber auch Zeiträume, in denen die Einmalanlage hinter dem Sparplan zurückblieb.

Auch das Fazit der Scalable-Experten lautet: »Statistisch ist die Einmalanlage dem Sparplan-Modell klar überlegen.« Zwar könne es beruhigend wirken, eine große Summe in Tranchen anzulegen, weil man nicht fürchten müsse, den falschen Zeitpunkt zu erwischen. »Finanziell besser stellen wird man sich damit allerdings in den meisten Fällen nicht.« Das Ergebnis dieses Rechenexempels lässt sich relativ einfach erklären: Langfristig steigen die Börsenkurse tendenziell. Wer ab dem Beginn eines bestimmten Zeitraums den ganzen Anlagebetrag investiert hat, profitiert von dem Aufwärtstrend stärker als ein Anleger, der dieselbe Summe schrittweise anlegt. Ich bin und bleibe trotzdem Fan von Sparplänen und kombiniere beides. Denn ein Sparplan diszipliniert ungemein. Ich investiere einfach immer, egal, wie es gerade an der Börse läuft.

Exkurs: VL-Sparen

Haben Sie eigentlich Anspruch auf vermögenswirksame Leistungen, kurz: VL, von Ihrem Arbeitgeber? Wenn Sie das nicht wissen, klären Sie es unbedingt. Auch dieses Geld kann nämlich in einen Fonds- oder besser noch ETF-Sparplan fließen. Aber der Reihe nach: Viele Arbeitgeber unterstützen ihre Mitarbeiter beim Vermögensaufbau, entweder tun sie das freiwillig oder sie sind durch den Tarifvertrag dazu verpflichtet. Bis zu 40 Euro im Monat gibt es als Extra vom Chef, im besten Fall also 480 Euro im Jahr. Das klingt erstmal nach nicht viel, wer das Geld aber in Aktienfonds fließen lässt, kann langfristig gute Renditen erzielen. Durchschnittlich 7,3 Prozent pro Jahr waren es rückblickend bei Fonds mit Schwerpunkt deutsche Aktien, wie der Fondsverband BVI für alle Siebenjahreszeiträume von 1962 bis 2022 errechnet hat. Sieben Jahre deshalb, weil das Geld in einem VL-Vertrag so lange festgelegt ist. Aus den geschenkten 2880 Euro wurden so 3857 Euro – eine stolze Summe. Eine Rendite, die Sie mit Banksparplänen, Bausparverträgen und Versicherungen sicher nicht erzielen werden.

VL-Verträge haben eine Laufzeit von sieben Jahren, sechs Jahre lang werden sie bespart. Danach ruht der Vertrag ein Jahr lang. Schon nach dem sechsten Jahr kann ein weiterer VL-Vertrag bespart werden, das passiert meist automatisch. Sie müssen nichts tun. Der Staat fördert das VL-Sparen zusätzlich mit der Arbeitnehmer-Sparzulage. Besonders hoch fällt diese bei Aktienfonds und Aktien-ETFs aus. Ein VL-Fondsvertrag wird bis zu einem jährlichen Sparbetrag von 400 Euro gefördert. Die staatliche Zulage beträgt 20 Prozent, also bis zu 80 Euro jährlich. Ausgezahlt wird sie an Alleinstehende mit einem zu versteuernden Einkommen von bis zu 40.000 Euro und zusammen Veranlagte mit einem zu versteuernden Einkommen von bis zu 80.000 Euro. VL-Sparen lohnt sich also vor allem für junge Berufsanfänger, die noch nicht so viel verdienen und das kleine Extra vom Staat bekommen. Denn diese Zulage ist ein echter Renditeturbo. Auch das zeigt die Statistik des Fondsverbands. Mit Sparzulage stieg die Rendite von 7,3 Prozent sogar auf durchschnittlich 10,3 Prozent pro Jahr. Aus den eingezahlten 2880 Euro wurden 4337 Euro im Schnitt.

Die vermögenswirksamen Leistungen in Aktienfonds und ETFs zu investieren, ist übrigens auch ein lohnenswerter Start an der Börse. Mit dem geschenkten Geld könnten selbst die vorsichtigsten Sparer den Einstieg in Aktien-Investments wagen. Zumal die VL-Statistik des Fondsverbands eindrucksvoll zeigt, dass das Verlustrisiko gering ist. Die Chancen aber sind hoch, egal, ob Sie die Zulage bekommen oder nicht. Allerdings müssen Sie das Geschenk vom Chef versteuern, aber das sollte zu verkraften sein.

Rolle rückwärts mit Entsparplänen

Ob Sparplan oder Einmalanlage oder eben die Kombination aus beidem, wer mit Aktien für das Alter vorsorgt, stellt sich irgendwann die Frage: Was tun mit dem Depot, wenn es so weit ist? Alles verkaufen und aufs Giro- oder Tagesgeldkonto packen? Auch wenn es wieder Zinsen gibt, ist das ganz sicher keine gute Idee. Es gibt bessere Alternativen. Je praller das Depot am Ende, desto besser für Ihren unbeschwerten Lebensabend ohne finanzielle Sorgen. So viel ist sicher. Aber was heißt eigentlich »am Ende«? Endet Ihr Börsenengagement, Ihre Investitionsphase mit dem Renteneintritt? Und dann? Das Depot leerräumen? Wohin mit dem Geld?

Grundsätzlich haben Sie mehrere Möglichkeiten. Wie immer bei der Geldanlage kommt es auf hier auf Ihren Anlagetyp, Ihre

Ziele und Ihren Anlagehorizont an. Denn Sie haben natürlich hoffentlich auch mit 65 oder 67 noch viele Jahre vor sich. Sie haben Pläne, Wünsche und wir haben immer noch einen Anlagehorizont. Auch wenn dieser mit zunehmendem Alter geringer wird. Werden Sie aber 80, 90 oder sogar 100 Jahre alt, dann sind das schon einige Jahre im wohlverdienten Ruhestand. Warum das Geld nicht weiterarbeiten lassen, zumindest teilweise? Vielleicht haben Sie so gute Einkünfte aus gesetzlicher Rente, dazu vielleicht eine Riester- oder Rürup-Rente, eine Lebens- oder private Rentenversicherung oder sogar eine oder mehrere vermietete Immobilien. Vielleicht brauchen Sie Ihr Depot gar nicht und können es an Ihre Kinder und Kindeskinder vererben. So viel zum Thema Anlagehorizont, aber eben auch finanzieller Lage, Lebenssituation und zu Ihren Zielen.

Wenn Sie aber das Depot doch brauchen, dann müssen Sie sich mit Renteneintritt für eine neue oder doch zumindest angepasste Strategie entscheiden. Es steht eine Überprüfung an, denn Ihr Renteneintritt ist genauso ein Wendepunkt im Leben wie Ihre Hochzeit, das erste Kind oder der große Karriereschritt. Es gilt also ein weiteres Mal über die Ihnen bekannten Fragen nachzudenken: Welcher Risikotyp sind Sie? Da wird sich so viel nicht verändert haben. Aber wie viel Risiko können und wollen Sie noch eingehen? Wie sieht es mit Ihrem Anlagehorizont aus? Wie sieht Ihre finanzielle Situation aus? Was kommt künftig (noch) rein, was geht raus? Ihre Budgets werden sich verschieben: weniger Business-Kleidung, mehr Freizeit-Kleidung; weniger Einkommen, aber vielleicht auch weniger Ausgaben etwa für die Fahrt zur Arbeit. Aber wahrscheinlich der größere Batzen: Die Kosten für die Altersvorsorge fallen weg, denn viele Verträge werden nun fällig. Sie zahlen beispielsweise nicht mehr in die private Rentenversicherung ein oder besparen Ihre Riester- oder Rürup-Police nicht mehr. Nun fließt das Geld in die andere Richtung und landet auf Ihrem Konto. Auch die Berufsunfähigkeitsversicherung brauchen Sie nicht mehr.

Die wichtigste Frage ist also: Wie viel Rente bekommen Sie – gesetzlich wie privat? Wie viel Geld landet Monat für Monat auf dem Konto und wie viel brauchen Sie – Stichwort Rentenlücke? Experten warnen, dass wir Deutschen eine monatliche Rentenlücke von 500 bis 1500 Euro haben. Frauen eher 1500 Euro, Männer eher 500 Euro. Gehen wir der Einfachheit halber davon aus, dass Sie monatlich 1000 Euro zusätzlich benötigen. Es fehlen also 12.000 Euro pro Jahr. Hier kommt das Depot ins Spiel. Es gibt mehrere Möglichkeiten, wie Sie nun vorgehen können. Möglichkeit Nummer eins wäre, das gesamte Depot leer zu räumen und das Geld auf ein Sparkonto zu legen. Das ist nicht sinnvoll, denn das Geld arbeitet nicht mehr. Sie werden auch später kaum hohe Zinsen bekommen, hoffentlich erzielen Sie aber eine positive Realrendite. Die Renditen an der Börse sind einfach besser – allen Schwankungen zum Trotz. Das waren sie historisch gesehen immer. Warum darauf komplett verzichten?

Möglichkeit Nummer zwei wäre, das Geld nicht auf ein Sparkonto zu legen, sondern in eine private Rentenversicherung zu stecken. Der Versicherer zahlt Ihnen dann eine Sofortrente. Leider sind die Renditen mau. Es ist eher fraglich, ob Sie damit Ihre Rentenlücke schließen können. Auch weil die Kosten recht hoch sind. Es gibt nur einen entscheidenden Vorteil: Es handelt sich um eine garantierte lebenslange Rente. Der Versicherer zahlt bis zu Ihrem Tod Summe X. Damit decken Sie das Langlebigkeitsrisiko ab. Je älter Sie werden, desto eher lohnt sich eine solche Police.

Möglichkeit Nummer drei wäre die Option, zwar nicht weiter zu investieren und den Sparplan zu beenden, Ihre Aktien, Fonds- oder ETF-Anteile aber zu behalten. Sie könnten dann Jahr für Jahr beispielsweise im Januar Anteile für 12.000 Euro verkaufen und so Ihre Rentenlücke schließen. Der Vorteil: Das verbleibende Kapital arbeitet weiter an der Börse, Sie profitieren noch immer von den Renditen an der Börse. Nachteil: Ihr Geld ist auch weiterhin den Risiken der Kapitalmärkte ausgesetzt. Es kann einen Crash geben oder eine schmerzhafte Korrektur. Niemand weiß, wie lange dann die Erholung dauert. Können und wollen Sie das im Alter noch? Das ist auch eine Frage Ihres Anlagehorizonts. Können Sie so einen Crash überhaupt noch aussitzen? Noch einen weiteren Punkt sollten Sie bedenken: Irgendwann ist das Kapital aufgebraucht und das Depot leer.

Möglichkeit Nummer vier automatisiert das Ganze mit einem Entnahme- oder Entsparplan. Das ist quasi der Sparplan rückwärts gedacht, als Auszahlplan. Bei manchen Banken heißt der Entnahmeplan auch Renta- oder Rentenplan. Auch bei diesen Möglichkeiten bleiben Sie investiert – mit allen Chancen und Risiken der Kapitalmärkte. Sie bekommen aber eine monatliche Auszahlung, ähnlich wie eine Rentenzahlung. Die Dauer und die Höhe der Auszahlungen können Sie in der Regel sehr flexibel wählen und jederzeit anpassen; ähnlich wie bei einem Sparplan auch.

Entsparpläne gibt es in zwei Versionen: mit und ohne Kapitalverzehr. Wählen Sie die regelmäßige Entnahme mit Kapitalverzehr, wird Ihnen so lange ein fester Betrag ausgezahlt, bis das Kapital aufgebraucht ist. Wählen Sie die Variante ohne Kapitalverzehr, werden die Entnahmen aus den jährlich erwirtschafteten Erträgen, also Dividenden und Zinsen, bestritten. Das Fondsvermögen selbst bleibt unberührt. Diese Variante ist aber nur ratsam, wenn Ihr Depot einige hunderttausend Euro schwer ist und genügend Erträge fließen. Das klingt alles recht theoretisch. Es gibt im Internet einige clevere Rechner, mit denen Sie ein Gefühl dafür bekommen, welche Auszahlungen möglich sind und wie lange das Kapital reichen könnte; unter anderem bei finanzfluss.de.

Das supersimple Portfolio

Supersimpel, total einfach, »08/15« eben – das klingt nicht wirklich erfolgversprechend, oder? Wir glauben immer, unsere Anlagestrategie müsse maximal kompliziert sein. Je ausgefeilter, je komplizierter, desto besser, desto erfolgreicher. Aber das ist Blödsinn! Auch ganz einfache Strategien führen zum Ziel. »08/15« ist in der Geldanlage nichts, worüber man die Nase rümpfen muss, sondern eine ziemlich gute Idee. Denn es ist eine Strategie. Eine sehr einfache, zugegeben. Aber sie ist eben einfach umzusetzen, einfach zu überprüfen. Es ist einfach, ihr treu zu bleiben.

Aber wie sieht so eine supersimple Strategie, so ein supersimples Depot aus? Es braucht nicht viel. Klar, sonst würde es ja gleich wieder etwas komplizierter werden. Das wollen wir jetzt nicht, noch nicht. Also die einfache Variante. Sie haben sich bereits für Ihre Aktienquote entschieden. Sind Sie risikoaffin, ist sie höher, sind Sie risikoavers, ist sie niedriger. Gehen wir der Einfachhalt halber von einem ausgewogenen Depot aus, die gängige Aufteilung mit 50 Prozent Aktien und 50 Prozent Anleihen.

Zwei bis vier Fonds und ETFs genügen

Wer es sehr einfach mag, wird keine einzelnen Aktien oder Anleihen kaufen. Die Auswahl ist kompliziert, das Depot müsste gut überwacht werden, immer wieder würden Anleihen fällig werden und das Geld müsste neu angelegt werden. Wer dabei noch auf gute Risikostreuung Wert legt, müsste auch Dutzende, besser Hunderte Papiere auswählen. Das wäre dann nicht mehr einfach, sondern ziemlich mühsam. Also wählen wir Fonds oder ETFs. Fangen wir mit den Aktien an: Mit einem ETF auf den Weltaktienindex MSCI World macht man nichts falsch. Die Risikostreuung ist extrem gut, das Produkt selbst unkompliziert und vor allem günstig. Wenn Sie auch auf Aktien aus den aufstrebenden Schwellenländern und damit wirklich auf die ganze Welt setzen möchten, können Sie den MSCI All Country World wählen. Auch ein aktiv gemanagter Fonds, der global investiert, käme infrage. Das ist Geschmackssache. Die

Auswahl des passenden Fonds ist allerdings ein wenig komplizierter als bei einem ETF. Im Grunde reicht für den Aktienanteil also ein ETF oder Fonds. Sie können aber natürlich auch einen ETF auf den MSCI World und einen auf den MSCI Emerging Markets kombinieren, wenn Ihnen der Anteil der Schwellenländer im MSCI All Country World zu gering ist. Oder Sie möchten ein bisschen mehr Europa im Depot? Dann könnten Sie einen Indexfonds auf europäische Aktien mit dem MSCI World kombinieren. Ein supersimples Depot sollte aber qua Definition nur wenige Positionen beinhalten, sonst ist es nicht mehr einfach. Und zu den komplizierteren Portfolios kommen wir schließlich noch.

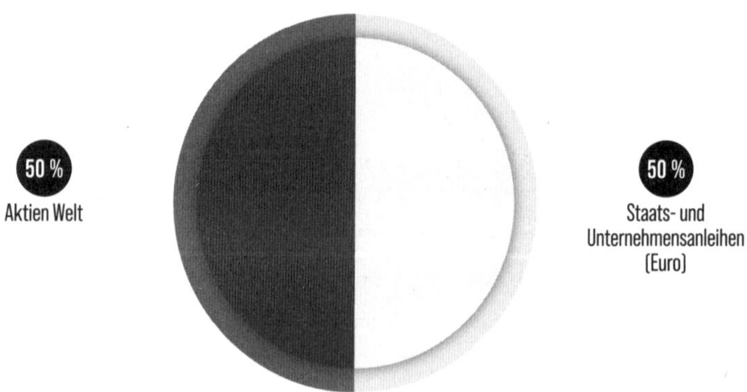

Das supersimple Depot mit zwei Bausteinen
50 Prozent Aktien und 50 Prozent Anleihen

Auch den Anleihe-Baustein können Sie im Grunde mit ein oder zwei ETFs abdecken oder einem entsprechenden aktiv gemanagten Rentenfonds. Denn auch hier ist Risikostreuung ratsam, zumal viele Anleihen eine viel zu hohe Stückelung haben und damit als Einzel-Investments für die meisten Privatanleger ausfallen. Wer will schon 50.000 oder 100.000 Euro in einen einzigen Bond investieren? Also Fonds und ETFs. Da dieser Baustein für

Ruhe im Depot sorgen soll, sollten Sie nur auf Staats- und Unternehmensanleihen mit guter bis sehr guter Bonität setzen. Das reduziert das Risiko, allerdings minimiert es auch die Rendite. Aber dafür ist dieser Baustein auch nicht da, den Rendite-Booster zünden wir mit den Aktien. Die Laufzeiten sollten Sie in Zeiten von Zinswenden in die eine und in die andere Richtung eher im mittleren Bereich wählen. Da der Anteil amerikanischer Aktien im MSCI World so hoch ist und damit auch Ihre Abhängigkeit vom US-Dollar, würde ich mit den Anleihen im Euro-Raum bleiben. Denn dann entfällt das Währungsrisiko und die Renditen sind besser planbar.

Sie können auch diesen Baustein mit einem ETF oder mit zweien abdecken. Es sollten aber Staats- und Unternehmensanleihen im Depot landen. Denn letztere bieten ein bisschen mehr Rendite, obwohl das Risiko etwas höher ist. Unternehmen gehen einfach öfter pleite als Staaten. Wenn Sie aber auf Anleihen mit guter bis sehr guter Bonität setzen, ist dieses Risiko eigentlich eliminiert. »Eigentlich«, weil es immer wieder Ausnahmen von der Regel gibt und geben wird. Auch deshalb ist Risikostreuung so wichtig.

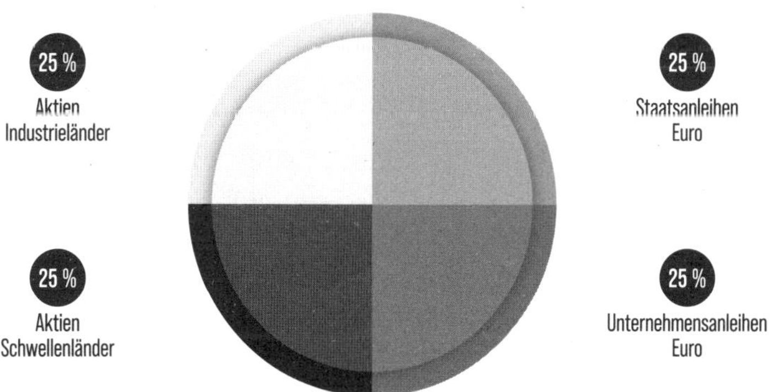

Das supersimple Depot mit vier Bausteinen
50 Prozent Aktien und 50 Prozent Anleihen

Doch wie würde so ein Depot ganz konkret aussehen, welche Indizes wären für ETFs die richtigen und – vor allem – wie würde das Depot abschneiden? Fangen wir mit der Variante mit zwei Bausteinen an, einfacher geht es nicht. Den Aktienanteil decken wir mit einem ETF auf dem MSCI All Country World ab, die Staats- und Unternehmensanleihen mit dem »Euro Aggregate«-Index. Philipp Emanuel Eisel, Kapitalmarktexperte und Geschäftsführer von EE Capital Management, war so nett, mir im Rückblick die Performance für dieses und alle weiteren Musterdepots zu berechnen (Stichtag 31.12.2023). Das Ergebnis kann sich sehen lassen. Auf Sicht von fünf Jahren hätte dieses Depot eine Rendite von insgesamt 33 Prozent oder 6 Prozent pro Jahr geliefert. Über zehn Jahre wären es 76 Prozent Gesamtrendite oder 6 Prozent pro Jahr gewesen und über 15 Jahre sogar 187 Prozent insgesamt und jährlich 7 Prozent im Schnitt. Das zeigt übrigens auch, wie sensationell der Zinseszinseffekt bei Aktien funktioniert.

Das Depot mit vier Bausteinen ist ebenfalls ziemlich gut gelaufen, wenn auch etwas schwächer als das erste. Unsere Bausteine beziehungsweise Indizes wären der MSCI World und der MSCI Emerging Markets für die Aktien und der iBoxx EUR Sovereigns Overall und der iBoxx EUR Corporates Overall für die Anleihen, jeweils mit einem Anteil von 25 Prozent. 24 Prozent legte das Depot über den Zeitraum der vergangenen fünf Jahre zu, durchschnittlich 4 Prozent pro Jahr. Immerhin 59 Prozent insgesamt oder durchschnittlich 5 Prozent pro Jahr waren es über zehn Jahre, 170 und 7 Prozent über 15 Jahre. Für die etwas geringere Rendite ist der MSCI Emerging Markets verantwortlich, der vor allem in den vergangenen Jahren nicht so gut gelaufen ist. Schwellenländer-Aktien sind in diesem Depot höher gewichtet als im ersten Depot über den MSCI ACWI.

Die Gewichtung wird sich verschieben

Sie haben nun ein sehr einfaches Depot mit zwei bis vier ETFs oder wahlweise auch aktiven Fonds. Ab und zu müssen Sie das Depot allerdings überprüfen. Denn bekanntlich läuft nicht immer jede Anlageklasse gleich gut. Es kann also sein, es wird sogar so sein, dass sich die Gewichtung in Ihrem Depot mit der Zeit verschiebt. Plötzlich haben Sie nicht mehr 50 Prozent Aktien und 50 Prozent Anleihen. Nach einem extrem guten Börsenjahr wird Ihre Aktienquote vielleicht auf 60 Prozent oder mehr gestiegen sein. Darüber würden Sie sich natürlich freuen, denn der Grund dafür sind hohe Kursgewinne an den Aktienmärkten. Aber diese Gewinne verändern Ihre Asset Allocation, Ihre Aktienquote ist nun höher, als ursprünglich gewünscht. Das Depot entspricht nicht mehr Ihrer Strategie und wahrscheinlich auch nicht mehr Ihrem Risikoprofil. Also müssen Sie nachjustieren. Ich bin ein Fan davon, Gewinne laufen zu lassen. Deshalb würde ich die schwächer gelaufene Anlageklasse, in unserem Beispiel wären das nun die Anleihen, aufstocken. Genau das tue ich einmal im Jahr. Wenn Sie das Geld dafür aber nicht haben oder nicht noch mehr investieren möchten, dann müssen Sie ein paar Anteile Ihrer Aktien-ETFs und Aktienfonds verkaufen und das Geld in die Renten-ETFs und Rentenfonds stecken. Wenn Ihr Depot irgendwann immer größer wird, wird sich das wahrscheinlich nicht verhindern lassen.

Das Core-Satellite-Depot

Vielleicht ist Ihnen das supersimple Depot aber auch schlicht zu langweilig. Sie möchten es etwas spannender, möchten bewusst bestimmte Chancen nutzen, auf Trends, Branchen oder Themen setzen. Mit breiter Risikostreuung zu investieren, aber mit einem Teil des Geldes auch Akzente zu setzen – das ist einfach formuliert die Core-Satellite-Strategie. Sie eignet sich eigentlich für jede Anlegerin und jeden Anleger.

Stellen Sie sich vor, Ihr Portfolio wäre ein Planetensystem. Denn genau so sieht ein Core-Satellite-Depot aus. In der Mitte steht ein relativ großer Planet, um ihn herum kreisen einige kleinere Objekte, die Satelliten. Dieser große Planet, der Kern (englisch: »Core«), besteht aus Basis-Investments. Bei den Satelliten darf es kreativer, innovativer und gerne auch riskanter sein. Sie können Akzente setzen, auf Themen und Trends setzen, die Sie interessant finden. Während das Core eher langweilig ist, sorgen die Satelliten für Spannung, und hoffentlich auch für einen Renditeturbo.

Diese Strategie ist relativ einfach umzusetzen: Gehen wir der Einfachheit halber von einem reinen Aktiendepot aus. Der Kern sollte mindestens 50, besser aber 60, 70 oder sogar 80 Prozent Ihres Portfolios ausmachen. Diesen Anteil investieren Sie global, möglichst breit gestreut. Das soll das Risiko senken. Möglich wären Investments in global investierende Fonds oder in ETFs auf den MSCI All Country World, den MSCI World und den MSCI Emerging Markets. Denkbar ist es aber auch, einen Teil des Geldes auf die Dividendenstrategie oder Qualitätsaktien zu setzen. Es sollten aber auch in diesem Fall wirkliche Basis-Investments mit breiter Risikostreuung sein, deshalb sollten Sie auf global investierende Fonds und ETFs setzen.

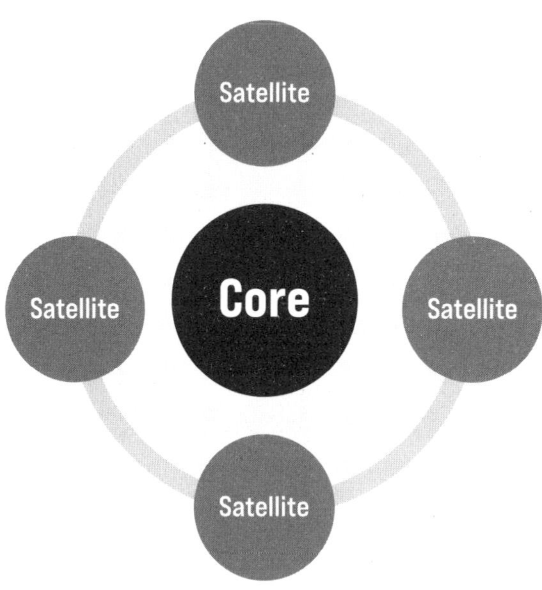

Das Core-Satellite-Depot
Entspannter Kern, spannende Beimischungen

Das verbleibende Kapital – je nach Größe des Cores sind es 50, 40, 30 oder auch nur 20 Prozent – verteilen Sie dann auf mehrere Satelliten. Mit diesem Teil ihres Portfolios nutzen Sie die besonderen Chancen des Kapitalmarktes, ganz nach Ihrem persönlichen Geschmack und Ihren Markteinschätzungen. Die Satelliten könnten 5 oder 10 Prozent des angelegten Geldes ausmachen. Auch ein Satellit mit 15 oder 20 Prozent ist grundsätzlich möglich. Zu groß sollte die Gewichtung der einzelnen Satelliten mit Blick auf die Risikostreuung aber nicht sein.

Sie können auch Ihr supersimples Depot recht einfach zu einem Core-Satellite-Depot umbauen. Nehmen wir unser Beispiel mit 50 Prozent Aktien und 50 Anleihen. Sie könnten beispielsweise 5 bis 10 Prozent Hochzinsanleihen beimischen wollen. Dann schneiden Sie 10 Prozent aus dem Anleihe-Core heraus. Oder

Sie möchten in einen spezielleren Aktien-ETF investieren, dann schneiden Sie einen Teil aus dem Aktien-Core heraus. Achten Sie aber darauf, dass Sie Ihre ursprünglich gewünschte Gewichtung beibehalten und kaufen Sie nicht – entschuldigen Sie die Formulierung – wahllos Satelliten hinzu. Denn dann landen Sie unweigerlich wieder bei einem wilden Sammelsurium. Und das wollen Sie ja verhindern, Sie wollen mit Strategie investieren.

Je riskanter, desto kleiner der Satellit

Bedenken Sie bitte auch: Wenn es zu viele kleinere Satelliten sind, dann wird Ihr Depot ziemlich unübersichtlich. Fünf oder sechs Satelliten dürfen es aber sein. Allerdings geben Experten zu bedenken, dass eine Beimischung von weniger als 10 Prozent oft gar keine Wirkung auf die Gesamtrendite eines Depots hat. Sie müssen schon eine ziemliche Kursrakete erwischen, wenn ein sehr kleiner Satellit einen nennenswerten Beitrag zur Gesamtentwicklung Ihrer Investments beitragen soll. Wenn Sie aber sehr riskante Satelliten wählen, beispielsweise in Krypto-Währungen investieren möchten oder in einen ETF auf ein sehr spezielles Thema, der auch nicht besonders gut diversifiziert ist, dann können Satelliten gerne kleiner sein.

Mitunter können die Satelliten auch eher kurz- bis mittelfristige Anlagen sein. Vielleicht sind Sie überzeugt, dass eine Branche in den kommenden Monaten besonderes Potenzial hat. Erinnern Sie sich an den Konjunkturzyklus und daran, welche Branchen in welcher Phase am ehesten profitieren. Warum nicht für einige Monate investieren? Oder Sie glauben, dass es einen Hype um ein Thema geben wird, der aber auch wieder nachlassen sollte. Sie wollen trotzdem davon profitieren. Auch das könnte ein Satellit sein. Mit einer geringeren Anlagedauer steigt allerdings das Risiko. Das ist aber in Ordnung, wenn es um einen Satelliten geht. Das Core sind Ihre langfristigen Investitionen.

Auch Einzelaktien können ein Satellit sein. Dabei ist es aber besonders wichtig, auf die Gewichtung zu achten. Wenn Ihre Satelliten 5 oder 10 Prozent des Depotvolumens ausmachen, hätte eine einzige Aktie ein solch hohes Gewicht. Wollen Sie das wirklich? Sie können auch einen Satelliten mit mehreren Einzelaktien bestücken, damit würde die Gewichtung einzelner Titel abnehmen und die Risikostreuung wäre wieder besser.

Das Ganze funktioniert natürlich auch, wenn Sie mehrere Anlageklassen kombinieren, nicht nur mit Aktien und Anleihen. Auch Gold oder Immobilien können ein Teil des Core-Satellite-Depots sein. Je nach Ihrer persönlichen Strategie sind sie mal Kerninvestment und mal Satellit, mal langfristiges und mal kurz- bis mittelfristiges Investment.

Das Rebalancing wird aufwendiger

Am Ende kommt es auf Ihren Risikotyp an, wie groß Ihr Core ist und wie viele, vor allem welche Satelliten Sie auswählen. Je spezieller und vor allem riskanter es wird, desto öfter sollten Sie Ihr Depot überprüfen. Denn die Gewichtungen können sich ganz schön verschieben, wenn die Ausschläge an den Märkten größer sind. Auch das Rebalancing wird ein wenig aufwendiger, vielleicht sogar ziemlich kompliziert. Denn natürlich muss die Zusammensetzung des Core-Satellite-Depots von Zeit zu Zeit überprüft und nachjustiert werden. Stimmen Gewichtungen noch? Haben Sie neue, bessere Ideen? Geben Sie sich auch hier klare Regeln: Wie oft überprüfen Sie die Zusammensetzung Ihres Core-Satellite-Porfolios? Wann, also bei welchen Abweichungen von der ursprünglichen Gewichtung, handeln Sie? Wie oft hinterfragen Sie die Satelliten? Sind Sie noch von ihnen überzeugt? Stimmt die Investment-Story noch? Das Core wird Ihnen weniger Arbeit machen. Zwar müssen Sie auch hier die Gewichtung überprüfen und gegebenenfalls anpassen. Aber Sie werden Ihre Basis-Investments in der Regel nicht hinterfragen oder austauschen. Die Satelliten werden mehr Aufmerksamkeit bekommen müssen. Auf den folgenden Seiten schauen wir uns genauer an, welche Anlageklassen sich als Basis-Investments für das Core und welche sich als spannende Beimischung für die Satelliten eignen.

Basis-Investments für das Core

Was in das Core gehört, ist schnell zusammengefasst. Es darf, nein, es sollte ein bisschen langweilig sein. Das Core soll Ruhe in Ihr Depot bringen. Deshalb wählen Sie dafür breit gestreute, globale Basis-Investments. Im Grunde sind es die Bausteine aus dem supersimplen Depot, ETFs auf den MSCI All Country World oder den MSCI World, eventuell um den MSCI Emerging Markets ergänzt. Breit streuende global investierende, aktiv gemanagte Fonds. Möglich wären auch ETFs auf den breiten amerikanischen Markt oder den europäischen. Die passenden Indizes wären beispielsweise der S&P 500 und der Stoxx Europe 600. Entsprechende Investmentfonds gibt es natürlich auch. Wichtig ist die breite Risikostreuung. Sie könnten aber auch einen Dividenden-ETF oder entsprechenden Fonds wählen, aber dann bitte ebenfalls global, breit streuend. Value, Growth oder Qualität können ebenfalls Basis-Investments sein. Nebenwerte hingegen eher nicht. Auch bei den Anleihen sind die Bausteine aus dem supersimplen Depot ein gutes Basisinvestment. Unternehmens- und Staatsanleihen mit guter bis sehr guter Bonität und mittleren Laufzeiten wären eine gute Wahl. Auch Gold als Versicherung für unruhige Zeiten könnte ein Teil des Cores sein. Andererseits könnte es aber auch ein Satellit sein, falls Sie auf einen kurz- bis mittelfristigen Anstieg des Preises für das gelbe Edelmetall setzen möchten.

Der Anlagezeitraum ist übrigens ein wichtiger Punkt. Im Core landen nur ETFs und Fonds beziehungsweise Bausteine, auf die Sie langfristig setzen möchten. Kurz- und mittelfristige Investments sollten nur Beimischung und damit Satelliten sein. Und noch einmal der Hinweis: Je kleiner das Core, desto riskanter wird es – unabhängig von Ihrer Asset Allocation, also von der Höhe Ihres Aktien- und Anleiheanteils.

Spannende Beimischungen für die Satelliten

Kommen wir zu den Beimischungen, den Satelliten: Der Fantasie sind keine Grenzen gesetzt. Eine Branche mit Potenzial, ein Land vor dem wirtschaftlichen Turnaround, Anleihen von Unternehmen mit schwacher Bonität – es darf chancen- und damit auch risikoreicher sein. Haben Sie eine Investmentidee, auch wenn sie Ihnen noch so schräg erscheint? Recherchieren Sie, schauen Sie sich an, welche Fonds und ETFs, möglicherweise auch Einzelaktien es dazu gibt. Wägen Sie Chancen und Risiken ab. Es gibt wirklich unglaublich viele Trends und Themen, auf die wir als Anlegerinnen und Anleger setzen können, vor allem im Aktien-Universum. Cannabis, Wasserstoff, Ernährung der Zukunft, erneuerbare Energien – das sind nur einige Beispiele. Dazu kommen all die Branchen. Vielleicht möchten Sie aber einfach nur deutsche Aktien etwas höher gewichten als im MSCI World? Oder Sie trauen europäischen gerade eine Aufholjagd gegenüber den US-Aktien zu? Sie glauben, Value wird in den kommenden Monaten oder sogar Jahren besser laufen als Growth oder anders herum? All das können Satelliten sein, ganz nach Ihrem Geschmack, nach Ihren Ideen.

Auch das vermeintlich etwas langweilige Anleihesegment bietet ein paar recht spannende Beimischungen. Hochzinsanleihen mit eher schlechtem Rating, die sogenannten High Yields, sind ein Beispiel dafür. Oder aber Hybridanleihen. Wie schon erwähnt, könnten Sie kurz- und mittelfristig auf Gold oder andere Rohstoffe setzen. Kryptos wären mitunter auch ein Satellit. Dann natürlich die eine oder andere Einzelaktie. Lassen Sie aber die Risikostreuung nicht außer Acht.

Gehen Sie Risiken bitte sehr bewusst ein. Passen sie zu Ihrem Risikoprofil? Oder gehen Sie mit dem einen oder anderen Investment vielleicht doch zu weit? Gerade wenn Sie das Core-Satellite-Depot wählen, sollten Sie immer wieder hinterfragen, ob die gewählte Strategie wirklich zu Ihnen passt. Zum Glück ist ja kein Investment in Stein gemeißelt. Sie können die Satelliten jederzeit verkaufen oder austauschen. Das sollten Sie auch tun, wenn Ihnen Zweifel kommen, wenn Sie sich mit einer bestimmten Beimischung nicht mehr wohlfühlen. Bedenken Sie aber auch, dass nicht jede Anlageklasse, jede Branche, jedes Land immer gleich gut läuft, dass manche Trends sich erst entwickeln müssen. Lassen Sie Ihren Investments Zeit, aber hinterfragen Sie sie trotzdem von Zeit zu Zeit. Sie merken schon: So ein Core-Satellite-Depot braucht mehr Aufmerksamkeit als ein supersimples Depot. Es macht aber auch viel mehr Spaß! Und hoffentlich bringt es eine höhere Rendite. Das ist aber leider nicht garantiert. Womit wir wieder beim Chance-Risiko-Verhältnis wären.

Das »Smart Beta«-Depot

Wie wäre es mit einem cleveren Depot? Denn nichts anderes bedeutet »smart« übersetzt. Alpha ist die breite Kapitalmarktrendite, Beta das »Quäntchen« mehr. Die Strategie beruht auf Forschungsergebnissen und ist sogar Nobelpreis gekürt. Doch worum geht es, wie funktioniert das? Ob Qualität, Dividende oder Size – es gibt viele Renditefaktoren an der Börse. Diese können Sie beimischen oder aber zu einem »Smart Beta«-Depot zusammenstellen. Ich habe schon vor einigen Jahren in meinem Buch *Einfach erfolgreich anlegen* eine Strategie und drei Musterdepots vorgestellt. Genau um diese geht es jetzt – darum, welche Bausteine sich anbieten und wie Sie diese kombinieren können. Die drei Portfolios hat damals das renommierte Institut für Vermögensaufbau aus München (IVA) für mich entwickelt. Ich selbst habe mich übrigens damals für die chancenorientierte Variante entschieden und lege seither genau so an, extrem stur, nach sehr klaren Regeln. Und: Es läuft! Das bestätigen auch die neuen Berechnungen von Philipp Emanuel Eisel.

Es geht darum, Prämien – das Beta – einzusammeln. Sie müssen sich aber bewusst sein, dass ein solches faktorbasiertes Portfolio sich in manchen Phasen auch schwächer entwickelt als beispielsweise unser ganz simples Depot. Nutzen Sie solche Phasen einfach zum Nachkaufen, rebalancieren Sie außerplanmäßig, wenn Sie das nötige Kapital haben.

Auf Nummer sicher gehen mit dem konservativen Depot

Sind Sie eher ein konservativer Anleger oder eine konservative Anlegerin, möchten Sie sehr sicher und möglichst schwankungsarm investieren? Trotzdem möchten Sie aber nicht auf eine Rendite oberhalb der Inflationsrate verzichten? Sie wollen Ihre Renditechancen optimieren, aber Sie sind nicht bereit, dafür erhöhte Risiken in Kauf zu nehmen? Das ist nicht so einfach, aber es geht, wenn Sie über Ihren Schatten springen. Aber das wollen Sie ja schließlich, sonst würden Sie dieses Buch nicht lesen. Supersicher mit auskömmlicher Rendite, das geht leider nicht. Das müssen Sie akzeptieren, ob Sie wollen oder nicht.

Was heißt das konkret? Mindestens 30 Prozent Aktienanteil sollten es sein. Das mag Ihnen viel erscheinen, wenn Sie eher sicherheitsorientiert sind. Aber auch Sie sollten auf den Renditebooster Aktie nicht verzichten. Es müssen ja keine schwankungsintensiveren Titel sein, es gibt schließlich auch Aktien, die ein wenig sicherer, weniger volatil sind. Zugegeben, eine Garantie gibt es nicht. Wenn es knallt, dann rutschen alle Aktien ab. Aber manche eben weniger als andere. Das sagt zumindest die Statistik. Auch diese etwas »langweiligeren« Aktien bringen eine auskömmliche Rendite. Anleihen aber machen den überwiegenden Teil des sicherheitsorientierten Depots aus. Immerhin 70 Prozent sollten konservative Anlegerinnen und Anleger in Staats- und Unternehmensanleihen, Pfandbriefe und inflationsindexierte Anleihen stecken.

Reichte früher eine kleine Beimischung von Aktien in konservativen Depots, muss es heute schon ein bisschen mehr sein. In Zeiten hoher Inflation sind positive Realrenditen mit Spareinlagen und Anleihen kaum mehr zu erzielen. Es sei denn, Sie gehen extrem ins Risiko und kaufen Hochzins- oder Fremdwährungsanleihen. Aber das würde dann Ihrem Chance-Risiko-Profil widersprechen, wäre also viel zu gefährlich. Könnten Sie die Schwankungen in Ihrem Depot dann noch ertragen? Wahrscheinlich nicht. Investieren Sie lieber einen Teil Ihres Geldes in Aktien. Die mögen zwar schwanken, sind aber – sofern Sie halbwegs sichere Anlageklassen wählen – deutlich ungefährlicher als beispielsweise Anleihen mit schwacher Bonität.

Das konservative Depot setzt sich aus acht Bausteinen zusammen: jeweils vier Aktien- und Anleihen-Bausteinen. Dabei setzen Sie überwiegend auf sehr sichere, möglichst schwankungsarme Papiere, die Ihnen aber trotzdem ein Plus an Rendite versprechen. Die meisten Bausteine finden Sie übrigens auch im ausgewogenen und sogar im chancenorientierten Depot wieder, allerdings anders gewichtet.

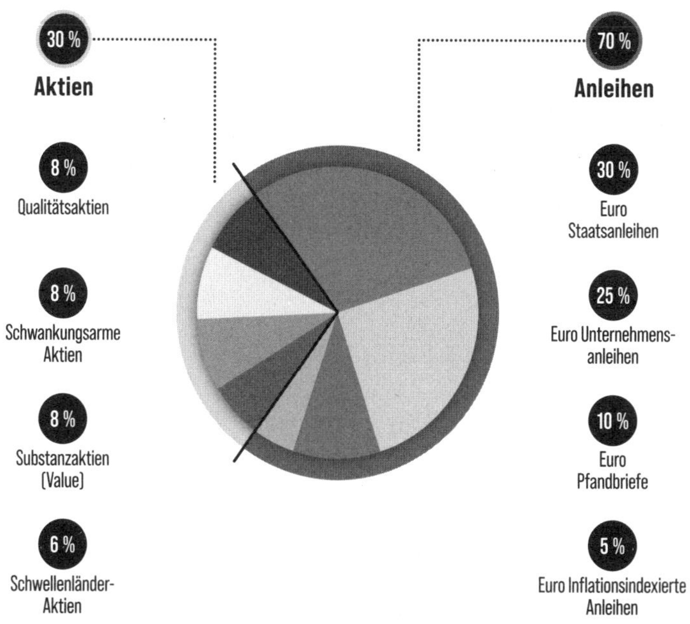

Das sicherheitsorientierte »Smart Beta«-Depot
Quelle: Einfach erfolgreich anlegen *von Jessica Schwarzer*

In das konservative Depot gehören Qualitätsaktien, schwankungsarme Titel (»Low Vola«), Substanzaktien und Anteilsscheine von Unternehmen aus den aufstrebenden Schwellenländern. Auf die ersten drei entfallen jeweils 8 Prozent Ihrer Anlagesumme, auf die etwas riskanteren Schwellenländer-Aktien nur 6 Prozent.

Die Qualitätsaktien decken Sie über einen ETF auf den MSCI World Quality ab. Sie erinnern sich: Der Index enthält die qualitativ hochwertigsten Titel aus dem Weltaktienindex. Der MSCI World ist eigentlich kein echter Weltindex und enthält nur Aktien aus den Industrieländern, und im MSCI World Quality ist es folglich nicht anders. Deshalb ist die Beimischung von Schwellenländer-Aktien sinnvoll. Aber zurück zum Faktor Qualität. Natürlich muss es kein ETF sein. Sie können auch einen aktiv gemanagten

Fonds wählen. Das gilt für alle Bausteine. Im Grunde könnten Sie auch Einzelaktien wählen, aber wenn Sie dabei auf eine gute Risikostreuung Wert legen, könnte es sehr schnell unübersichtlich werden. Deshalb sind ETFs und Fonds die bessere Wahl.

Die nächsten 8 Prozent fließen in Aktien mit geringen Schwankungen. Der passende Index ist der MSCI World Low Volatility. Auch bei diesem Börsenbarometer wird eine Auswahl aus dem Weltaktienindex genommen. Auswahlkriterium ist die geringe Volatilität. Der MSCI World Low Volatility sorgt damit für Ruhe im Depot, aber auch für Rendite. Weitere 8 Prozent investieren Sie wie Warren Buffett, nämlich in Value-Aktien. Der passende Index ist der MSCI World Value. Die Auswahl erfolgt nach klassischen Value-Faktoren wie beispielsweise einem günstigen Kurs-Buchwert-Verhältnis, einer Unterbewertung, hohen Cashflows. Value läuft mal besser und mal schwächer.

Last, but not least: der vierte Aktien-Baustein, nämlich ein Engagement in den aufstrebenden Schwellenländern. 6 Prozent entfallen auf diese Titel. Der entsprechende Index ist der MSCI Emerging Markets. Zugegeben, Schwellenländer sind nichts für schwache Nerven. Aber es lohnt sich, diese Turbulenzen auszuhalten. Deshalb gehören die Aktien aus den Emerging Markets auch in ein konservatives Depot – zumindest mit einem kleinen Anteil. Und 6 Prozent sind wirklich nicht viel, Kursrückschläge an den Schwellenländer-Börsen treffen Ihr Investment deshalb marginal.

Die Bausteine für den Aktienanteil Ihres konservativen Depots kennen Sie nun. Den Großteil Ihres Portfolios sollen aber Anleihen ausmachen, schließlich wollen Sie möglichst sicher anlegen. Im Jahr 2022 haben Anleihen nicht wirklich für Ruhe im Depot gesorgt. Im Gegenteil. Die Zinswende war einfach zu sportlich und hat zu einem Crash an den Rentenmärkten geführt. Mittlerweile hat sich die Lage aber beruhigt und – auch der

Zinswende sei Dank – Bonds liefern wieder relativ solide Renditen. Und deshalb gehören Sie in Ihr Depot. Staatsanleihen, Unternehmensanleihen, Pfandbriefe und inflationsindexierte Anleihen sind die passenden Bausteine. Das IVA hat ganz bewusst Euro-Anleihen gewählt. So vermeiden Sie ein zusätzliches Währungsrisiko, das Ihr Depot unnötig schwanken lassen könnte. Staatsanleihen sind mit einem Anteil von 30 Prozent der größte Baustein im konservativen Depot. Der entsprechende Index für europäische Staatsanleihen ist der iBoxx EUR Sovereigns, den Sie ja auch bereits kennengelernt haben. Er bildet die Gesamtheit der auf Euro lautenden Staatsanleihen ab, die von Regierungen der Eurozone begeben werden. Natürlich wachsen die Renditen hier nicht in den Himmel, aber darum geht es auch nicht. Es geht darum, das Risiko unter Kontrolle zu behalten. Mini-Rendite hin oder her, sogar in das ausgewogene und das chancenorientierte Portfolio gehören Staats- und Unternehmensanleihen. Sie wollen schließlich nicht Ihr ganzes Kapital »riskieren« und Ihre Depots – egal, welche Risikoklasse Sie wählen – wild hin und her schwanken lassen. Ein Viertel Ihrer Anlagesumme investieren Sie in Unternehmensanleihen. Diesen Baustein bilden wir über den iBoxx EUR Corporates ab. Mit diesen Bonds sind ebenfalls keine großen Renditen zu erwarten. Auch sie sollen für Ruhe im Depot sorgen, und für eine Rendite oberhalb von Sparbuch und Festgeld. Noch sicherer als Staats- und Unternehmensanleihen mit halbwegs guter Bonität sind Pfandbriefe, auf Börsendeutsch auch »Covered Bonds« genannt. Ihr Zahlungsausfall ist deutlich geringer als bei anderen Bonds, weil sie stärker besichert sind. Diesen Baustein können Sie mit dem iBoxx EUR Covered Bonds abbilden. Lange Zeit ziemlich unspektakulär, aber dann eben eine gute Anlage waren inflationsindexierte Anleihen. Sie machen 5 Prozent des Depots aus. Das passende Börsenbarometer ist der iBoxx EUR Inflation-Linked.

Selbst mit einer recht geringen Aktienquote von 30 Prozent können Sie relativ gute Renditen erzielen. Der Blick in die Vergangenheit zeigt, dass Sie mit diesem Depot in den vergangenen zehn Jahren eine jährliche Rendite von 3,9 Prozent erzielt hätten. Die Gesamtrendite lag bei 46,9 Prozent. Trotz des üblen Rentencrashs im Jahr 2022 kann sich das durchaus sehen lassen. Die Wertentwicklung seit Ende 2004, also über 20 Jahre, liegt übrigens bei 137,7 Prozent oder durchschnittlichen 4,7 Prozent jährlich. In beiden Fällen wurde ein jährliches Rebalancing zu Beginn des Jahres vorgenommen. Natürlich schwankt auch dieses Depot, vor allem dann, wenn Aktien und Anleihen wie 2022 gleichzeitig auf Tauchstation gehen. Aber das sollten Sie ertragen können. Und mit dem Aktienanteil profitieren Sie auf jeden Fall auch von den richtig guten Zeiten an den Aktienmärkten. Und wenn die Zinsen wieder sinken? Auch das wäre nicht so schlecht. Wenn nämlich die Renditen für Anleihen sinken, steigen Ihre Kurse.

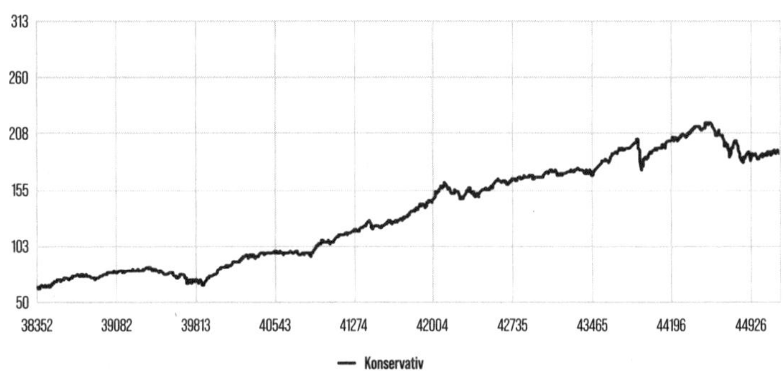

Das konservative »Smart Beta«-Depot
Berechnung: EE Capital Management

Wie immer gilt leider, dass die vergangene Entwicklung keine Garantie für die künftige Entwicklung ist. Deshalb sind Backtests – so nennen Börsianer die rückwärts gerichtete Renditeberechnung –

auch nicht unumstritten. Trotzdem geben sie uns ein Gefühl, wie es laufen könnte. Wie sich Ihr Depot entwickelt hätte, wenn Sie nach diesem Musterportfolio investiert hätten.

Mehr Chancen (und Risiken) mit dem ausgewogenen Depot

Noch besser schneidet das ausgewogene Depot ab. Das ist allerdings auch kein Wunder, schließlich ist der Aktienanteil mit 50 Prozent deutlich höher. Es schwankt allerdings auch stärker als die konservative Variante. Sie brauchen also etwas mehr Mut, ein anderes Risikoprofil. Das ausgewogene Depot besteht aus neun Bausteinen, sieben davon kennen Sie bereits, weil sie auch im konservativen Depot enthalten sind.

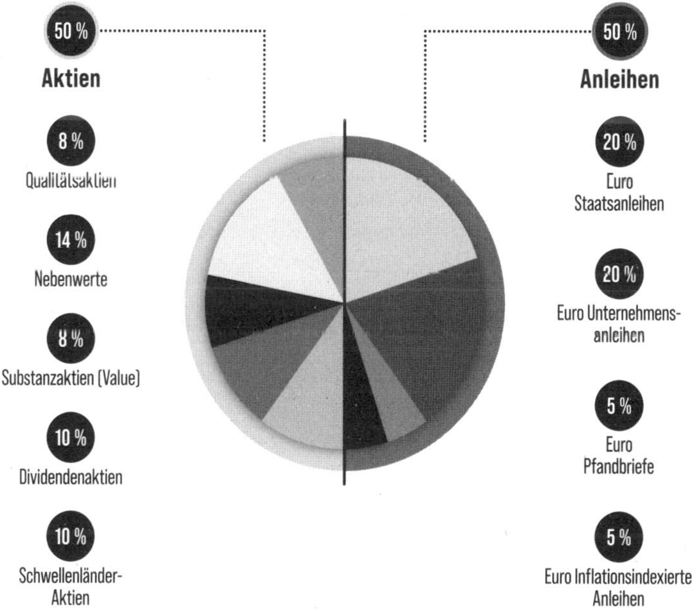

Das ausgewogene »Smart Beta«-Depot
Quelle: Einfach erfolgreich anlegen *von Jessica Schwarzer*

Wie auch im konservativen Portfolio haben Qualitätsaktien einen Anteil von 8 Prozent, ebenso wie die Value-Aktien. Höher gewichtet sind Aktien aus den aufstrebenden Schwellenländern. Der MSCI Emerging Markets kommt auf einen Anteil von 10 Prozent. Als Anleger oder Anlegerin mit ausgewogener Ausrichtung haben Sie schließlich eine höhere Risikotoleranz und können mögliche Kursschwankungen viel besser aushalten. Neu sind zwei Anlageklassen: Dividendenaktien und Nebenwerte.

Small Caps machen einen Anteil von 14 Prozent in Ihrem ausgewogenen Depot aus. Jeweils 7 Prozent investieren Sie in den MSCI Europe Small Cap und den Russell 2000. Mit ihnen setzen Sie zu gleichen Teilen auf europäische und amerikanische Nebenwerte. Nebenwerte mögen mitunter heftig schwanken, aber sie sind eine äußerst renditestarke Anlageklasse – und gehören deshalb auf jeden Fall in Ihr ausgewogenes Portfolio. Ein weiterer wichtiger Faktor sind Dividenden. Die ausschüttungsstärksten Aktien bilden wir über den DJ Global Select Dividend 100 ab. 10 Prozent Ihres Kapitals investieren Sie in diese Anlageklasse.

Mit diesen fünf Bausteinen kommen Sie auf einen Aktienanteil von 50 Prozent. Die andere Hälfte Ihrer Anlagesumme investieren Sie in Anleihen. Die vier Bausteine, die wir dafür auswählen, kennen Sie bereits aus dem konservativen Depot. Ihr Portfolio-Anteil variiert allerdings deutlich: Staatsanleihen und Unternehmensanleihen machen jeweils 20 Prozent des ausgewogenen Depots aus, Pfandbriefe und inflationsindexierte Bonds jeweils 5 Prozent.

Ein höherer Aktienanteil bringt eine höhere Rendite. Immerhin 5,1 Prozent hat das ausgewogene Depot in den vergangenen zehn Jahren zugelegt – und zwar Jahr für Jahr. Die Gesamtrendite lag über diesen Zeitraum bei 63,9 Prozent. Seit Ende 2004 lag die durchschnittliche jährliche Rendite mit 5,8 Prozent noch etwas höher. Auch hier macht sich der Zinseszins bemerkbar, denn insgesamt wäre Ihr Depotwert um stolze 194,5 Prozent geklettert. Dieses Renditeplus erkaufen Sie sich mit einem höheren Risiko und damit verbunden höheren Schwankungen. Doch Ihr Mut wird belohnt.

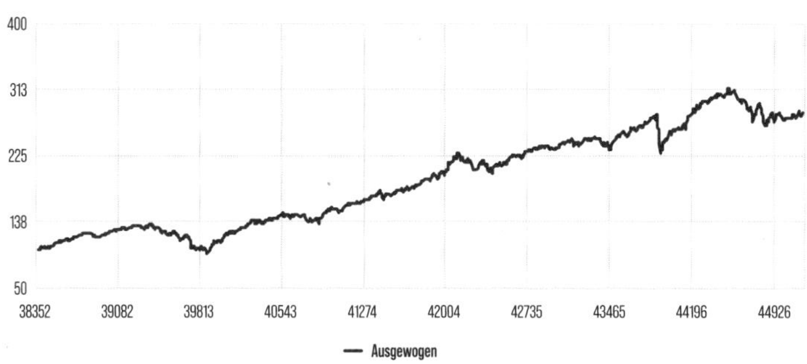

Das ausgewogene »Smart Beta«-Depot
Berechnung: EE Capital Management

In Börsencrashs ist das Depot allerdings stärker ins Minus gerutscht als das konservative Depot. Es hat sich aber auch schneller erholt. Ausdauer zahlt sich eben aus. Jedoch hätten Sie auch in diesem Fall ein konsequentes Rebalancing vornehmen müssen – also einmal im Jahr die Anteile der einzelnen Bausteine an die ursprüngliche Asset Allocation anpassen müssen. Das hätte in manchen Jahren geheißen, dass Sie wahre Rohrkrepierer hätten nachkaufen, aber Gewinner aus dem Depot hätten schmeißen müssen – zumindest teilweise. Aber nur so funktioniert Ihre langfristig angelegte Strategie.

Vollgas mit dem chancenorientierten Depot

Wenn Sie eine chancenorientierte Anlegerin oder ein chancenorientierter Anleger sind, dann zeichnen Sie auf jeden Fall drei Eigenschaften aus: Ausdauer, Mut und Konsequenz. Die brauchen Sie auch, ebenso wie etwas stärkere Nerven. Wenn Sie einen sehr langen Anlagehorizont haben und das Risiko nicht scheuen, sollten Sie auf jeden Fall ein bisschen waghalsiger anlegen und damit mehr Chancen nutzen.

Das chancenorientierte Depot setzt sich aus acht Bausteinen zusammen. Der Aktienanteil liegt bei 80 Prozent. Das mag Ihnen hochriskant erscheinen. Dieses Depot wird auch kräftig schwanken, aber nicht so stark, wie Sie vielleicht befürchten. Dafür sorgen die Qualitätsaktien und die Value-Titel, die etwas gemächlicher unterwegs sind. Und die Anleihen, die 20 Prozent des Depots ausmachen und Sicherheit versprechen. Das sind unsere Ruhekissen im chancenreichen Depot.

Die Bausteine sind Ihnen bereits bekannt, aber sie sind anders gewichtet als im ausgewogenen und erst recht als im konservativen Depot. Sie wollen eine höhere Rendite erzielen, also muss die Aktienquote hoch. Sie müssen schließlich die einzelnen Risikoprämien einsammeln – und zwar möglichst viel davon, ohne Ihr Geld einem zu großen Risiko auszusetzen.

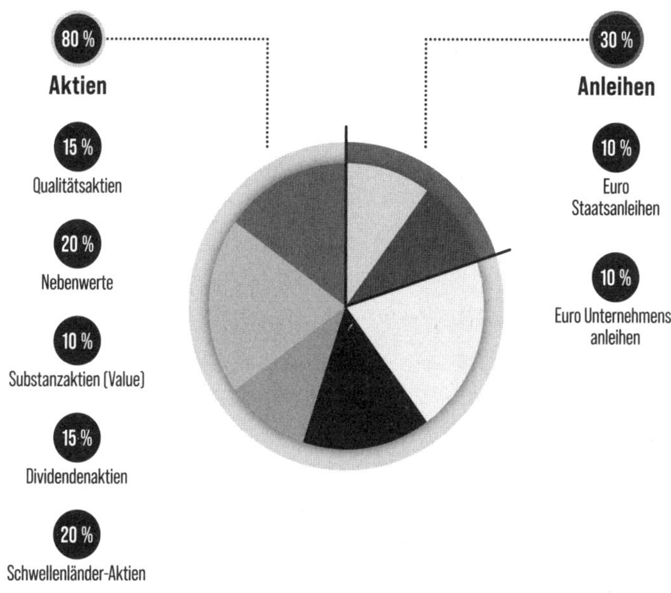

Das chancenorientierte »Smart Beta«-Depot
Quelle: Einfach erfolgreich anlegen *von Jessica Schwarzer*

Den größten Anteil im Depot machen die Emerging Markets und Nebenwerte mit immerhin je 20 Prozent aus. Bei den Börsenzwergen setzen Sie jeweils 10 Prozent auf europäische und amerikanische Nebenwerte, als ETF-Anleger also auf den MSCI Europe Small Caps und den Russel 2000. Qualitätsaktien und Dividendenwerte sind mit jeweils 15 Prozent vertreten im chancenorientierten Depot. Value-Titel machen 10 Prozent aus. Bei den Anleihen verzichten Sie im chancenorientierten Depot auf Pfandbriefe und inflationsindexierte Anleihen. Für die Sicherheit im Portfolio sorgen Staats- und Unternehmensanleihen. Beide Bausteine machen jeweils 10 Prozent des Depots aus.

Mut wird an der Börse belohnt. Das zeigen die Berechnungen des Kapitalmarktexperten Eisel. Die Kursentwicklung des chancenorientierten Depots kann sich mit immerhin 7,2 Prozent Rendite pro Jahr (10 Jahre) durchaus sehen lassen. Macht eine Gesamtrendite von 100,2 Prozent. Seit Ende 2004 waren es sogar 196,9 Prozent oder 7,3 Prozent pro Jahr. Natürlich sind die Schwankungen etwas höher. In den Jahren der Finanzkrise oder im Corona-Crash hätten Sie auch höhere Verluste verkraften müssen als weniger mutige Anleger.

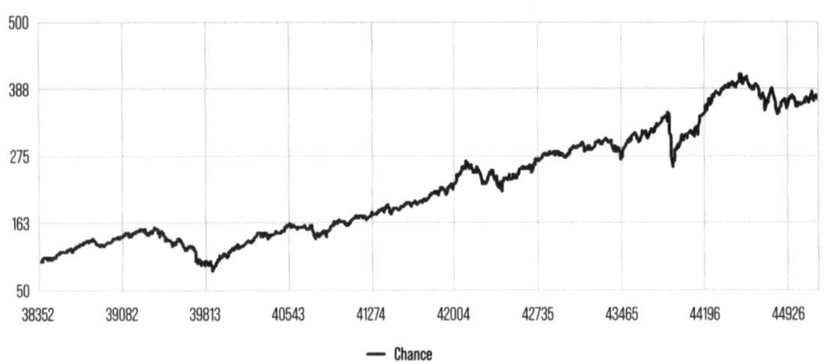

Das chancenorientierte »Smart Beta«-Depot
Berechnung: EE Capital Management, Quelle: Bloomberg

Solche Crashs passieren von Zeit zu Zeit. Aber wenn Sie die Nerven bewahren, können Sie nach einiger Zeit eine schöne Ernte einfahren. Derartige Abstürze können Sie außerdem gut dazu nutzen, um nachzukaufen. Hätten Sie das 2008 oder 2009 oder 2020 getan, hätte sich das auf jeden Fall ausgezahlt. Ich setze dieses Depot seit vielen Jahren um. Meine Rendite ist noch etwas höher, denn ich habe in Korrekturen und Crashs ziemlich beherzt nachgekauft. Das zahlt sich aus.

Rebalancing nicht vergessen

Ob konservativ, ausgewogen oder chancenorientiert – die Bausteine in Ihrem »Smart Beta«-Depot werden sich mitunter sehr unterschiedlich entwickeln. Mal läuft Value, mal bringt der Faktor Qualität die beste Rendite. Mal laufen die Nebenwerte und die Schwellenländer-Börsen zünden eine wahre Rally, manchmal fahren Sie mit Low-Vola-Aktien viel besser. Die Gewichtungen werden sich zwangsläufig verschieben, mitunter sogar ziemlich deutlich. Rebalancing tut also not, um die Strategie langfristig umzusetzen. Für die Backtests haben wir angenommen, dass Sie sich immer um die Jahreswende darum kümmern würden. Jeder andere Zeitpunkt ist aber auch fein.

Das Spielgeld-Depot

Ein breit gestreutes Depot mit ETFs und Fonds mag sehr erfolgversprechend sein, leicht zu pflegen noch dazu, aber es ist auch ein bisschen langweilig. Spannender sind Einzelaktien, aber leider auch viel risikoreicher. Wenn Sie es trotzdem wagen wollen, eröffnen Sie doch ein Spielgeld-Depot. »Spielgeld« nicht, weil Sie wild zocken, sondern eher wegen der Höhe der Summe, die Sie dort investieren sollten oder dürfen. Aber was landet in diesem Depot? Grob gesagt: Alles, was mit der langfristigen Strategie nichts zu tun hat und sie irgendwie verfälschen oder verwässern würde. Alles, was in Ihrem Hauptdepot, also Ihrem Portfolio für den langfristigen Vermögensaufbau, nichts zu suchen hat.

Im Spielgeld-Depot ist das wilde Sammelsurium erlaubt, aber eben mit kleinen Summen. Wie klein? Das ist Geschmackssache. Während der größte Teil Ihrer Anlagesumme im »normalen« Depot investiert werden sollte, getreu Ihrer Strategie und ohne große Experimente, könnten Sie einen kleinen Anteil etwas riskanter investieren.

Vielleicht entfallen 90 Prozent Ihrer Anlagesumme auf das langfristige Depot zum Vermögensaufbau und mit den restlichen 10 Prozent »spielen« Sie. Der Anteil könnte aber auch noch ein bisschen kleiner sein. Am Ende ist es wieder eine Frage Ihrer Risikopräferenz. Wie viel Geld wollen Sie riskieren? Wie hoch dürfen die Verluste sein? Oder anders formuliert: Wie gierig dürfen Sie sein? Denn ein wenig Gier ist erlaubt im Spielgeld-Depot, andere Emotionen sind es auch.

Dort investieren Sie kleinere Summen in riskantere, aber chancenreichere Einzeltitel, sehr spezielle ETFs oder auch in Kryptos. Sie wagen etwas, gehen stärker ins Risiko. Ein bisschen Nervenkitzel gehört an der Börse dazu, oder? Dieses Auf und Ab der Kurse ist einfach faszinierend. Und dann dieser Moment, wenn das gewählte Investment die Kursrakete zündet, wenn Sie genau richtig gelegen haben. 20, 30 oder 40 Prozent Gewinn in wenigen Wochen oder Monaten? Oder wenn sich der Kurs Ihrer Lieblingsaktie irgendwann verdoppelt hat. Ein Kursgewinn von 100 Prozent, das versetzt einen Anleger fast schon in einen Rausch. Ist das nicht ein herrliches Gefühl?

Einzelaktien machen einfach mehr »Spaß« als breit streuende und damit vergleichsweise langweilige ETFs oder Fonds. Risiko bedeutet eben auch mehr Spannung, hohen Nervenkitzel und verlockende Chancen. Es macht Spaß, sich mit einzelnen Unternehmen, ihren Geschäftsmodellen und ihren Aktien zu beschäftigen. Wenn man dann auch noch richtig liegt, herrlich! Leider zünden breit streuende Fonds und ETFs nur selten Kursraketen. Sie steigen langfristig, also über die Jahre zwar hoffentlich auch um 20 oder 40 oder mehr Prozent. Aber das läuft in der Regel eher gemächlich, relativ unaufgeregt ab.

Ein zweites Depot für die riskanteren Anlagen

Etwas speziellere Branchen- oder Themen-ETFs zünden solche Kursraketen viel eher. Einzelaktien tun es natürlich auch. Bei ihnen sind

Renditen im zweistelligen Bereich jederzeit möglich. Manche Geschichte, manches Thema reizt uns einfach. Trotzdem passt es nicht in unsere Strategie. Vielleicht, weil wir nicht in Einzelaktien investieren, vielleicht auch, weil wir uns für ein ganz simples oder ein »Smart Beta«-Depot entschieden haben. Da passt die Aktie des innovativen Start-ups, das gerade an die Börse gegangen ist, einfach nicht ins Depot. Genauso wenig wie ein sehr wenig diversifizierter Themen-ETF auf die Ernährung der Zukunft oder Cannabis. Je höher das Risiko, desto größer die Chance. Weil das leider auch andersherum gilt, sollten wir in riskantere Titel immer nur überschaubare Summen investieren. Das geht ganz einfach über das schon beschriebene Core-Satellite-Depot. Noch besser geht es, wenn Sie zusätzlich zu Ihrem Portfolio für den langfristigen Vermögensaufbau ein Spielgeld-Depot eröffnen. Vor allem dann, wenn Sie ein bisschen »zocken« wollen.

Zugegeben: Spielgeld – das klingt ein wenig nach Casino. Es kling nach waghalsigen Spekulationen und heißen Wetten. Aber keine Angst, jetzt folgt kein Plädoyer für wildes Zocken. Das könnten Sie mit Ihrem Spielgeld-Depot natürlich tun, wenn Sie denn wollten. Aber Sie können auch einfach »andere« Anlageklassen, andere Bausteine wählen in Ihrem Depot für die langfristige Geldanlage. Das dürfen Sie dann sogar ausnahmsweise ganz ohne Strategie tun.

Ein wildes Sammelsurium ist erlaubt

Das ist nämlich im Grunde der Unterschied zum Core-Satellite-Portfolio, und zu einem supersimplen Portfolio oder einem »Smart Beta«-Depot natürlich auch. Im Spielgeld-Depot ist ein wildes Sammelsurium erlaubt. Es darf etwas spekulativer zugehen, Sie dürfen auf die Risikostreuung verzichten, Sie können kreativer anlegen und eben auch richtig was riskieren. Wenn Sie beispielsweise ein breit gestreutes ETF- oder Fonds-Portfolio haben, dann könnten Sie mit Ihrem Spielgeld in Einzelaktien oder Zertifikate investieren. Sie haben sich für eine »Smart Beta«-Strategie entschieden, finden aber auch Themen- und Branchen-ETFs sehr spannend? Nur passen diese eben eigentlich nicht in Ihre langfristige Strategie? Dann ab ins Spielgeld-Depot damit.

Erlaubt ist eigentlich alles. Es ist Ihre Entscheidung, wie wild das Sammelsurium wird. Sie möchten partout nicht auf die Risikostreuung verzichten, was im Grunde ja ein sehr guter Ansatz ist? Dann landen im zweiten Depot eben auch nur Fonds und ETFs, aber andere. Es sind Investments, die eben nicht zu Ihrer langfristigen Strategie passen. Das heißt aber nicht, dass Sie gleich zum Zocker oder zur Spielerin werden.

Eine klare Trennung für mehr Übersichtlichkeit

Aber warum überhaupt ein zweites Depot? Warum nicht einfach alles in ein Depot legen? Es geht vor allem um die Übersichtlichkeit, es geht darum, die langfristige Strategie nicht mit den etwas spekulativeren Investments zu vermischen. Es ist sinnvoll, beides zu trennen. So sehen Sie auf einen Blick, wie groß das Spielgeld-Depot wirklich ist. Sie sehen, wie es sich entwickelt hat. Würde alles in einem Depot liegen, bestünde die Gefahr, dass Sie den Überblick verlieren. Zumindest aber müssten Sie sehr genau hinschauen, mit irgendwelchen Apps oder auch Excel-Listen arbeiten, um Ihre Investments für den langfristigen Vermögensaufbau klar von den anderen zu trennen. Warum also nicht gleich zwei Depots? So laufen Sie gar nicht erst Gefahr, den Wald vor lauter Bäumen nicht mehr zu sehen.

Diese beiden Depots können Sie bei einer einzigen Onlinebank oder einem einzigen Broker führen, oder aber bei zwei Adressen. Mitunter kann es sehr ratsam sein, auf zwei Finanzhäuser zu setzen. Wenn Sie beispielsweise bei Ihrem Hauptdepot über Sparpläne investieren, dann sollten Sie nach einem Broker Ausschau halten, der diese besonders günstig anbietet. In Ihrem Spielgeld-Depot werden

Sie wahrscheinlich eher Einmalanlagen tätigen, und das vielleicht sogar relativ oft. Sie sollten sich daher für einen Anbieter mit geringen Gebühren für diese Investments entscheiden.

Wenn Sie bewusst ein größeres Risiko eingehen, dann sollten Sie das nur mit einem kleinen Teil Ihres Vermögens tun. Denn es steht einiges auf dem sprichwörtlichen Spiel. Daher der Begriff »Spielgeld«. Sie sollten immer nur so viel Geld »im Spiel« haben, wie Sie auch wirklich riskieren können und wollen. Denn Sie könnten hohe Verluste erleiden, je nachdem welche Investments Sie eingehen, sogar bis zum Totalverlust. Das sollten Sie immer bedenken. Es gibt keine Regel, wie groß das Spielgeld-Depot sein darf. Aber sein Volumen sollte wirklich nur einen Bruchteil Ihres normalen Portfolios ausmachen. Vielleicht 10 oder maximal 20 Prozent? Auch das hängt mal wieder davon ab, was für ein Anlegertyp Sie sind, welches Risikoprofil Sie haben.

Ihr Spielgeld-Depot werden Sie engmaschiger überwachen müssen, damit nichts aus dem Ruder läuft. Sicherlich werden Sie häufiger umschichten. Vergessen Sie aber bitte nicht: Hin und her macht Taschen leer. Achten Sie auf die Kosten. Ein Rebalancing braucht es wahrscheinlich nicht. Es sei denn, Sie legen fest, dass Ihr Spielgeld-Depot einen gewissen Anteil Ihres Vermögens nicht überschreiten soll. Denn im Grunde ist Ihr Spielgeld-Depot nämlich auch eine Art Satellit und sollte nicht zu groß werden.

Viele Anleger berichten übrigens, dass ihr langfristiges Depot besser läuft als das Spielgeld-Depot. Es bringt nicht nur mehr Rendite, es ist auch nervenschonender, weil es weniger stark schwankt. Der Risikostreuung sei Dank. Und der Strategie sei Dank.

KAPITEL 8
Clever ordern

Ein entscheidender Faktor bei der Geldanlage sind die Gebühren. Neben den laufenden Kosten für Fonds oder ETFs sind auch die Order- und Depotgebühren wichtig. Worauf Sie bei der Wahl Ihres Depots und bei Ihren Orders achten sollten. Und dann ist da noch die leidige Steuer.

Filiale, Onlinebank oder (Neo-) Broker: das passende Depot

Je günstiger, desto besser, denn Kosten lasten auf Ihrer Rendite. Sie sollten hohe Kosten vermeiden, das gilt für die Produkte, die Sie wählen – achten Sie auf die TER Ihrer Fonds und ETFs –, aber auch und vor allem für die Kosten für Ihr Depot, Ihre Einzelorders und Ihre Sparpläne. Denn gerade wenn Sie öfter handeln und regelmäßig anlegen, können die Ordergebühren Ihre Rendite deutlich drücken. Zugegeben, die Entgelte sind in den vergangenen Jahren und Jahrzehnten mächtig gesunken. Die alte Börsenweisheit »Hin und her macht Taschen leer« gilt nur noch bedingt, zumindest dann, wenn es um die Kosten geht. Aber es macht eben einen Unterschied, ob Ihr Sparplan gratis ausgeführt wird oder ob 1,5 Prozent des Ordervolumens fällig werden. Es mögen pro Order nur einige Euro sein, aber über die Monate und Jahre läppert es sich. Und 1,5 Prozent sind und bleiben eben 1,5 Prozent, die erstmal wieder verdient werden müssen. Achten Sie also darauf, was die Sparpläne kosten. Achten Sie darauf, ob es zeitlich befristete Aktionen sind. Schauen Sie genau hin. Das Gleiche gilt für Ihre Einmalorders. Auch da gibt es große Unterschiede.

Das richtige Depot für Ihre Bedürfnisse

Brokervergleiche im Internet helfen Ihnen, die günstigsten Anbieter für Ihre Bedürfnisse zu finden. Wenige oder viele Einzelorders, Sparplan oder eben nicht, Einmalanlagen und Sparplan? Überlegen Sie sich erst einmal, was Sie wollen, und vergleichen Sie dann. Wiederholen Sie das gerne von Zeit zu Zeit, Gebühren können sich verändern, andere Onlinebanken oder Broker können günstiger sein. Aktionen etwa für gebührenfreie Sparpläne können auslaufen. Manchmal wird es dann vergleichsweise teuer. Vielleicht gibt es irgendwo anders viel mehr für das Tagesgeld und die Gebühren sind gleich hoch oder niedriger? Es gibt viele Gründe, warum ein Wechsel ratsam sein kann. Vielleicht haben Sie auch zwei Depots bei zwei Brokern oder Banken. Das langfristige Depot, bei dem nur einmal jährlich ein Rebalancing nötig ist, bei der einen Adresse, das Spielgeld-Depot, in dem Sie recht rege »traden«, bei einer anderen. Für Ihren langfristigen Vermögensaufbau setzen Sie vielleicht auf Sparpläne, im Spielgeld-Depot landen viele kleinere Positionen, die Sie oft austauschen.

Brokervergleiche gibt es einige im Netz. Viele (Wirtschafts-) Medien zeichnen regelmäßig die besten Anbieter für bestimmte Musterfälle aus. Diese Musterfälle passen aber eben nicht immer, deshalb bieten solche Tests nur eine grobe Orientierung. Besser ist es, wenn Sie selbst aktiv werden und vergleichen. Dann finden Sie den Anbieter, der wirklich am besten zu Ihren Bedürfnissen passt. Aber keine Angst, Sie müssen nicht von Seite zu Seite surfen und mühsam die Konditionen vergleichen. Es gibt gute Tools im Netz. JustETF.com und extraETF.com bieten beispielsweise sehr gute

Depot-Vergleiche. Auf der Seite der FMH-Finanzberatung finden Sie ebenfalls einen Depotbankvergleich, der empfehlenswert ist.

Wie viel Service soll oder muss es ein?

Bevor Sie den Brokervergleich starten, sollten Sie sich überlegen, wie viel Service Sie wünschen, wie viel Beratung und welche Tools. Sie müssen entscheiden, ob es eine Filialbank sein soll oder eine Onlinebank. Reicht ein Onlinebroker? Oder darf es ein Neobroker sein? Die Antwort auf diese Fragen hat wieder etwas mit den Kosten zu tun. Aber der Reihe nach: Es geht nämlich nicht ausschließlich um die Kosten, auch wenn die sehr wichtig sind. Es geht auch nicht nur um die Beratung. Was also sind die Unterschiede zwischen Filialbank, Onlinebank, Onlinebroker und Neobroker? Die Filialbank ist eine Sparkasse, Genossenschaftsbank (etwa Volksbanken) oder eine der bekannten Banken wie Deutsche Bank oder Commerzbank. Sie bieten den kompletten Service an – vom Girokonto über Sparkonten, Baufinanzierung, Versicherungen bis hin zur Vermögensverwaltung. Hier gibt es alles: Konto, Depot, Kredit und vor allem Beratung. Es sind Menschen aus Fleisch und Blut, die uns beraten, immer ansprechbar sind und (hoffentlich) helfen. Dann gibt es Onlinebanken, die im Grunde dasselbe Produktangebot bieten, aber keine Beratung. Es gibt zwar eine Hotline, wenn es mal Probleme gibt, aber dort wird Ihnen niemand helfen, den richtigen ETF auszusuchen oder Ihre Strategie zu finden. Deshalb sind die Kosten auch geringer, denn es braucht weniger Personal, es gibt keine Filialen. Die Wahl zwischen Filialbank und Onlinebank heißt also: Beratung, ja oder nein? Wenn Sie Wert auf Beratung legen und auf einen persönlichen Ansprechpartner, bleiben Sie bei der Filialbank.

Sind Sie der klassische »Selbstentscheider«, der alles allein macht, dann könnte auch ein Onlinebroker eine gute Wahl sein.

Wie unterscheidet er sich von der Onlinebank? Die Bank bietet den kompletten Bankservice an, beim Onlinebroker geht es aber nur um Ihre Wertpapiergeschäfte, um Ihre Geldanlage. Da viele andere Services wegfallen, es in der Regel nur ein Verrechnungskonto und das Depot gibt, ist das Ganze günstiger. Und es gibt die Neobroker. Da wird das Angebot dann noch etwas dünner. Oft können Sie nur via Smartphone handeln, manchmal auch über das Tablet oder den Browser auf Ihrem Computer oder Laptop. Das Angebot ist noch abgespeckter: weniger Tools, vor allem aber weniger Handelsplätze. Oft sogar nur einer – bis 2026 ist das in Deutschland noch erlaubt. Weil die Weiterleitung an nur eine Börse gegen Rückvergütung aber gegen geltendes Wettbewerbsrecht verstößt, hat die EU-Kommission ein Verbot durchgesetzt. Gibt es bei nur einem Handelsplatz immer die besten Kurse? Da gehen die Meinungen auseinander. Auf jeden Fall sind die Neobroker derzeit noch ein bisschen günstiger. Die Faustregel: Je dünner das Angebot, desto geringer die Kosten. Apropos Kosten: Depotgebühren sollten Sie nicht mehr zahlen müssen. Es gibt sehr viele Anbieter, die darauf verzichten. Meistens bewegen Sie sich dann allerdings in der Onlinewelt ohne Beratung, aber nicht immer.

Wichtig ist der Vergleich der Ordergebühren. Sie sollten schließlich nicht mehr zahlen als nötig. Aber nicht immer ist der günstigste Anbieter auch der beste für Sie. So banal es klingt: Vielleicht gefällt Ihnen das Layout nicht, vielleicht kommen Sie auf der Website nicht besonders gut klar. Oder Sie vermissen einige Tools zur Analyse Ihres Depots oder einzelner Wertpapiere. Mitunter ist es auch schlicht das Angebot selbst. Gibt es zu wenige Fonds und ETFs, die sie über den Neobroker handeln können? Sind die Fonds und ETFs, die Sie ausgewählt haben, bei einigen Anbietern nicht sparplanfähig? Manche dieser Fragen stellen Sie sich anfangs vielleicht nicht, sie werden erst später zum Problem. Sie müssen aber keine Angst haben, sich für das falsche Depot, den falschen

Anbieter zu entscheiden. Sie können jederzeit ein weiteres Depot bei einer anderen Adresse eröffnen und mit Ihrem Depot einfach umziehen. Das geht ganz einfach. Eine Bankverbindung ist schließlich keine Ehe. Die »Scheidung« geht ganz schnell, vor allem unproblematisch und kostenfrei.

Ein Depot zu eröffnen ist denkbar einfach

Ein Depot bei einer Filialbank, einer Onlinebank, einem Broker oder einem Neobroker zu eröffnen, ist ganz einfach. Wenn Sie mit Ihren Wertpapiergeschäften bei Ihrer Hausbank bleiben, reicht oft ein Anruf und dann müssen Sie wahrscheinlich noch eine Unterschrift leisten. Bedenken Sie aber bitte: Filialbanken sind in der Regel teurer als die Online-Anbieter, oft werden sogar noch Depotgebühren fällig. Trotzdem kann es sein, dass das Depot bei Ihrer Bank genau das richtige für Sie ist, auch weil Sie persönliche Beratung wünschen.

Ein bisschen länger dauert die Depoteröffnung im Internet, vor allem dann, wenn Sie beim gewünschten Anbieter noch nicht Kundin oder Kunde sind. Aber im Grunde sprechen wir auch dabei nur von ein paar Minuten. Wenn Sie sich für einen Anbieter entschieden haben, gehen Sie auf die entsprechende Homepage oder in die App. Dort finden Sie auf der Startseite einen Link zur Depoteröffnung oder den Button »Kunde werden«. Falls nicht, dann gibt es in der Navigation sicherlich einen Punkt »Depot« oder »Wertpapierhandel«. Zur Not hilft die Suche auf der Seite. Der Antrag ist schnell ausgefüllt: Name, Adresse, ein paar Informationen zu Ihrer Person. Dann gibt es einige Eröffnungsunterlagen per Mail, manchmal auch per Post. Es folgt die Legitimation. Denn jede Bank ist gesetzlich verpflichtet, die Identität ihrer Kunden zu überprüfen. Früher war dazu ein Gang zur Post nötig, um sich auszuweisen, heute läuft das Identifikations-Verfahren auch via App.

Die laden Sie ruck-zuck herunter, dann geht es auch schon los. Per Videochat legitimieren Sie sich mit Ihrem Ausweis. Auch das dauert nur wenige Minuten. Sie können aber noch immer in eine Postfiliale gehen, wenn Ihnen das lieber ist. Wenn alle Unterlagen und die Identifizierung bei Ihrem neuen Broker oder Ihrer Onlinebank vorliegen, bekommen Sie Ihre Zugangsdaten per Post. Je nachdem, welches Verfahren der Anbieter verwendet, brauchen Sie dann noch mal eine App, um später Ihre Orders freizugeben. Meistens eröffnen Sie mit Ihrem Depot auch ein Verrechnungskonto, über das alle Transaktionen – Käufe, Verkäufe, Dividenden- und Zinsgutschriften – abgewickelt werden. Manchmal geben Sie auch ein schon bestehendes Konto, etwa Ihr Girokonto, dafür an.

Depotübertrag – der einfache Umzug mit dem Portfolio

Wenn Sie sich doch für den falschen Anbieter entschieden haben? Wenn die Sparpläne plötzlich zu viel kosten? Wenn die Order bei anderen viel günstiger ist? Weshalb auch immer Sie nicht mehr mit Ihrer Bank oder Ihrem Broker zufrieden sind, ist eigentlich egal. Ärgern Sie sich nicht, ziehen Sie um mit Ihrem Depot. Die Depotbank zu wechseln, ist sehr leicht. Sie müssen allerdings ein paar Details beachten. Eröffnet ist das neue Depot schnell, der Übertrag von Wertpapieren ist auch recht schnell beauftragt. Zugegeben: Es ist ein bisschen mühsam, ISINs und Stückzahlen in das Onlineformular zu übertragen. Aber im Grunde dauert das nur ein paar Minuten, je nach Anzahl der Positionen ein paar Minuten länger. Danach läuft alles automatisch. Bruchstücke von Fonds, ETFs oder Aktien lassen sich nicht ins neue Depot übertragen. Diese werden in der Regel ohne Zusatzkosten verkauft. Auch diese »Funktion« können Sie meistens wählen, wenn Sie mit Ihrem Depot komplett umziehen und dabei auch die Kündigung des alten mit beauftragen.

Der Übertrag dauert ein paar Tage, in Ausnahmefällen auch ein bisschen länger. Während der Übertrag läuft, haben Sie keinen Zugriff auf Ihre Wertpapiere. Sie können also nichts verkaufen. Kauforders sind bei Ihrer neuen Depotbank natürlich ab dem Tag der Eröffnung möglich, auch Ihre Sparpläne können Sie schon einrichten. Die »Historie« Ihrer Wertpapierkäufe wird mit aufs neue Depot übertragen. Das ist vor allem wichtig, wenn Sie noch Wertpapiere besitzen, die Sie vor dem 1. Januar 2009 gekauft haben. Für die Kursgewinne dieser Papiere gilt die Abgeltungssteuer nicht. Dazu später mehr. Denken Sie beim Umzug auch an Ihren Verlustübertrag, falls es einen solchen gibt. Sie können Verluste aus Börsengeschäften mit künftigen Gewinnen verrechnen lassen. Damit sparen Sie Abgeltungssteuer. Auch an den Freistellungsauftrag sollten Sie denken und den alten gegebenenfalls löschen und bei Ihrer neuen Depotbank einen neuen einrichten. Das klingt alles nach viel Papierkram, ist aber schnell erledigt.

Alternativ können Sie natürlich auch mehrere Depots bei mehreren Anbietern haben. Das ist mal wieder Geschmackssache. Zu viele Depots machen es aber nicht übersichtlicher. Ich persönlich habe das Depot für meinen sehr langfristigen Vermögensaufbau inklusive mehrerer Sparpläne bei einem Neobroker, das Spielgeld-Depot bei einer Onlinebank.

Besser handeln an der Börse: Wie, wann und wo?

Ist das Depot eröffnet, geht es los. Wenn Sie sich die Ordermaske anschauen, sehen Sie, dass Sie jede Menge Auswahlmöglichkeiten haben. Das »Wann« ist eigentlich nicht wirklich entscheidend, wenn Sie sehr langfristig handeln. Experten empfehlen aber, sehr liquide Handelsplätze zu wählen. Also die Börsen und möglicherweise auch außerbörsliche Handelsplätze, wo gerade am meisten los ist. Denn wenn Angebot und Nachfrage sehr hoch sind, gibt es die besten Kurse. Also mittags auf Xetra? Schließlich sind dann auch die Amerikaner schon wach. Damit machen Sie auf jeden Fall nichts falsch. Sehr früh morgens oder sehr spät abends sind die Umsätze meistens geringer, dann können die Spreads, also die Differenz zwischen Kauf- und Verkaufskursen weiter auseinandergehen. Es kommt aber darauf an, ob sie einen Standardwert handeln wollen oder einen Nebenwert. Bei einem Dax-Wert oder einer bekannten US-Aktie reden wir nicht von hohen Spreads. Aber Kleinvieh macht bekanntlich auch Mist. Es lohnt sich aber auch der Blick auf die Gebühren, die an den einzelnen Handelsplätzen erhoben werden. Gemeint sind die Spesen der Börsen.

Es gibt kleinere und manchmal auch größere Unterschiede zwischen klassischen Regionalbörsen wie beispielsweise der Börse Frankfurt, der großen Computerbörse Xetra oder kleineren elektronischen Marktplätzen. Es gibt sechs Regionalbörsen in Deutschland, neben Frankfurt auch in Stuttgart, Düsseldorf, München, Berlin und Hamburg-Hannover. Neben diesen Parkettbörsen gibt es auch noch elektronische Börsen. Die Größte nach Handelsvolumen ist die Computerbörse Xetra. Wie die Börse Frankfurt gehört Xetra zur Deutschen Börse AG. Längst gibt es neben Xetra weitere elektronische Marktplätze, die einen Blick wert sind. Auf Tradegate, Quotrix, LS Exchange und Gettex werden nämlich keine Börsengebühren berechnet. Achten Sie bei der Auswahl Ihres Brokers darauf, welche Börsenplätze angeboten werden. Während Online-Banken in der Regel eine große Auswahl bieten, sieht es vor allem bei Neobrokern anders aus. Das muss man als Kunde wissen – und die Vor- und Nachteile der jeweiligen Marktplätze kennen. Der größte Teil aller Wertpapiertransaktionen wird mittlerweile über elektronische Handelssysteme abgewickelt. Die Bedeutung der Regionalbörsen hat in den vergangenen Jahren stark nachgelassen. Trotzdem können Regionalbörsen beim Kauf oder Verkauf von Aktien allemal einen Blick wert sein.

Es wird nicht überall immer gehandelt. Im Gegenteil. An den Regionalbörsen startet der Handel um 8 Uhr morgens und endet – je nach Börsenplatz – um 20 oder 22 Uhr. Die Anzahl der handelbaren Wertpapiere variiert stark. Am größten ist die Auswahl mit etwa 1,8 Millionen in Stuttgart und mit 1,7 Millionen in Frankfurt, die anderen liegen zwischen 12.000 und 30.000 Wertpapieren. Das müssen Sie aber eigentlich nicht wissen. Bei Ihrem Broker wird Ihnen angezeigt, wo Sie das gewünschte Wertpapier handeln können und zu welchem Kurs. Achten Sie dabei auch auf das Handelsvolumen. Je größer, desto besser die Kurse und desto höher die Chance, dass Ihre Order schnell zum gewünschten Kurs ausgeführt wird.

Schauen wir kurz auf die Gebühren der Handelsplätze. Die sind überschaubar, trotzdem sollte man sie kennen und vergleichen. Die Börse Frankfurt berechnet ein Transaktionsentgelt von 0,0096 Prozent, mindestens aber 0,60 Euro und maximal 72 Euro. Hinzu kommt ein Handelsentgelt von 0,0504 Prozent, mindestens aber 2,52 Euro. Bei der Börse Stuttgart gibt es ein gestaffeltes Transaktionsentgelt. Bei einer Order von bis zu 12.100 Euro sind es 0,1 Prozent, bei höheren Summen bis zu 100.000 Euro 0,04 Prozent, mindestens aber 12,10 Euro. Bei größeren Ordervolumina sind es 0,01 Prozent, mindestens aber 40 Euro. Die Börse Düsseldorf nimmt ein Transaktionsentgelt von 0,038 Prozent, mindestens einen Euro, maximal 19 Euro. Hinzu kommt eine Maklercourtage von 0,08 Prozent, mindestens aber 0,75 Euro. Weitere Details finden Sie auf extraETF.com. Die Kollegen haben eine umfassende Übersicht mit allen Daten, Zahlen, Fakten.

Immer öfter und mit immer größeren Volumina wird über die Computerbörsen gehandelt, allen voran Xetra. Die Computerbörse der Deutschen Börse ist die liquideste und größte in Deutschland. Auf Xetra wird ein Transaktionsentgelt von 0,0048 Prozent fällig, mindestens sind es 0,60 Euro, maximal 24 Euro. Tradegate Exchange, Quotrix, LS Exchange und Gettex verzichten auf Entgelte oder Courtage. Allerdings sind die Spreads beziehungsweise die Geld-Brief-Spanne, also die Differenz zwischen Kauf- und Verkaufskurs, oft größer. Eine hohe Geld-Brief-Spanne deutet auf geringe Liquidität hin. Und hohe Spreads bedeuten letztendlich hohe indirekte Handelskosten für Sie. Es gibt an der Börse eben nichts umsonst, oder um es im Börsendeutsch zu sagen: »There is no free lunch.«

Bestens, billigst, Limit oder Stop-Buy – die Ordertypen

Bei Ihren Käufen und Verkäufen können Sie aus verschiedenen Order-Typen wählen. Sie können billigst kaufen oder mit Limit. Oder Sie geben eine Stop-Buy-Order auf. Auch wenn Sie Wertpapiere verkaufen wollen, gibt es verschiedene Möglichkeiten. Limit oder Stop-Loss? Trailing-Stop? Die einfachste Variante ist sicherlich die Market-Order. Sie geben die Wertpapier-Kennnummer oder die ISIN ein, die gewünschte Stückzahl und: fertig. Die Order wird so schnell wie möglich ausgeführt. »Billigst« beim Kauf, »bestens« beim Verkauf – das ist in der Regel so voreingestellt. Der Vorteil: Die Order wird üblicherweise sehr schnell ausgeführt. Aber kein Vorteil ohne Nachteil: Sie kennen den Kurs nicht. Das kann gerade bei marktengen Titeln teuer werden. Auch wenn es an den Börsen turbulent zugeht, kann sich der Kurs von der Eingabe bis zur Ausführung deutlich verändern; sogar bei Standardwerten. Von dem Begriff »billigst« sollten Sie sich also nicht in die Irre führen lassen. Er bedeutet nicht, dass Sie besonders günstig kaufen. Es geht vielmehr darum, den Kauf schnell abzuwickeln – ohne Preislimit. Das Gleiche gilt für »bestens«, also die unlimitierte Market-Order bei Verkäufen. Grundsätzlich sollten Sie Market-Orders nur bei Käufen und Verkäufen von Wertpapieren wählen, die mit großen Volumina gehandelt werden. Das gilt für Aktien aus den großen Standardwerte-Indizes wie dem Dax oder dem Euro Stoxx 50 oder für die Dickschiffe aus dem S&P 500. Bei Nebenwerten, die seltener gehandelt werden, sollten Sie immer ein Limit angeben, um böse Überraschungen zu verhindern. Mit einer Limit-Order gehen Sie auf Nummer sicher. Wenn Sie beim Kauf oder Verkauf eines Wertpapiers einen bestimmten Kurs nicht über- oder unterschreiten wollen, dann geben Sie eine limitierte Order auf. Ein Beispiel: Sie möchten die XYZ-Aktie kaufen, die bei 100 Euro notiert. Da es an der Börse gerade drunter und drüber geht und die Stimmung ziemlich mau ist, gehen Sie davon aus, dass die Aktie deshalb noch etwas fallen wird. Wie weit, das wissen Sie natürlich auch nicht. Aber fünf Euro weniger zu zahlen, was ein Rabatt von 5 Prozent wäre, würde Ihnen sehr gefallen. Und Sie glauben auch, dass es einen solchen Rücksetzer zeitnah geben könnte. Dann platzieren Sie Ihren Kaufauftrag mit einem Limit von 95 Euro. Ausgeführt wird diese Order dann erst, wenn der Kurs bei eben diesen 95 Euro oder tiefer steht. Bei den meisten Brokern müssen Sie noch festlegen, wie lange die Order gültig sein soll: Nur am Tag der Platzierung? Bis zum Monatsende – auf Börsendeutsch Ultimo genannt? Oder bis zu einem bestimmten Datum? Anders als bei der Market-Order geht es also nicht um die schnelle Ausführung, sondern der Preis ist entscheidend. Das ist vor allem in drei Szenarien empfehlenswert: Erstens in Phasen stark schwankender Börsenkurse, wenn Schnäppchen locken. Zweitens wenn Sie überzeugt sind, was eine Aktie wert ist. Und drittens wenn Sie eine Aktie kaufen wollen, die recht illiquide ist. Wenn Sie in solchen Fällen ein Limit setzen, vermeiden Sie das Risiko, zum falschen Kurs und damit zu teuer (oder beim Verkauf eben zu billig) zu handeln.

Gewinne laufen lassen mit der Stop-Loss-Order

Eine nervenschonende Variante ist die Stop-Loss-Order. Dabei wird eine Aktie abgestoßen, sobald ihr Kurs eine von Ihnen festgelegte

Marke nach unten gerissen hat. Wann ist das ratsam? Eine Börsenweisheit oder sogar Börsenregel heißt: Gewinne laufen lassen, Verluste begrenzen. Im Grunde kann man sagen, dass Sie genau das mit einer Stop-Loss-Order machen. Mit einem solchen Verkaufsauftrag können Sie den möglichen Verlust Ihres Investments begrenzen. Wenn Ihre Aktie schon stark gestiegen ist, können Sie Ihre Gewinne durch eine Stop-Loss-Order auch absichern. Konkret geben Sie bei diesem Verkaufsauftrag einen Stoppkurs an, ab dem die Order greifen soll. Denken Sie an Ihre XYZ-Aktie, die Sie für 95 Euro gekauft haben. Vielleicht wollen Sie sicher gehen, dass Sie mit der Aktie keine größeren Verluste machen und setzen deshalb eine Stop-Loss-Order bei vielleicht 80 Euro. Diese Order wird erst ausgelöst, wenn die Aktie diese Marke reißt. Das heißt aber auch, dass der Ausführungskurs deutlich unter der Marke von 80 Euro liegen kann, wenn die Aktie schnell fällt. Oder darüber, wenn der Kurs nur kurz auf oder unter den Stop-Loss fällt und dann wieder steigt. Genau das ist das Problem. Anders als bei einer limitierten Order gibt es bei der Stop-Loss-Order keine Garantie, dass der Verkauf zu einem bestimmten Mindestkurs abgewickelt wird. Wenn Sie sich also mit einem Stoppkurs gegen Verluste absichern wollen, sollten Sie den Stopp nicht zu eng am aktuellen Kurs setzen. Denn sonst wird der Verkauf schon bei kleinsten Schwankungen ausgelöst. Das wollen Sie höchstwahrscheinlich nicht. Wenn Sie Ihre Gewinne mit einem Stoppkurs absichern wollen, sollten Sie diesen ebenfalls nicht zu eng setzen. Sie sollten ihn regelmäßig nachziehen, falls die Aktie weiter steigt. Sie wollen ja nicht, dass die Kursgewinne, die nach Eingabe Ihrer Stop-Loss-Order anfallen, wieder verloren gehen, wenn die Order irgendwann bei einem größeren Rücksetzer doch noch ausgelöst wird. Dieses »Nachziehen«, also das manuelle Anpassen Ihrer Stop-Loss-Order, ersparen Sie sich mit einer Trailing-Stop-Order. Denn bei dieser Verkaufsorder wird der Stoppkurs bequem und kontinuierlich an den Kursverlauf angepasst. Dazu geben Sie den Stopp als prozentualen oder absoluten Abstand vom Kurs ein. Das hat die Folge, dass der Stopp automatisch mit nach oben wandert, wenn der Kurs nach der Ordereingabe weiter steigt. Der Abstand, ob nun prozentual oder absolut, bleibt dabei immer gleich. Es gibt noch weitere Order-Typen, aber die sind dann wirklich kompliziert und eine langfristige Anlegerin, ein langfristiger Anleger braucht sie eigentlich nicht. Deshalb heißt es in diesem Buch an dieser Stelle: Mut zur Lücke.

(Fast) kein Gewinn, ohne dass das Finanzamt die Hand aufhält

Das leidige Thema Steuern macht auch vor Anlegerinnen und Anlegern nicht halt. Das Finanzamt will einen Teil unserer Gewinne einsacken. Das passiert in Form der Abgeltungssteuer, ganz automatisch. Als Anlegerin oder Anleger zahlen wir übrigens noch immer den angeblich abgeschafften Solidaritätsbeitrag, kurz: Soli. Eigentlich eine Frechheit. Aber das ist ein Thema für eine Kolumne oder einen Kommentar, nicht für dieses Buchkapitel.

Ich kann mich noch an Zeiten erinnern, da waren unsere Börsengewinne steuerfrei, wenn wir die Aktie, den Fonds oder ETFs mehr als ein Jahr im Depot hatten. Wenn die sogenannte Spekulationsfrist abgelaufen war, war der Gewinn wirklich steuerfrei. Ein Traum. Wenn wir vor Ablauf der Frist verkauft haben, mussten wir den Gewinn mit unserem persönlichen Steuersatz versteuern. Das war eine herrliche Regelung, vor allem für mittel- bis langfristige Investments. Wer wild gezockt hat, musste zahlen. Aber leider war diese Regelung der Politik dann doch ein Dorn im Auge. Das war auch in Ordnung. Andere Einkünfte müssen und mussten wir ja auch versteuern. Ich hätte mir allerdings gewünscht, dass die

Spekulationsfrist einfach auf zehn oder zwölf oder mehr Jahre verlängert wird, auch mit Blick auf die Altersvorsorge. Aber es kam anders. Die Abgeltungssteuer wurde eingeführt, und zwar seit 2009.

Ihre Kapitalerträge werden nun pauschal besteuert, nicht mehr nach Ihrem persönlichen Steuersatz. Eine Spekulationsfrist gibt es auch nicht mehr. Egal, ob Zinsen, Dividenden oder Gewinne – es gilt die Abgeltungssteuer von 25 Prozent plus Solidaritätszuschlag und gegebenenfalls Kirchensteuer. Abgeltungssteuer und Soli werden dabei direkt von der Bank abgeführt. Es sei denn, Sie haben einen Freistellungsauftrag gestellt. Kapitalerträge sind nämlich nicht ab dem ersten Euro steuerpflichtig. Sie können jedes Jahr Kapitalerträge bis zur Höhe des Sparerpauschbetrages von 1000 Euro für Einzelpersonen und 2000 Euro für Paare von der Abgeltungssteuer befreien lassen. Vor 2023 waren es übrigens 801 beziehungsweise 1602 Euro. Sie müssen nur bei Ihrer Bank einen Freistellungsauftrag stellen, dann kommen Sie in den Genuss der steuerfreien Kapitalerträge. Sie können das aber auch noch später über Ihre Steuererklärung »korrigieren«.

Ihren Freibetrag können Sie grundsätzlich auf verschiedene Finanzinstitute verteilen. Das kann sinnvoll sein, wenn Sie mehrere Depots haben. Oder wenn Sie einen VL-Sparplan haben, dort eine kleinere Summe »freistellen«, und den Rest der 1000 Euro dann eben bei Ihrer Depotbank angeben. Denn der Freistellungsauftrag bei einer Bank gilt für sämtliche Erträge aus Geld- und Wertpapiergeschäften dort, nicht aber woanders. Mir war es immer zu aufwendig, mehrere Freistellungsaufträge zu stellen und gegebenenfalls jährlich anpassen zu müssen. Ich habe immer bei der Bank, wo die größten Kapitalerträge anfielen, den kompletten Sparerpauschbetrag in den Freistellungsauftrag eingetragen. Wenn es dann Grund für eine Korrektur gab, habe ich das über die Steuererklärung erledigt. Wenn ein Depot mit den Jahren aber immer größer wird und die Dividenden- und Zinszahlungen immer üppiger, stellt sich diese Frage nicht mehr.

Aber zurück zur Abgeltungssteuer, die ja eigentlich seit 2009 gilt. Es gibt nämlich einen Bestandsschutz für Kursgewinne bei Wertpapieren, die Sie vor 2009 gekauft haben. Bei einem Verkauf realisierte Kursgewinne von Aktien oder Anleihen, die Sie vorher gekauft haben, bleiben steuerfrei. Eine Ausnahme sind seit 2018 leider Fonds. Mit der Investmentsteuerreform hat sich da etwas Gravierendes geändert. Gewinne aus Verkäufen von Fonds, die vor Einführung der Abgeltungssteuer gekauft wurden, waren nur bis Ende 2017 steuerfrei. Seit 2018 bleibt Ihnen aber ein Freibetrag von 100.000 Euro auf Ihre Gewinne aus diesen Altbeständen. Für Wertsteigerungen, die ein solcher Fonds ab 2018 erzielt hat und die Sie bei einem Verkauf realisieren, zahlen Sie trotzdem erst dann Steuern, wenn Sie den Freibetrag in Höhe von 100.000 Euro ausgeschöpft haben.

Gewinne und Verluste werden verrechnet

Die Abgeltungssteuer in Höhe von 25 Prozent plus Soli gegebenenfalls plus Kirchensteuer wird auf alle Kapitalerträge fällig Dazu zählen neben Zinsen, Dividenden und realisierten Gewinnen aus Aktien, Fonds und ETFs auch Währungsgewinne aus Anleihen oder Mieteinnahmen aus offenen Immobilienfonds. Auch für ausländische thesaurierende Fonds gibt es seit 2018 einen Quellensteuerabzug. Laufende Erträge aus einem ausländischen thesaurierenden Fonds unterlagen bis Ende 2017 nicht dem Quellensteuerabzug, sondern mussten nachträglich in der Steuererklärung angegeben werden. Das galt auch, wenn die Fondsanteile in einem inländischen Depot verwahrt wurden. Mit der Investmentsteuerreform hat sich auch das geändert. 2018 wurde für thesaurierende Fonds eine sogenannte Vorab-Pauschale eingeführt, die die Depotbank abzieht. Auch das passiert also mittlerweile automatisch.

Apropos automatisch: Wenn Sie bei einer Bank Verluste und Gewinne machen, verrechnet diese sie grundsätzlich miteinander. Bei Verlusten mit Einzelaktien besteht allerdings eine Besonderheit: Sie können nur mit Gewinnen aus Aktiengeschäften, nicht jedoch zum Beispiel mit Gewinnen aus Fonds verrechnet werden. Mir hat sich das nie erschlossen, warum ich Gewinne aus Aktien nicht mit Verlusten aus Aktienfonds oder Aktien-ETFs verrechnen kann. Es ist doch dieselbe Anlageklasse: Aktien nämlich. Nur eben ein unterschiedlicher Weg zu investieren, einmal direkt und einmal via Fonds oder ETFs. Aber der Gesetzgeber will es anders, beziehungsweise unsere Politiker. Und da die Verrechnung nun mal nicht logisch passiert, sondern nach Politiker-Gusto, führt die Bank einen Verlusttopf »Aktien« und einen Verlusttopf »Sonstige«. Viele Banken bieten Ihnen übrigens online die Möglichkeit, den Stand der Verlustverrechnungstöpfe einzusehen. Haben Sie Depots bei verschiedenen Instituten und möchten Sie Verluste mit Wertpapieren bei einer Bank mit Gewinnen bei einer anderen verrechnen, geht das nur über Ihre Einkommensteuererklärung. Das Finanzamt legt bei der Steuerveranlagung dann die Differenz zugrunde und erstattet zu viel gezahlte Abgeltungssteuer oder verrechnet sie mit der noch offenen Einkommenssteuerschuld. Wenn Sie Verluste in der Steuererklärung geltend machen wollen, benötigen Sie eine Verlustbescheinigung der Bank, bei der die Verluste entstanden sind. Den Antrag auf Verlustbescheinigung müssen Sie bis zum 15. Dezember des laufenden Jahres stellen. Diesen Antrag können Sie nicht widerrufen, wenn er einmal gestellt ist. Die Bank setzt dann den bei ihr geführten Verlusttopf auf null zurück, damit es nicht zu einer doppelten Verlustverrechnung auf Bankseite kommt. Ohne Antrag würde die Bank einen verbleibenden Verlust ins Folgejahr übertragen und mit Gewinnen verrechnen, die bei ihr anfallen.

KAPITEL 9

Was sonst noch wichtig ist

Weiterführende Literatur

Bremer, Katharina; Schwarzer Jessica (Hrsg.): Finanzheldinnen – Der Finanzplaner für Frauen

Galbraith, John Kenneth: Die Geschichte der Spekulationsblasen. Die Psychologie hinter vier Jahrhunderten Gier und Panik an der Börse

Hagstrom, Robert G.: Warren Buffett – Sein Weg. Seine Methode. Seine Strategie.

Heller, Gottfried: Die Revolution der Geldanlage. Wie Sie mit ETFs einfach Vermögen schaffen und fürs Alter vorsorgen.

Heller, Gottfried: Der einfache Weg zum Wohlstand. Mehr verdienen, weniger riskieren und besser schlafen.

Heussinger, Werner H.; Röhl, Christian W.: Cool bleiben und Dividenden kassieren. Mit Aktien raus aus der Nullzins-Falle.

Housel, Morgan: Über die Psychologie des Geldes. Zeitlose Lektionen über Reichtum, Gier und Glück

Kommer, Gerd. Souverän investieren mit Indexfonds und ETFs. Wie Privatanleger das Spiel gegen die Finanzbranche gewinnen.

Kommer, Gerd; Gierhake, Olaf: Souverän Vermögen schützen. Wie sich Vermögende gegen Risiken absichern – ein praktischer Asset-Protection-Ratgeber.

Kostolany, André: Die Kunst, über Geld nachzudenken.

Sander, Beate: Der Aktien- und Börsenführerschein – Jubiläumsausgabe. Aktien statt Sparbuch – die Lizenz zum Geldanlegen.

Schwarzer, Jessica: Einfach erfolgreich anlegen. Entspannter Vermögensaufbau mit cleveren Strategien.

Schwarzer, Jessica: Damit sie sich keinen Millionär angeln muss... Erfolgreiche Finanzplanung für Frauen, die unabhängig sein und bleiben wollen.

Stanley, Thomas J. und Danko, William D.: The Millionaire next Door.

Interessante Quellen im Internet

Börse Frankfurt

Wenn ich ETFs aber auch Fonds suche, dann ist die Seite der Börse Frankfurt eine meiner ersten Anlaufstellen. Neben einer sehr guten Suchfunktion, auch nach Themen- oder Branchen-Investments, gibt es jede Menge Daten, Zahlen Fakten. Das Ganze natürlich auch zu Aktien und Anleihen, Rohstoffen und Zertifikaten. Sehr zu empfehlen ist auch der Bereich »Wissen«. Dort finden Sie jede Menge Publikationen und natürlich Events und Seminare. Bei Letzteren bin auch ich als Trainerin dabei.
www.boerse-frankfurt.de

Deutscher Fondsverband BVI

Viel Wissenswertes rund um Kapitalanlage und Altersvorsorge finden Sie auf der Seite des deutschen Fondsverbands BVI. Spannend sind vor allem die Statistiken zur Fondsentwicklung. Es geht aber auch um Riester- und Rürup-Rente, um Fondssparpläne und Entnahmepläne. Absolut lesenswert ist die Serie »Finanzwissen für alle«, die wertvolle Tipps zum Vermögensaufbau allgemein, aber eben auch zum Sparen mit Investmentfonds gibt.
www.bvi.de

Deutsches Aktieninstitut

Das Deutsche Aktieninstitut (DAI) macht sich für die Aktienkultur stark. Es vertritt die Interessen der kapitalmarktorientierten Unternehmen, Banken, Börsen und Investoren. Zu Letzteren zählen auch Sie als Privatanleger. Sie finden auf der Seite des DAI viel Wissenswertes rund um die Aktie, darunter auch meine absolute Lieblingsgrafik: das Rendite-Dreieck für den Dax. Außerdem gibt es auf der Seite des Aktieninstituts viele interessante Studien und Statistiken sowie Informationen zu aktuellen Themen. Auch für

eine bessere Finanzbildung machen das DAI und seine Mitglieder sich stark. Eine Link-Liste führt Sie zu den Angeboten.
www.dai.de

Dividendenadel

Wie der Name schon sagt, geht es um Dividenden, aber nicht nur. Christian W. Röhl, den ich sehr schätze, bietet jede Menge Wissenswertes rund um die Börse. Und dazu ein Rendite-Dreieck für den MSCI World. Es geht um Einzelaktien, Anlagestile und natürlich immer wieder um die Dividenden. Spannend auch sein Indexmonitor, der Monat für Monat die einzelnen Anlageklassen vergleicht.
www.dividendenadel.de

ExtraETF

Eine Website, die alles bietet, was ETF-Anleger wünschen: eine umfangreiche Suche, jede Menge Listen mit Tops und Flops oder zu Anlagestilen und Themen. Dazu gibt es eine Reihe von Musterdepots und Vergleichen etwa zu Depots, Sparplänen oder Robo-Advisors. Auch eine »Wissen«-Rubrik darf nicht fehlen, gerade Anfänger finden hier viele nützliche Tipps und Tricks.
www.extraetf.com

FMH-Finanzberatung

Die Website der FMH-Finanzberatung bietet aktuelle Informationen rund um Zinsen und Gebühren. Mithilfe vieler interaktiver Rechner finden Sie unter anderem die besten Konditionen für Tages- oder Festgeld, das passende Girokonto oder Depot sowie den besten Ratenkredit. Hinzu kommen einfachere Spar- und Renditerechner, Tools, die bei der Budgetplanung helfen, und fundierte Hintergrundinformationen.
www.fmh.de

JustETF

Eine weitere Seite, auf der ETF-Fans Zeit und Raum vergessen, ist JustETF. Im Grunde ist das Angebot mit ExtraETF zu vergleichen: eine sehr gute Suche, unglaublich viele Infos zu den einzelnen Produkten, viele Vergleiche. Abgerundet wird das Angebot durch eine Academy. Und in den Artikeln zu den ETF-Grundlagen lernen nicht nur Einsteiger eine ganze Menge.
www.justetf.com

Die wichtigsten Begriffe

Aktie

Eine Aktie ist ein Wertpapier, mit dem Sie einen Anteil an einem Unternehmen erwerben. Sie ist damit eine Unternehmensbeteiligung. Gehandelt werden Aktien an der Börse. Angebot und Nachfrage bestimmen den Preis.

Aktienindex

Ein Aktienindex bildet die Bewertung eines definierten Aktienportfolios ab. Aktienindizes werden börsentäglich von Börsen, Banken, Beratungsfirmen, der Wirtschaftspresse oder anderen Finanzexperten berechnet, aktualisiert und publiziert. Sie bilden einzelne Marktsegmente, Branchen, Aktiengruppen oder bestimmte Themen und Trends ab. Die meisten Indizes sind kapitalgewichtet, die nach Börsenkapitalisierung größten Werte haben den größten Anteil im Index. Für Finanzinstrumente wie börsengehandelte Indexfonds, Zertifikate oder Optionen dienen Indizes als Basiswert und Bezugsgröße. Neben Aktienindizes gibt es unter anderem auch Renten-, Rohstoff- und Immobilienindizes.

Anleihe

Eine Anleihe ist eine Schuldverschreibung, die das Recht auf Rückzahlung des Nennwertes zuzüglich einer Verzinsung verbrieft. Anleihen werden von der öffentlichen Hand, von Kreditinstituten oder von Unternehmen begeben und über Banken verkauft. Sie dienen dem Emittenten zur langfristigen Finanzierung durch Fremdkapital. Die wichtigsten Ausstattungsmerkmale einer Anleihe sind Laufzeit, Zinszahlung und Art der Verzinsung.

Asset Allocation

Die Aufteilung (Allocation) des Vermögens auf verschiedene Anlageklassen (Assets) wie Aktien, Anleihen, Renten oder Immobilien nennen Experten »Asset Allocation«.

Baisse

Eine Baisse ist eine Phase anhaltend starker Kursrückgänge an der Börse. Sie wird auch Bärenmarkt genannt.

Börsengehandelter Indexfonds

Börsengehandelte Indexfonds bilden die Entwicklung eines Index wie beispielsweise des deutschen Aktienindex Dax eins zu eins ab. Sie heißen auf Börsendeutsch ETFs, die Abkürzung für Exchange Traded Funds. Börsengehandelte Indexfonds sind besonders günstig, da auf ein Fondsmanagement verzichtet wird, und sehr transparent. Sie bringen aber nicht mehr und nicht weniger (abzüglich der Kosten) Rendite als der zugrunde liegende Index. Wir sprechen auch von passiven Fonds.

Bonität

Die Bonität beschreibt die Kreditwürdigkeit, also Zahlungsfähigkeit eines Schuldners, auch Emittent genannt. Sie ist ein Maßstab für die Sicherheit einer Anleihe. Internationale Ratingagenturen wie

Standard & Poor's (S&P), Moody's oder Fitch überprüfen regelmäßig die Bonität zahlreicher Schuldner, die sich aufgrund von Entwicklungen im gesamtwirtschaftlichen und unternehmensspezifischen Umfeld verändern kann. Kategorisiert werden Anleihen nach ihrer Bonität in investmentwürdige Anleihen (Investment Grade), Hochzinsanleihen (High Yield Bonds) beziehungsweise Ramschanleihen (Junkbonds) und Anleihen, bei denen Zahlungsausfälle unmittelbar bevorstehen.

Cashflow

Der Cashflow ist ein wichtiger Indikator, der bei der fundamentalen Analyse von Unternehmen und Aktien verwendet wird. Beim Cashflow wird der Nettozufluss liquider Mittel im Rahmen einer bestimmten Zeit errechnet. Die Berechnung berücksichtigt die Beträge der Jahresüberschüsse, Abschreibungen, die langfristigen Rückstellungen und Gewinnsteuern. Je höher der Cashflow, desto besser.

Diversifizierung

Der Fachbegriff für Risikostreuung. Sie ist bei der Geldanlage oberste Pflicht. Anleger sollten ihre Anlage über verschiedene Anlageklassen wie Aktien, Anleihen, Rohstoffe und Immobilien, aber auch über verschiedene Branchen, Länder und Regionen sowie über verschiedene Risikoklassen wie etwa Wachstumsaktien und Dividendentitel streuen. Breit diversifizierte Depots schützen vor extremen Kursverlusten.

Dividende

Die Dividende ist die regelmäßige Ausschüttung der Gewinne an den Aktionär. Viele Investoren legen sehr viel Wert auf diese jährliche, manchmal auch halbjährliche oder quartalsweise Zahlung. Die Zahlung einer Dividende wird von der Hauptversammlung einer Aktiengesellschaft beschlossen. Ihre Höhe richtet sich in erster Linie nach dem Bilanzgewinn und der wirtschaftlichen Perspektive des Unternehmens. Trotzdem versuchen viele Unternehmen, ihren Aktionären eine gleichbleibende oder sogar jährlich steigende Dividende zu zahlen (Dividendenkontinuität). Dies soll in ertragsschwachen Phasen beruhigend auf die Investoren wirken und eine positive Ertragserwartung vermitteln.

Dividendenrendite

Die Dividendenrendite ist ein wichtiger Faktor für Investoren, die Wert auf regelmäßige Ausschüttungen legen. Teilt man die Dividende durch den aktuellen Aktienkurs und multipliziert das Ergebnis mit 100 Prozent, erhält man die Dividendenrendite. Sie gibt damit die Verzinsung des investierten Kapitals in Prozent an.

Exchange Traded Fund (ETF)

Siehe »Börsengehandelter Indexfonds«

Fonds

Investmentfonds – oder kurz: Fonds – sind ein Portfolio, das das Geld vieler Anleger in Aktien, Anleihen und andere Anlageformen investiert. Durch den Kauf von Fondsanteilen werden Anleger Miteigentümer an einem Fonds. Mit einem relativ geringen Betrag investieren sie damit gleichzeitig in verschiedene Anlagen und verteilen so ihr Risiko. Anlegern steht eine breite Auswahl an unterschiedlichen Anlageregionen, Branchen oder auch Strategien zur Auswahl. Das Vermögen eines Fonds wird bei einer Depotbank verwahrt und bildet Sondervermögen, das vom eigenen Vermögen der Fondsgesellschaft getrennt gehalten wird und im Falle einer Insolvenz der Investmentgesellschaft nicht den Gläubigern zugute kommt, sondern den Anteilseignern des Fonds.

Hausse

Die Hausse bezeichnet einen nachhaltigen Anstieg der Wertpapierkurse einzelner Marktbereiche oder des Gesamtmarktes über einen mittleren bis längeren Zeitraum. Die Hausse ist von einer positiven Kursentwicklung, die nur von kurzer Dauer ist, nicht exakt abzugrenzen. Man spricht hier auch von einem Bullenmarkt. Das Gegenteil der Hausse ist die Baisse (Bärenmarkt).

Index

Ein Index bildet die Bewertung eines definierten Portfolios aus Aktien, Anleihen oder anderen Anlageformen zu einem bestimmten Zeitraum ab. Siehe auch »Aktienindex«.

Investmentfonds

Siehe »Fonds«

Gewinn je Aktie

Der Gewinn je Aktie gibt den rechnerischen Anteil des erwirtschafteten Jahresüberschusses an, der auf eine Aktie entfällt. Er misst damit die Ertragskraft in Relation zur Aktienanzahl.

Kupon

Der Kupon (auch Coupon) ist der Zinsschein festverzinslicher Wertpapiere, der die vereinbarte Verzinsung angibt und den Inhaber zum Erhalt der Zinsen berechtigt.

Kurs-Gewinn-Verhältnis

Das Kurs-Gewinn-Verhältnis (KGV) ist eine Kennzahl, die zeigt, das Wievielfache des Gewinns ein Unternehmen aktuell an der Börse kostet. Das KGV lässt sich ganz einfach bestimmen, indem Sie den Aktienkurs durch den Gewinn pro Aktie teilen. Auf das gleiche Ergebnis kommen Sie übrigens, wenn Sie die

Marktkapitalisierung des Unternehmens durch den Unternehmensgewinn dividieren.

Leitzinsen

Der Leitzins wird von den Zentralbanken festgesetzt. Er ist der Zinssatz, zu dem die Geschäftsbanken Zentralbankgeld leihen können. Über die Veränderung der Leitzinsen versuchen die Zentralbanken das Zinsniveau, die Kreditvergabe und letztlich die Preisentwicklung oder die gesamtwirtschaftliche Entwicklung zu steuern.

Realzins

Der Realzins bezeichnet den Ertrag, der sich unter Berücksichtigung der eingetretenen Inflations- oder Deflationsrate ergibt. Zu seiner Ermittlung müssen Anleger einerseits das investierte Kapital mit dem Nominalzins auf- und andererseits mit der Inflationsrate abzinsen. Oder anders gesagt: Sie müssen von der Verzinsung, die ein Investment abwirft, die Inflationsrate abziehen beziehungweise die Deflationsrate addieren.

Rendite

Die Rendite bezeichnet den Gesamterfolg einer Kapitalanlage. Sie beruht auf den Ertragseinnahmen, also Zinsen und Dividenden, sowie (realisierten) Kursgewinnen.

Total Expense Ratio

Die Total-Expense-Ratio, kurz TER, beinhaltet alle Aufwendungen und Gebühren, die vom Emittenten oder der Fondsgesellschaft laufend für die Verwaltung des investierten Vermögens erhoben werden, wie produktinterne Depotbankgebühren, Betriebskosten oder die Vergütung des Produktmanagers.

Transaktionskosten

Als Transaktionskosten bezeichnet man alle beim An- und Verkauf von Wertpapieren anfallenden Kosten.

Volatilität

Wertpapierkurse schwanken. Dieses Auf und Ab nennen Experten Volatilität. Sie ist eine mathematische Größe für das Maß des Risikos einer Kapitalanlage.